中国地质大学(武汉)新青年教师科研启动基金项目(G1323523168)资助
教育部人文社会科学研究一般项目(21YJA630105)资助

地方政府债务的财政、金融与经济效应研究

RESEARCH ON THE FISCAL, FINANCIAL AND
ECONOMIC EFFECTS OF LOCAL GOVERNMENT DEBT

主　编　赵文举
副主编　杨　洁　王　琳　张曾莲

图书在版编目(CIP)数据

地方政府债务的财政、金融与经济效应研究/赵文举主编. —武汉:中国地质大学出版社,
2024.10. —ISBN 978 - 7 - 5625 - 5979 - 5

Ⅰ.F812.7

中国国家版本馆CIP数据核字第2024Q3W694号

地方政府债务的财政、金融与经济效应研究	赵文举	**主　编**
	杨　洁　王　琳　张曾莲	**副主编**

责任编辑:胡　萌	策划编辑:王凤林	责任校对:何澍语

出版发行:中国地质大学出版社(武汉市洪山区鲁磨路388号)	邮编:430074
电　　话:(027)67883511　　　传　　真:(027)67883580	E-mail:cbb@cug.edu.cn
经　　销:全国新华书店	http://cugp.cug.edu.cn

开本:787毫米×1092毫米　1/16	字数:316千字　印张:12.5
版次:2024年10月第1版	印次:2024年10月第1次印刷
印刷:广东虎彩云印刷有限公司	

ISBN 978 - 7 - 5625 - 5979 - 5	定价:98.00元

如有印装质量问题请与印刷厂联系调换

前　言

我国地方政府债务真正扩张是在2008年以后,为应对次贷危机造成的经济下行压力,中央政府提出的"四万亿"经济刺激计划在实施过程中被地方政府层层加码,多样化举债的潘多拉魔盒被打开。在制度设计上,旧《中华人民共和国预算法》(后文简称为《预算法》)封禁了地方政府的自主举债权力,政府控制下的融资平台作为一种应对手段便蓬勃发展起来。长期以来,地方政府通过融资平台和政府购买等方式积累了大量"表外债务"。由此,客观上的资金需求、制度上的设计滞后、监管上的长期缺失导致地方政府债务尤其是隐性债务规模迅速扩张,已成为经济社会平稳运行的巨大风险。党和国家充分认识到地方政府债务尤其是隐性债务的问题,不断出台政策文件,力求从制度上化解地方政府债务存量,防治债务风险对经济社会的破坏力。2015年新《预算法》颁布实施,地方政府显性举债权力被释放,然而由于政策落实进程与配套措施无法及时跟进,2015年以后出现了利用诸如产业基金、投资基金以及政府和社会资本合作(public-private-partnership,PPP)等新型举债方式,"道德风险"与"举债恐慌"并存,债务风险敞口仍然巨大。在中国地方政府债务的治理思路中,区别显性和隐性两种地方政府债务,扩大地方政府显性举债权力,取缔地方政府违法违规举债行为是债务治理的必由之路,因此,对地方政府债务的考察应该区分显性与隐性的不同属性,要充分考量其对公共财政、金融发展与经济发展的影响。本书主要内容如下。

首先,运用财政风险矩阵,根据我国的实际情况,计算了我国30个省(自治区、直辖市)2000—2018年的显性债务、隐性债务与综合债务规模,并分析了3类政府债务的时空分布特征,分析了不同区域内部和区域间的债务差异及其演化过程与来源。

其次,研究了地方政府债务对公共财政的影响,分为财政透明度与财政支出两部分内容。一是发现地方政府债务与财政透明度之间的影响是相互的,且不同属性的政府债务与财政透明度的互动方向并不一致。财政透明度的提高促进了显性债务规模的扩大,抑制了隐性债务规模扩大;反之来看,地方政府债务在扩张过程中对财政透明度发挥先促进后抑制的作用。二是发现地方政府债务扩大后将对地方政府财政支出规模产生先促进后抑制的门槛效应。地方政府债务扩张将使财政支出结构出现偏差,重生产性而忽视民生性支出。显性债务提高了地方政府财政支出效率,而隐性债务扩张后却对财政支出效率产生消极影响。

再次,研究了地方政府债务对金融发展的影响,分为区域性金融风险与区域金融资源配置效率两部分内容。一是发现地方政府债务膨胀不仅会导致本辖区内的区域性金融风险上升,亦会导致辖区间区域性金融风险向本辖区集中,产生区域性金融风险聚集,地方财力的下降是影响风险聚集的重要原因。二是发现隐性债务规模扩大是造成区域金融资源浪费的重要原因,将显著抑制区域金融资源配置效率的提高。究其原因,地方政府与当地金融机构特殊的关系导致金融机构对地方政府举债行为的过度包容,而市场化程度的加深则会弱化地方政府债务对区域金融资源配置效率的破坏力。

最后,研究了地方政府债务对经济发展的影响,分为经济高质量发展与经济双循环发展两部分内容。一是发现地方政府债务对经济高质量发展发挥了先促进后抑制的倒"U"形非线性作用。长期来看,隐性债务对经济高质量发展的抑制作用更强。二是发现地方政府债务在整体上抑制了经济双循环耦合协调质量的提高,不利于经济双循环新发展格局的构建。究其原因,区域性金融风险是重要的传导因素。地方政府债务发展初期,其对经济双循环发展发挥了一定程度的正向作用,而随着地方政府债务规模尤其是隐性债务规模的无序膨胀,则一定程上抑制了经济双循环发展。

本书的出版得到了中国地质大学(武汉)新青年教师科研启动基金项目[项目名称:金融科技与金融监管耦合协调发展研究(G1323523168)]和教育部人文社会科学研究一般项目(21YJA630105)的资助。本书的顺利出版也得到了中国地质大学出版社的大力支持,感谢各位同仁在本书出版过程中的无私奉献,在此深表谢意!

赵文举
2024 年 7 月 9 日于武汉

目 录

第一篇 研究导论篇

第一章 绪 论 ……………………………………………………………………（3）
  第一节 选题背景 ……………………………………………………………（3）
  第二节 研究意义 ……………………………………………………………（4）
  第三节 研究内容与研究方法 ………………………………………………（5）
  第四节 创新与不足 …………………………………………………………（8）

第二章 文献回顾 ………………………………………………………………（10）
  第一节 地方政府债务相关研究 ……………………………………………（10）
  第二节 地方政府债务影响公共财政 ………………………………………（13）
  第三节 地方政府债务影响金融发展 ………………………………………（16）
  第四节 地方政府债务影响经济发展 ………………………………………（18）
  第五节 文献述评 ……………………………………………………………（20）

第三章 基本概念界定与理论基础 ……………………………………………（22）
  第一节 基本概念界定 ………………………………………………………（22）
  第二节 地方政府债务影响公共财政的理论基础 …………………………（25）
  第三节 地方政府债务影响金融发展的理论基础 …………………………（28）
  第四节 地方政府债务影响经济发展的理论基础 …………………………（30）

第二篇 测算分析篇

第四章 地方政府债务的测算 …………………………………………………（35）
  第一节 地方政府债务的测算过程 …………………………………………（35）
  第二节 地方政府债务的测算结果 …………………………………………（36）

第五章 地方政府债务的规模描述 ……………………………………………（41）
  第一节 显性债务的规模描述 ………………………………………………（41）
  第二节 隐性债务的规模描述 ………………………………………………（43）
  第三节 综合债务的规模描述 ………………………………………………（44）

第六章　地方政府债务的空间差异及分解 (46)
第一节　Dagum 基尼系数分解 (46)
第二节　显性债务的地区差异及分解 (47)
第三节　隐性债务的地区差异及分解 (48)
第四节　综合债务的地区差异及分解 (50)
第五节　研究小结 (52)

第三篇　公共财政篇

第七章　地方政府债务与财政透明度的相互影响 (55)
第一节　理论推导与研究假设 (56)
第二节　研究设计 (59)
第三节　实证结果与分析 (60)
第四节　进一步研究 (66)
第五节　稳健性检验 (69)
第六节　研究小结 (69)

第八章　地方政府债务对财政支出的影响 (71)
第一节　理论推导与研究假设 (72)
第二节　研究设计 (75)
第三节　实证结果与分析 (78)
第四节　进一步研究 (81)
第五节　稳健性检验 (85)
第六节　研究小结 (87)

第四篇　金融发展篇

第九章　地方政府债务对区域性金融风险的影响 (91)
第一节　理论推导与假设提出 (92)
第二节　研究设计 (94)
第三节　实证结果分析 (97)
第四节　进一步研究 (103)
第五节　稳健性检验 (107)
第六节　研究小结 (112)

第十章　地方政府债务对区域金融资源配置效率的影响 (113)
第一节　理论推导与假设提出 (114)
第二节　研究设计 (116)

第三节　实证结果分析 …………………………………………（119）
　第四节　进一步研究 ……………………………………………（123）
　第五节　稳健性检验 ……………………………………………（127）
　第六节　研究小结 ………………………………………………（132）

第五篇　经济发展篇

第十一章　地方政府债务对经济高质量发展的影响 ……………（135）
　第一节　理论推导与假设提出 …………………………………（136）
　第二节　研究设计 ………………………………………………（137）
　第三节　实证结果分析 …………………………………………（138）
　第四节　进一步研究 ……………………………………………（142）
　第五节　稳健性检验 ……………………………………………（143）
　第六节　研究小结 ………………………………………………（145）
第十二章　地方政府债务对经济双循环发展的影响 ……………（146）
　第一节　理论推导与假设提出 …………………………………（147）
　第二节　研究设计 ………………………………………………（149）
　第三节　实证结果分析 …………………………………………（155）
　第四节　进一步研究 ……………………………………………（158）
　第五节　稳健性检验 ……………………………………………（165）
　第六节　研究小结 ………………………………………………（170）
主要参考文献 ……………………………………………………（172）

第一篇

研究导论篇

本篇分为绪论、文献回顾、基本概念界定与理论基础 3 章内容。

第一章 绪　论

第一节　选题背景

2015年以前,中国地方政府在没有被赋予举债权限的情况下,出现了地方政府债务规模超过中央政府的现象。这种被称为"地方政府债务悖论"的现象在全世界主要经济体中实属罕见,因而引起了国内外学者的讨论。事实上,中国地方政府债务的扩张有其特有的现实原因。从现实情况看,2008年美国次贷危机席卷全球,给世界经济带来了巨大挑战。中国政府为了提振经济、扩大内需和应对失业压力,提出了"四万亿"经济刺激计划。该计划由中央与地方政府共同调配资金,仅在2009年至2010年,中央代发地方政府债券逾两千亿。然而这仅仅是央地融资规模总量中的小部分,"四万亿"经济刺激计划下放到地方政府后,地方政府层层加码,通过地方融资平台、政府与社会资本合作和政府购买等方式积累了大量的变相负债。此外,由于经济发展压力下的政府融资行为缺乏监管,违法违规举债行为增多,大量游离于预算之外的隐性负债使风险敞口不断增大,危及经济社会平稳运行。据中华人民共和国审计署《2013年第32号公告:全国政府性债务审计结果》的统计,2012年6月底,全国各级政府负有担保责任的债务为29 256.49亿元,可能承担一定救助责任的债务为66 504.56亿元,地方政府债务尤其是隐性债务规模愈加失控。从制度层面上讲,经济增长压力强化了"唯GDP"式的官员考核制度,日益激烈的地区竞争导致地方政府产生了巨大的举债融资动机。地方政府与金融机构的隶属关系激励了地方政府的过度举债行为。旧预算体制下地方政府举债权限的限制也迫使地方政府采取策略化的行为,另辟蹊径,举措隐性债务。以上构成了旧《预算法》背景下中国地方政府债务生态的典型特征。与政府显性债务相比,地方政府的隐性负债具有规模大、举债主体多元且形式多样、透明度低、还款不确定的特点,其产生的地方政府财政风险极有可能成为我国经济发展不可忽视的"灰犀牛"。

伴随着新《预算法》及其配套政策的实施,地方融资平台逐渐与地方政府剥离,法律上不再具备为地方政府融资举债的业务。与此同时,各项政策法规在规范地方政府举债行为,化解政府债务存量危机,管控政府债务风险等方面发挥了一定的积极作用。然而"开前门、堵后门"式的地方政府债务治理过程存在法律和政策颁行并发挥效果的非即时性问题。2015年以后,地方政府又出现了诸如投资基金、产业基金和PPP模式中地方政府承诺的保底收益等隐性债务问题。当前阶段,地方政府债务尤其是隐性债务的风险仍在发展蔓延。

在打造透明政府,促进政府善治与"稳增长"和"防风险"目标下,重新讨论地方政府债务与财政透明度的关系十分必要。二者的讨论应该直面地方政府债务对财政透明度的控制力。

在中国的现实国情下,地方政府债务规模的扩大有其必要的历史背景。在现行的官员晋升机制下,理性的地方政府官员在面临较大债务压力的情况下极有可能采取策略性的应对措施,此时透明政府的建设可能沦为次要目标,甚至有可能产生对自身财务信息的遮掩。然而,我们也看到显性债务身处"阳光"之下,与隐性债务相比程序正当、监督充分且用途透明,不同类型的政府债务对财政透明度的控制力有可能是不同的。以上分析说明地方政府债务对财政透明度的影响十分复杂,值得深入研究。将视角移至财政支出领域,地方政府债务对财政支出的影响也同样适用以上分析。在理性政府假设下,地方政府官员可能会因为较大的债务压力而对财政支出的规模、结构与效率产生理解偏差,对这种偏差的挖掘能够展示地方政府对公共财政更深层次的影响。

严防财政风险向金融领域扩散,守住不发生系统性金融风险的底线是当前金融工作的重要内容。区域性金融风险聚集和扩散都是触发系统性金融风险的可能形式。研究地方政府债务扩张后产生的风险向金融领域的扩散效应,能为我们防治系统性金融风险提供预防性工具。事实上,地方政府债务规模扩张后,其债务风险向金融领域扩散得到了较充分的认同,但这种扩散作用在空间中的影响力如何,区域性金融风险将扩散至全局还是在局部地区不断集中直至爆发系统性风险,对这一点的研究将为认识系统性金融风险的触发机理提供帮助。另外,在金融服务于实体经济的大前提下,金融资源配置效率应该更多地体现金融对经济结构尤其是产业结构的优化升级的积极作用,应以"质量观"重塑对区域金融资源配置效率的认知。地方政府融资举债行为是政府直接干预区域金融资源配置的表现,对区域金融资源配置效率产生影响,而这种影响是否符合新时期经济高质量发展的需要,也值得我们深入探究。

在百年未有之大变局下,构建经济双循环新发展格局成为国家战略。当前国际贸易争端加剧,地缘政治体制演化事件考验着中国的应对能力。与此同时,中国在地方政府债务规模已经高位运行的情况下实施了新一轮积极的财政政策。在新时代中国经济增长动能更新换挡,加快构建经济双循环新发展格局的背景下,探讨地方政府债务对经济高质量发展和经济双循环发展的影响,能够为我国在新一轮积极财政政策实施过程中坚持审慎原则,有的放矢提出地方政府举债方案,提供有益启示。

第二节 研究意义

本书根据财政风险矩阵,界定地方政府债务边界,并在数据可得的情况下测算中国2000—2018年的地方政府显性债务、隐性债务和综合债务的实际规模。聚焦于当前地方政府债务实证研究不足的现状,区分地方政府债务的不同类型,实证研究地方政府债务在公共财政方面与财政透明度的相互影响和对财政支出的影响,在金融领域方面对区域性金融风险和区域金融资源配置效率的影响,在经济发展方面对经济高质量发展和经济双循环发展的影响。本书具有积极的理论意义与实践意义。

一、理论意义

首先,根据风险矩阵设定的地方政府债务边界,测算中国地方政府显性债务、隐性债务与综合债务规模,改变了现有研究中对地方政府债务规模测度主要以城投债为主的片面思路,为学术界与实务界进行地方政府债务测算形成统一的统计口径提供有益参考。

其次,分析地方政府债务对公共财政的影响,对财政透明度的影响研究考虑了财政透明度对地方政府债务的控制力。对财政支出的影响研究深入到财政支出结构与效率层面,可以透视政府债务对公共财政治理的影响。

再次,研究地方政府债务对金融发展的影响效果与影响路径,挖掘地方政府债务膨胀后产生的风险对金融风险的扩散作用。探究这种扩散作用的形式对丰富财政风险金融化的研究具有积极作用。

最后,地方政府债务影响经济高质量发展的研究结论并不统一,如果再区分不同类型的债务属性,则结果更具有复杂性。尤其是在当前建设"以国内大循环为主体,国内国际双循环相互促进"的新发展格局背景下,研究地方政府债务对经济高质量发展和经济双循环发展的实际影响及其影响机制与门槛效应,能为我们确定高质量发展背景下地方政府的经济效应,掌握地方政府债务影响经济双循环的作用机理,改善当前经济双循环实证研究不足的现状,为地方政府债务研究补充内容。

二、实践意义

首先,对地方政府显性债务与隐性债务规模的估测有助于为学术界与实务界提供数据支持,帮助党和国家把握地方政府债务的实际情况,制定相关政策,治理地方政府债务问题,也有助于学术界相关研究,形成更加科学的结论。

其次,为党和国家从把控政府债务入手,提高财政透明度,打造"透明型"政府,促进财政支出结构改善,提高公共财政管理水平提供可借鉴的政策工具。

再次,研究地方政府债务向金融领域扩散的影响,为促进金融资源合理配置,化解地方政府债务风险,遏制地方政府债务向金融领域扩散提供有益的政策启示。

最后,研究经济发展中所倡导的经济高质量发展与经济双循环发展受地方政府债务的影响机制,有助于掌握不同类型地方政府债务的不同影响,了解地方政府债务的恰当规模,趋利避害,最大限度地发挥债务的积极作用,加快构建经济双循环的新发展格局。

第三节 研究内容与研究方法

一、研究内容

本书的研究内容主要分为以下4个部分。

(1)结合现有研究成果,在财政风险矩阵的基础上,梳理地方政府显性债务、隐性债务、直接债务和间接债务的边界,并在数据可得的条件下,计算各类政府债务的实际规模。基于此,对中国地方政府显性债务、隐性债务与综合债务进行特征分析,分析其历史演进规律与时空差异,并分析时间差异的来源。

(2)在地方政府债务影响公共财政的研究中,首先,研究3类地方政府债务与财政透明度的相互影响关系,明确地方政府债务对财政透明度的控制力,运用面板向量自回归模型(panel vector autoregression,PVAR),实证检验了不同类型地方政府债务与财政透明度之间的互动关系和长期效应。运用时变参数结构向量自回归模型(stochastic volatility-time varying parameter-structural vector autoregression,SV-TVP-SVAR),研究地方政府债务与财政透明度的相互影响在不同时间点的时变特征。其次,研究了3类地方政府债务对财政支出的影响:①探究3类地方政府债务对财政支出规模先促进后抑制的门槛效应;②探究地方政府债务扩张后对生产性财政支出和民生性财政支出的不同影响;③探究不同类型的地方政府债务对财政支出效率的不同影响。

(3)在地方政府债务影响金融发展的研究中,首先,研究地方政府债务规模扩张后产生的债务风险向区域性金融风险的扩散作用。在空间模型下挖掘出中国系统性金融风险可能的触发形式,即区域性金融风险的空间聚集;探究地方政府财力下降是引起债务风险扩散和金融风险聚集的重要因素。其次,研究在金融资源配置效率"质量观"下,地方政府债务对区域金融资源配置效率的影响。最后,进一步明确银行对地方政府的"软约束"是造成区域金融资源配置被政府债务破坏的重要原因。同时研究市场化程度对这种破坏力的弱化作用。

(4)在地方政府债务影响经济发展的研究中,首先,以新时期经济高质量发展与经济双循环发展为切入点,研究地方政府债务在发展初期债务规模可控阶段,促进经济高质量发展,而随着债务规模的不断扩大,将对经济高质量发展发挥抑制作用。进一步地,研究地方政府债务将在何种经济发展层面对经济高质量发展发挥抑制作用。其次,研究地方政府债务对经济双循环发展的影响,在这一过程中,寻找"耦合协调度"这一指标衡量经济内循环与外循环两者之间的发展和互动质量,随后挖掘出地方政府债务对经济双循环发展起先促进后抑制的倒"U"形非线性作用,进一步地,研究区域性金融风险在两者之间的中介作用。

二、研究方法

笔者拟采用多种研究方法,具体如下。

(1)在地方政府债务的规模分析研究中,运用核密度估计(kernel density estimation,KDE)、Dagum基尼系数及分解法研究地方政府债务的规模特征、时间演进规律、空间差异及来源。

(2)在地方政府债务影响公共财政的研究中,运用面板向量自回归模型(PVAR)和时变参数结构向量自回归模型(SV-TVP-SVAR)研究地方政府债务与财政透明度之间的相互影响机制以及时变特征。运用超效率DEA模型(SE-DEA)测算财政支出效率,运用门槛效应模型和双向固定效应模型研究地方政府债务对财政支出规模、结构与效率的影响。

(3)在地方政府债务影响金融发展的研究中,运用空间杜宾模型研究地方政府债务对区域性金融风险的空间影响。运用超效率DEA模型测算区域金融资源配置效率,运用OLS模型、双向固定效用模型、系统GMM模型和空间杜宾模型对地方政府债务与金融资源配置效率之间的关系进行回归分析。

(4)在地方政府债务影响经济发展的研究中,运用二次项回归与门槛效应模型,研究地方政府债务对经济高质量发展的非线性影响。运用"耦合协调度"模型测算经济双循环耦合协调发展质量,运用空间杜宾模型、中介效应模型和门槛效应模型研究地方政府债务对经济双循环发展的影响机制。

三、研究框架

本书的研究框架如图 1-1 所示。

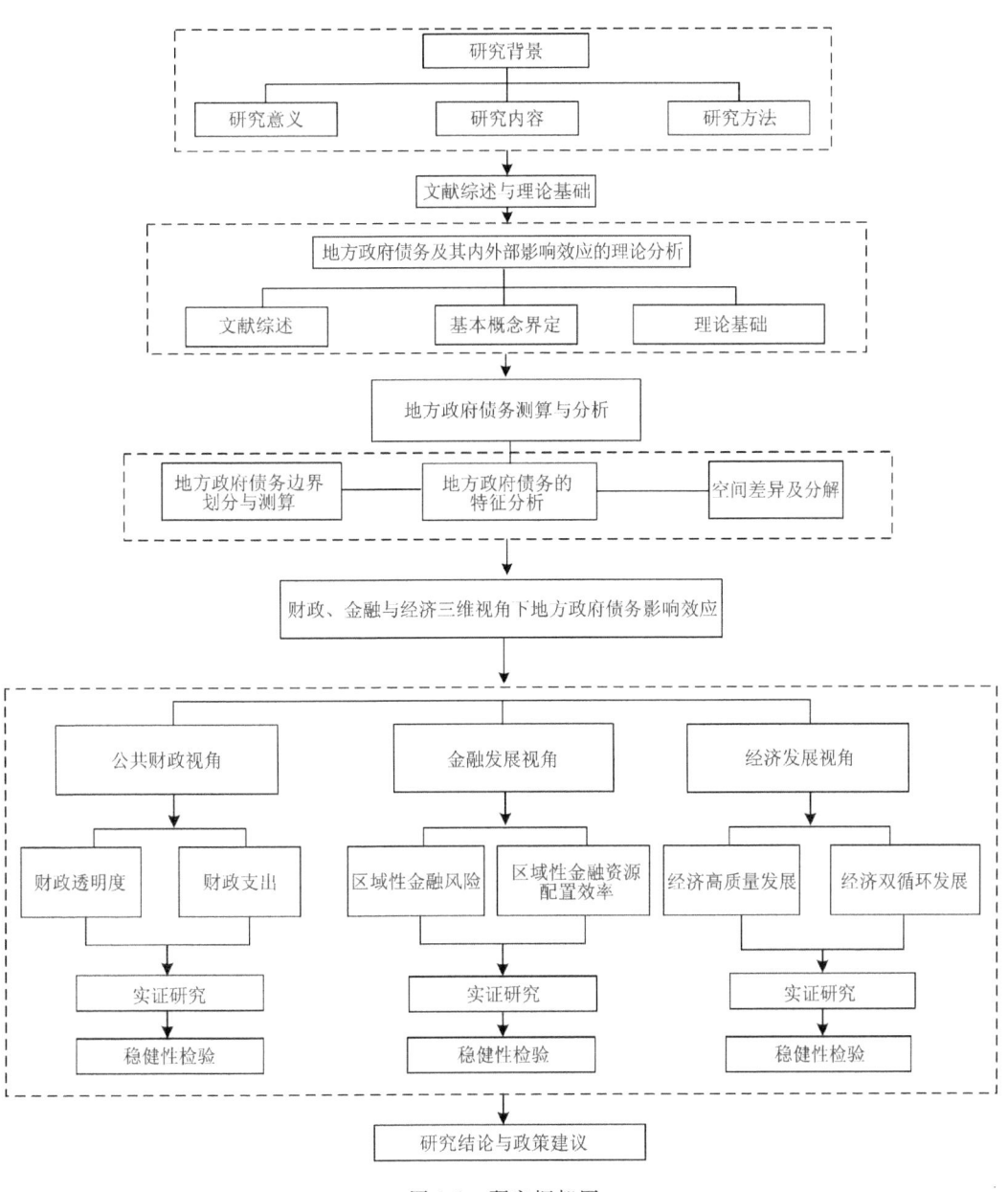

图 1-1 研究框架图

第四节 创新与不足

一、研究创新

本书基于财政风险矩阵,结合中国实际情况,首先计算了中国地方政府显性债务、隐性债务和综合债务的规模,之后从公共财政、金融发展和经济发展3个维度出发,研究了地方政府债务对财政透明度和财政支出、区域性金融风险和区域金融资源配置效率、经济高质量发展和经济双循环发展的影响。本书的主要创新点有以下几点。

(1)基于财政风险矩阵,详细地测算我国地方政府显性债务、隐性债务和综合债务规模,尽可能详尽地刻画中国地方政府债务规模的实际情况,较以往单纯以城投债等数据刻画债务规模更加准确。

(2)从区域角度入手,分析了3类地方政府债务在中国四大地区的演化特征,空间差异及来源,有助于把握地方政府债务的时空分布格局及历史演化过程,帮助政策制定者从区域协调发展方向入手治理政府债务问题。

(3)在地方政府债务影响公共财政的研究中,与以往研究相比,本书首先考虑不同政府债务类型的性质,分析3类地方政府债务的不同影响;考虑地方政府债务与财政透明度的互相影响,研究了地方政府债务与财政透明度的相互影响关系。在地方政府债务对财政支出的影响研究中,探究了地方政府债务对财政支出规模的非线性影响,挖掘了地方政府债务扩张后对生产性财政支出和民生性财政支出不同的影响方向,探究了地方政府显性债务和隐性债务膨胀后对财政支出效率的不同影响力。

(4)在地方政府债务影响金融发展的研究中,与以往研究相比,本书不仅验证了地方政府债务扩张后,产生的债务风险将向金融风险扩散,还通过空间效应模型挖掘出地方政府债务风险影响区域性金融风险的具体形式。此外,基于当前中国经济增长进入到高质量增长阶段,建立了一个新的区域金融资源配置效率测算体系,这个体系摒弃传统衡量金融资源配置效率的"总量观",更多地考虑了金融资源配置对经济发展质量的积极作用,较以往研究更加符合当前经济发展动能换挡提速的"质量观"。

(5)在地方政府债务影响经济发展的研究中,基于当前各学派对政府债务经济效应的争论,考虑当前经济高质量发展与经济双循环发展的背景,论证在中国经济发展的现实情况下,地方政府债务将对经济高质量发展发挥先促进后抑制的非线性作用;弥补了当前经济双循环发展实证研究的不足,提供了一个量化经济双循环发展质量的全新角度,即"耦合协调度",为从地方政府债务角度促进双循环新发展格局构建,提供了积极的政策启示。

二、研究不足

本书研究可能存在的不足有以下3点。

(1)数据的可得性问题。譬如地方政府对私人投资等的担保信息难以获取,本书在此从略处理,由此可能带来数据的测算结果与实际存在偏差,这一点应在今后的研究中,随着政府数据的逐渐披露,进行进一步测算。

(2)在区域性金融风险的测度中,借鉴现有研究中关于系统性金融风险的测度方法,结合区域性金融风险的实际,设定区域性金融风险的测度指标,可能会忽视区域性金融风险的某些特性。

(3)在经济双循环"耦合协调度"的测算中,鉴于双循环新发展格局是才提出的全新概念,当前学者只对其进行了定性分析,而未有测算其发展质量的先例。基于此,根据现有权威文献以及政策文件,探索设定经济内循环与外循环发展质量测度指标,可能缺乏权威的认证。

第二章 文献回顾

第一节 地方政府债务相关研究

一、地方政府债务的统计与测算

地方政府债务的测算口径纷繁复杂,学术界与实务界、中央与地方、政府与各级主管部门之间的测算口径均不尽相同。经济学家 Hana 从债务或然性出发,依据债务发生与不发生的可能性,将政府债务区分为直接债务和或有债务两类,之后按照债务法定角度,将有法律和合同明文规定的、反映公众期盼和社会道义的债务定义为隐性债务,按此定义隐性债务理所应当地包含了社保缺口和政府对辖区国有企业亏损的帮扶义务[1]。徐玉德认为 Hana 的财政风险矩阵对政府债务尤其是隐性债务的定义是从道义责任观出发的,此种界定无法使得显性债务与隐性债务的总和完全符合政府债务的概念,且道义责任难以被客观识别,如果统计规则不完善,那将对债务统计与测算造成困难[2]。刘尚希等对比国内外不同债务测算口径,认为我国基本采用了财政风险矩阵原则测算,并公布了地方政府债务的规模,但公布的地方政府债务并没有包含社保资金缺口等[3]。学术界尤其关注地方政府隐性债务的界定和测算,国外学者较多地将关注点放在政府的隐性债务是如何形成的研究上。罗森认为隐性债务是由政府对未来款项的支付承诺引起的,本质上属于政府债务[4]。政府隐性债务可以通过隐性担保、社保职责和自然灾害等多种事项形成[5-7]。在国内,较多的学者对政府隐性负债的分类、界定和估算研究做出了贡献。平新乔[8]将地方政府的隐性负债区分为直接隐性负债与或然隐性负债。安秀梅[9]认为地方政府隐性负债应该包括下级政府财政缺口与债务、地方金融机构的未偿债务负担、国有银行不良贷款、国有企业负债和自然灾害等突发事件的救助等内容。不同学者对我国隐性债务规模进行了测算,但是统计口径不统一,测算数值也不一致。比如 2014 年政府隐性债务规模为 6.28 万亿元[10]或 4.30 万亿元[11];2015 年政府隐性债务规模为 16 万亿元[12];2017 年我国地方政府隐性债务为 7.29 万亿元[13]。

二、地方政府债务的扩张动因

对地方政府债务的认识不能完全秉承古典主义的消极观,也不能完全奉行凯恩斯主义视政府举债行为为主臬的观点。事实上,地方政府债务规模的扩大与经济发展水平的提高关系紧密。恢复和促进经济发展,实施宏观调控,是地方政府债务扩大的重要原因[14],从这一维度上讲,政府债务规模的扩大有其正当性。从 Tiebout 到 Musgrave 再到 Oates 均认为多层级政府在提供公共物品时具有比中央政府更大的信息优势，在一定情况下，利用债务融资方式为地区投资项目提供资金要比直接使用税收更为合理[15-17]。杨十二和李尚蒲认为基础设施投资严重依赖政府资金，促进经济发展是地方政府债务扩大的重要原因[18]。可见地方政府债务扩张有其必要性，但针对当前中国地方政府债务尤其是隐性债务的无序扩张问题，学术界也给出了比较详尽的原因解释，归纳如下。

央地财权与事权设计的失衡是引起地方政府债务无序扩张的重要原因。分税制改革致使央地财权与事权不匹配，为弥补收支缺口，大量政府债务应运而生[19]。唐云锋注意到财政分权制度的设计失衡将带来地方政府债务的无序扩张，认为对当前政府债务规模濒临失控的问题，中央与地方均有责任，中央对央地财权现状设计不科学，地方在政治激励下的寻租行为是地方政府债务无序扩张的重要原因[20]。唐洋军认为转移支付无法有效纠正分税制改革造成的地方政府财政收支偏差[21]。与此同时，也有学者对央地财权设计失衡导致地方政府债务扩大提出质疑，刘尚希认为中国各地区人口和经济发展差异较大，财权与事权的失衡并不是一种原因，而是一种现象[22]。刘煜辉通过例证分析，认为当前对地方政府官员的激励机制偏差才是造成地方政府债务无序扩张的原因，如果不改变现有的激励机制，即使扩大地方财权，或者让中央承担更多事权，也无法解决地方政府债务问题[23]。孙克竞基于面板向量自回归模型和有协整约束的向量自回归模型，发现现行的财政体制是造成地方政府债务持续扩大的原因，解决地方政府债务的有效办法是尽快建立自治型的地方财政体制[24]。

预算软约束推高地方政府债务规模。Wildasin、Boadway和Tremblay认为中央政府对地方政府的预算软约束是造成和扩大地方政府债务的重要原因[25-26]。Plekhanov和Singh认为中央对地方政府的财政容忍，让地方政府对中央"兜底"存在幻想[27]。周学东等在博弈均衡模型的基础上，研究了地方政府超额支出的原因，发现预算软约束越强，地方政府过度支出的行为就越严重，随之债务规模越大[28]。时秀红具体划分了预算软约束的类型，第一类即是中央对地方，上级对下级的软约束。中央政府既要求地方政府守住底线，规范行为，化解债务存量危机，又要求地方保持相当的经济增速，这两者之间存在某种抵触，因此产生了中央对地方，上级对下级的软约束。第二类是地方政府在辖区内进行集资和摊派时，辖区内金融机构因与地方政府特殊的关联关系而产生的软约束。第三类是我国国有金融机构不允许破产，这直接催生了地方政府过度依赖金融机构投资的软约束。我国地方政府债务的过度膨胀与这3类软约束均有直接的关系[29]。方红生和张军认为地方政府存在天生的扩张偏好，即便不被允许自主发展，仍可以采取策略化的行为举措债务[30]。马恩涛和于洪良基于跨期迭代模型，发现失去中央控制的地方政府，在预算软约束下将显著扩大公共投资与地方政府债务规模[31]。王永钦等运用双重差分模型，以城投债为研究对象，发现预算软约束是滋生地方政府债务的主要原因[32]。

"唯GDP"的官员晋升激励。我国的治理结构隐含着扩大地方政府债务的潜在因素。中国的财政分权体制植根于集中制背景，地方政府官员因为"唯GDP"的晋升考核机制而普遍存在"晋升锦标赛"。高培勇和于树一认为不恰当的政绩考核观刺激了地方政府的举债行为，使地方政府盲目追求投资项目与资金[33]。张曾莲和江帆认为地方官员为了获取短期政绩时往往不会采取税收手段，而是会采取债务融资手段。"晋升锦标赛"促使地方政府官员过度重视市政等基础设施投资,较强的冒险主义倾向会促使地方政府进行过度投资,产生的资金缺口促使地方政府债务规模扩大[34]。沈雨婷通过构建中央与地方两级政府的理论模型,发现因为官员年龄增长而产生的晋升压力会显著促进当地城投债的发行[35]。李升和陆琛怡区分地方政府显性债务与隐性债务的不同属性,通过实证分析发现政治晋升约束促使显性债务收敛,但经济发展是地方政府刚需,因此隐性债务会因为"唯GDP"的晋升激励制度而不断扩大[36]。赵文举和张曾莲在研究预算偏离度对政府债务规模的影响时,发现不管是显性债务还是隐性债务,晋升激励均能显著强化预算偏离度对政府债务的促进效应[37]。

地方政府债务无序扩张的另一重要原因是债务管理机制不完善。岳红举和陈军认为信息滞后、融资决策主体单一、债务监管责任划分不明等因素不利于债务监督与风险预警,也使债务资金的使用效率得不到保障[38]。刁伟涛认为,地方政府举债审批、监管和偿还约束机制不合理,顶层设计不规范,具体执行混乱等因素使地方政府债务规模无序扩张[39]。Hackbart和Leigland考察美国州级债务的增长情况,发现地方政府在债务发行与偿还方面的管理制度不科学是造成美国州级政府债务自1977年迅速扩张的重要因素[40]。

大量学者专门研究了地方政府隐性债务的形成原因,经济发展水平[41]、工业化与城市化[42]、不合理的增长方式[43]和经济体制转轨[44]等皆是地方政府隐性债务膨胀的重要原因。此外,分税制改革造成的央地财权与事权的不匹配则从制度上导致了隐性债务规模的扩大[45-49]。诸多学者从预算管理体制上探讨了地方政府隐性债务无须扩大的原因,认为预算管理权威缺失[50]、管理体制分散[51]、监督约束缺位[52]和预算软约束[53]都促使地方政府另辟蹊径,违法违规举债。更深层上讲,中央政府财政制度改革缓慢,原有设计已不适合经济社会快速发展的需要,是地方政府隐性债务规模扩张的根本原因[54]。除此之外,也有学者认为现有融资渠道不完善[55]、"影子银行"[56]、不恰当的官员晋升考核机制[57]、政府隐性担保[58]和PPP[59]也是地方政府隐性债务规模扩张的重要原因。

三、地方政府债务的扩张后果

地方政府债务的扩张后果研究主要集中在政府债务的经济效应、产业结构效应与社会事务管理等方面。具体说来,地方政府债务对经济增长存在"促进论"[60-61]"抑制论"[62]和"不确定论"[63]3种主要观点。地方政府债务不利于产业结构优化升级原因在于地区竞争促使地方政府偏爱第二产业投资,第三产业遭到忽视,地方政府财政自主度的下降将进一步加大对产业结构的破坏力[62-65]。也有学者认为,地方政府债务与土地财政密切相关,房地产与土地财政密切的互动关系将深刻影响产业聚集和发展态势,此外高房价产生的相对就业人数下降导致区域产业转移,为产业结构升级"腾笼换鸟"[66-67]。陈浩和魏哲海发现地方政府的土地经营行为对产业结构产生影响,协议出让土地对产业结构升级产生负面影响,而协议出让土地价格的提高则对产业结构优化升级发挥积极作用[68]。此外,地方政府债务亦对居民消费产生影响,主要有"债务扩大消费观"[69]和"债务抑制消费观"[70]两种观点。陆铭和欧海军研究发现地方政府债务在影响就业方面发挥直接和间接两种作用[71]。地方政府债务通过财政支出效应、城镇化及基础设施积累等路径影响居民的幸福指数[72-73]。地方政府债务深刻影响社会治理水平,债务风险事件损害政府公信力,提高了政府获取资金的难度;当地居民与企业对政府信任度下降威胁政府权威,社会治理难度增大。地方政府债务风险事件可能影响官员任用。地方政府债务规模扩张产生的债务风险向金融领域扩散会影响市场主体的信用,在建项目荒废、工程款项拖欠将引发一系列的社会问题[74]。地方政府债务可能会抑制腐败,也有可能会滋生腐败[75-76],地区间的恶性竞争既激励了官员的寻租行为,又增加了反腐难度[77]。

四、地方政府债务的监管与治理

刘尚希等认为政府举债行为科学适当有利于消除公共风险,是促进经济社会进步的必要措施。地方政府债务管理的目标不应该是消除政府债务,而是识别、监测与控制债务风险[78]。毛捷等认为当前我国债务风险总体可控,但是部分地区违法违规举债导致的隐性债务风险不容忽视[79]。刘金林等认为保证央地财权与事权平衡,根据支出责任测算执行成本,根据执行成本划分财权,是治理地方政府债务的有效措施[80]。丛树海和郑春荣认为治理地方政府债务必须加快推进地方政府资产负债表编制改革,将政府、企业和银行纳入到同一框架中进行核算,测算并监控地方政府债务的变动态势,研究地方政府债务对外部的风险扩散作用[81]。杨志勇提出地方政府债务治理的短期措施与中长期措施。其中,短期措施主要为政府资产变现,中长期措施则是改变政府会计基础,推进以权责发生制为会计基础的政府综合财务报告制度改革,不断提高政府财务信息披露水平并接受社会与上级政府部门监督[82]。王婕和孟凡达认为应以预算为基石,强化预算的法制权威和约束力,以此加强地方政府债务风险跟踪与预警[83]。朱莹和王健认为解决我国政府债务问题的根本措施是赋予地方政府发债权,建立公开透明的自行发债机制,运用市场化方式解决风险定价与监督问题,化解融资平台债务危机[84]。刘金林等认为加强地方政府债务管理的重要措施是完善风险监测、预警与应急机制[80]。周世愚从表内和表外分析了地方政府债务风险的主要特征,提出地方政府债务风险治理应坚持以预警为基础,区别表内外两种风险,差异化地化解地方政府债务风险[85]。范志忠认为构建风险管理系统、建立债权凭证流转系统、增强债务流动性能够有效化解地方政府债务风险[86]。也有学者研究了地方政府债务尤其是隐性债务的化解问题,提出了规范和约束隐性债务主体行为[87]、分类整治隐性债务[88]、改革完善地方财政和债务体制[89]、构建科学合理的地方隐性债务信息披露机制[90]4种主要观点。

第二节 地方政府债务影响公共财政

一、地方政府债务对财政透明度的影响

当前研究财政透明度如何影响地方政府债务的结论尚不一致,但主流观点主要有"抑制论"和"非线性论"两种。在前者的研究中,Alt 和 Lassen 较早研究了财政透明度与地方政府债务的关系,认为政府披露更多财务信息有利于抑制政府举债行为[91]。其后,Gavazza 和 Lizzeri 通过构建两阶段政府竞争模型,认为透明度低的政府更多以债务的形式支持财政支出[92]。Arbatli 和 Escolano 发现较高的财政透明度往往与较低的公共债务关系密切[93]。Montes 等发现财政透明度的提高所带来的监督力度增强显著地约束了地方政府的财政支出

行为,提高了财政支出效率并最终降低政府债务规模[94]。在国内的研究中,肖鹏等通过对2012年省级政府截面数据的实证分析,发现越不透明的政府,越容易过度举债,以使自身在地区竞争中获取优势[95]。马文涛和张朋依据审计署公布的数据,实证发现地方政府债务与财政透明度之间存在负向关系,这是为数不多的关于财政透明度对地方政府控制力的研究[96]。马原驰运用空间计量模型,发现财政透明度对本地区与辖区间的债务规模与风险水平有影响[97]。邓淑莲和刘潋滟通过构建政府间的博弈理论模型,发现政府竞争状态下,财政透明度的提高将促使地方政府强化自身责任,削弱政府债务规模[98]。汪崇金和崔凤基于城投债数据,研究发现财政透明度的提高将抑制城投债的发行[99]。

随着对财政透明度研究的深入,学者提出了财政透明度影响地方政府债务的方向可能是非线性的观点。肖鹏和樊蓉通过构建两步最优GMM模型,实证分析财政透明度与地方政府债务的相关性,发现财政透明度对地方政府债务的影响是非线性的,阈值为38.41[100]。曾海洲等发现在政府本身财务信息披露状况不佳的情况下,财政透明度提高将抑制城投债规模,显著降低债券风险溢价,降低融资成本,从而促进城投债的发行[101]。张朋和马文涛认为财政透明度与地方政府债务之间的关系可能是先促进后抑制的非线性关系,政府应在抑制作用发挥的初期寻找最佳的财政透明度水平[102]。除了上述非线性的观点之外,徐红和汪峰研究发现财政透明度提高显著促进了城投债规模的扩大,在分组研究中进一步发现这种正向作用只在财政分权程度较高的时候才显现[103]。刘昊和陈工利用审计署公布的全面债务数据研究地方政府债务的影响因素,发现财政透明度的省际差异不能作为地方政府债务规模地区差异的解释[104]。

二、地方政府债务对财政支出的影响

关于财政支出的研究颇多,大致可分为对财政支出的规模研究、对财政支出的结构研究和对财政支出效率的研究。

在对财政支出规模的研究中,学者们通常探讨财政支出规模的适度性问题。德国经济学家阿道夫·瓦格纳(Adolf Wagner)最早提出政府财政支出规模应在经济发展的限制下进行扩张,这种扩张方式应该具有长期性。"瓦格纳法则"揭示了财政支出的适度性问题。Barro将财政支出视作内生变量纳入C-D生产函数中,通过财政支出规模对经济增长影响力的理论推导出财政支出规模存在最优规模[105]。在国内的研究中,学者普遍认为中国的财政支出规模过大,过大的财政支出规模是"大政府"的主要表现,将对经济增长带来不利影响,甚至会降低资源配置效率以致催生腐败[106-107]。臧雷振和熊峰基于机器学习方法,运用全球面板数据研究发现政府财政支出规模对政府效能和腐败控制的边际效用是递减的,因此确认了政府财政支出的最优规模[108]。在财政支出规模的影响因素研究中,不少研究者认为经济发展水平是决定财政支出规模的重要原因[109-110]。除此之外,Buchanan认为财政分权将促进地方政府区域间竞争,从而扩大财政支出规模[111],这一观点在国内也得到了验证[112]。张亚斌和阙薇研究发现财权下放将扩大地方政府支出规模,而事权下放将减小地方政府支出规模[113]。张宽等通过PVAR模型的实证分析,认为贸易开放度的提高将扩大政府财政支出规模,这种促进作用在东部地区更加显著[114]。张绘在总结世界主要国家跨越中等收入陷阱时,认为以美国为代表的西方发达国家在跨越中等收入陷阱的过程中,采用政府举债扩大财政支出规模刺激经济增长的方式使自身较快地达到了高收入国家的水平[115]。胡欣然和雷良海分析了我国地方政府债务在供给侧结构性改革过程中出现的新问题和新变化,认为基础设施投资等生产性支出本身就存在受益与成本的时间错配,运用政府债务融资的方式弥补生产性财政支出差额符合代际公平的原则[116]。杨灿明研究发现地方政府倾向于运用债务融资手段缓解财政压力,保障自身财政支出需求[117]。也有学者认识到地方政府债务规模适度的重要性,王倩倩和李金珊基于中国地级市的面板数据发现地方政府债务限额管理将提高财政支出的效率[118]。

在对财政支出结构的研究中,基于我国的现行财政体制,地方政府所承担的公共物品供给包括生产性支出与民生性支出两大类。前者主要包括交通运输、农林水务等基础设施支出,后者则主要包括科学、教育、文化、医疗等消费性支出。"瓦格纳法则"所揭示的另一项重要内容是财政支出结构会随着经济发展程度的不同而发生变化,经济发展到一定水平之后,财政支出必然扩大,且会从生产性支出领域转移到教育、医疗等民生领域。财政支出结构的优化将促使经济高质量发展。长期以来,地方政府财政支出具有固有的生产性支出偏好[119],周黎安认为地方政府会因"晋升锦标赛"产生对生产性支出的偏好[120]。实际数据显示,地方政府债务的主要支出方向也是基础设施领域[121]。杨得前和汪鼎研究发现,当地方政府面临财政压力时,财政支出会在生产领域与民生领域采取"有保有压"的策略,扩大生产性支出,缩小创新与教育投入[122]。金红昊和马奔基于全国地级市的面板数据,研究发现政治激励下地方政府官员将在任期末显著降低地方教育财政支出比例[123]。李永友等基于分权时序理论,研究了地方政府"重基建,轻民生"的背后原因,认为财政分权先行扩大了生产性支出规模,行政分权先行则导致了民生性支出的显著缩减[124]。地方政府财政支出结构的失衡似乎是当前"唯GDP"的官员评价机制加上地方政府日益缩小的财权共同作用的结果。也有学者研究了地方政府债务对财政支出结构的影响,Gourinchas和Obstfeld认为经济危机之后政府以举债形式弥补资金缺口,债务膨胀导致收入减少将限制政府采取有效的财政政策刺激经济发展[125]。梅冬州和韦彩宁使用跨国面板实证分析得出,政府债务的扩张将加剧财政教育支出的顺周期被动,不利于人力资本积累[126]。

在对财政支出效率的研究中,官员晋升激励、经济环境以及政府自身监督程度是影响财政支出效率的主要因素。具体来说,以GDP为主要考核内容的"晋升锦标赛"使地区之间财政竞争更加激烈,这也促使财政支出效率的提高[127]。此外,史胜安等研究了中国京津冀、长三角和珠三角三大主要经济区的财政支出效率影响因素,发现对外开放程度的提高对财政支出效率的提高有积极作用,而城镇化水平的提高对财政支出效率的提高有消极作用[128]。彭冲等采用动态面板模型研究了审计功能协同发展对财政支出效率的影响,发现审计功能协同发展对财政效率的影响是呈倒"U"形的[129]。除了以上影响因素之外,政府信息披露[130]、"营改增"[131]和"减税降费"[132]都将对财政支出效率的提高产生积极作用。黄捷和王虹认为地方政府债务与财政支出效率呈现负相关关系[133]。优秀的债务管理将提高债权人对未来经济发展的预期[134],从而使财政支出获得比市场更有效的资源配置效果。孙玉栋和席毓认为地方政府财政压力越大越倾向于投资高税行业,带来重复性投资问题,造成资金使用效率低下[135]。贺佳和孙健夫却认为财政压力的增大将促使地方政府进一步重视财政支出的绩效管理,以最小投入获得最大产出,对财政支出效率提高具有积极作用[136]。

第三节 地方政府债务影响金融发展

一、地方政府债务对区域性金融风险的影响

当前地方政府债务与区域性金融风险的关系研究主要集中在地方政府债务规模扩大后产生的债务风险是否会传导至金融系统以及其传导机制两个方面。金融风险理论认为地方债券市场不完善致使信息不对称和资产价格的异常波动[137-138]。从内因上看,地方政府与辖区金融机构的隶属关系为债务风险向金融领域的传导提供了条件,这是触发系统性金融风险的重要原因之一[139]。从外因上看,地方债顺周期波动不利于经济系统自我稳定机制持续发挥作用。长期以来,我国依赖债务资金促进经济发展的模式在使债务规模不断扩张的同时,也使得地方债信用风险上升,政府公信力受到挑战。政府参与金融资源配置的结果也使得资源错配风险加剧,银行流动性风险凸显,这些都将构成触发系统性金融风险的潜在威胁[140-143]。王营和曹廷求采用社会化网络分析法研究了我国区域性金融风险在空间中的不同地位及传染性,发现不同地区之间的区域性金融风险关系紧密,但风险水平却不相同,区域性金融风险中心地带聚集的省份具有较强的传染性,而外围地区风险传染性则将减小[144]。伏润民等通过空间杜宾模型实证检验了地方政府债务会挤出本地区和地区间的银行贷款,从而验证了地方政府债务向本地区和邻近地区金融系统扩散[145]。毛锐等通过DSGE模型分析了银行与私人信贷之间的关系,发现地方政府的投资冲动加剧了政府债务顺周期波动,商业银行则通过债务认购等方式触发了系统性金融风险[146]。李玉龙则认为,如果地方政府存在较大的偿债压力或收入下降,债券利率上升而价格下降,金融机构会通过加杠杆的方式放大系统性金融风险[147]。李凯风和李星则通过甘肃省的实证数据研究,认为地方政府债务规模的扩大将显著促使甘肃省金融风险水平的上升[148]。

一个地区区域性金融风险的聚集将通过两种途径实现,一是本地区区域性金融风险的升高,二是邻近地区区域性金融风险向本地区的转移。地方政府债务可能从这两方面促进区域性金融风险在某些特定地区内不断聚集。在这个过程中,地方政府的财力因素发挥着重要作用。王洋和傅娟认为辖区内的金融机构因隶属关系将听命于地方政府,其经营决策、贷款方向将受到干扰[149]。由地方政府担保的平台债务也具有"高信用"和"刚性兑付"的属性,商业银行出于风险规避和利益考量也会倾向于向政府贷款。此外,我国商业银行的领导层往往具有政治关联,有政治晋升的需求,这也强化了商业银行向政府贷款的动机[150]。以上3个因素是辖区商业银行对地方政府"软约束"的重要原因,而这种机制的发挥可能影响地方政府财力,地方政府的财力下降将导致巨大的财政支出缺口。此时的地方政府更容易指示辖区商业银行行事,认购政府债务,而基于地方政府"高信用"和"刚性兑付",债务压力增大的背景之下,债券价格下降和利率上升将吸引邻近地区资本转移,风险将沿着资本流动的方向在高债务地区不断聚集[147]。

二、地方政府债务对区域金融资源配置效率的影响

学术界一直以"帕累托最优"来描述资源配置的最佳状态,即一个资源分配系统内任何状态的改变都不会再带来整体福利的增加。在具体研究中,一些研究者认为在金融交易活动中,某一部分交易者满意程度的提高必然以其他一部分人满意度的降低为前提,金融资源配置中即使将任意部分金融资源另作他用,金融资源配置效率也不会提高[151-153]。Roland 和 Wightmans 认为金融体系中效率的主要内容是金融交易与金融工具的操作效率和金融资源的配置效率,前者指的是金融活动中最大化的成本收益比,后者则指的是金融系统将资金服务于生产领域的有效性[152-155]。Jack Revell 将有效的金融资源配置描述为剩余资金被分配至最有效的价值实现途径之上[156]。刘博认为金融资源配置效率应该考虑金融资源在不同产业与地区中获得的最佳收益配比[157]。另有学者讨论了金融资源的错配问题,将金融资源的错配描述为人为和市场干扰下,金融资源分配不合理、不公平的表现。金融资源的错配问题最主要的表现是金融资源在农村与城市的错配[158]。韩韶华和杨海军认为农村地区金融资源配置失衡主要表现为金融机构的城乡配置失衡,信贷资源流向结构失衡和信贷产品品类失衡3个方面。欠发达地区新农村建设一直存在资金短缺问题,且金融资源的配置失衡是阻碍新农村建设的主要障碍[159]。在究竟是什么引起了金融资源错配的研究中,宾斯维杰认为市场、机构、资金与制度任一层面的失衡都会带来金融资源的错配[160]。这其中政府对金融资源的干预至关重要[161],例如投资结构失衡和流动性过剩将极大地降低金融资源配置效率[162]。金融资源最主要的低效并非只表现为金融资源难以向效率领域流动,更重要的是表现在实体经济资金的短缺,而此时金融部门又在盲目扩张[163]。李西江认为政府因素、银行业金融机构因素和市场信息传导不通畅是金融资源分布失衡的主要原因[164]。齐美东和张思维分析得出中国金融资源空间分布差异与经济发展差异基本一致[165]。严浩坤和侯传则认为中国金融资源配置不均衡与存贷款和金融机构的不均衡有关[166]。刘煜辉和徐义国认为政府的行政干预直接破坏了市场在金融资源配置中的作用,金融配置能力被削弱[167]。李延凯和韩延春指出政府对金融资源配置的干预会增加资本积累,但长远来看却会破坏金融法治,改善金融法治环境将是改善金融资源配置的有效路径[168]。王韧和张奇佳研究了金融资源流向产能过剩领域的原因,发现那些产能过剩和本该退出市场的企业继续存活的主要原因是非市场化因素的干扰,政府对特定产业、特定所有制企业的偏好造成了金融资源的极大浪费[169]。

目前关于地方政府债务影响金融资源配置效率的研究还比较缺乏,且结论与理论分析有偏差。司海平等认为地方政府会通过直接和间接的手段配置金融资源,且这种配置呈现顺周期特点[170]。毛捷和徐军伟较为细致地指出,中国地方政府融资举债行为参与了金融资源的初次分配和再分配,但地方政府债务吸引了金融资源的跨区域流动,有利于金融资源整合和金融资源配置效率的提高。地方政府控制的融资平台对金融资源的再次分配缓解了中小企业的融资难问题,但由融资平台进行金融资源再分配缺乏风险监管,金融风险有被推高的可能[171]。史亚荣和赵爱清研究发现地方政府债务有利于提高金融资源配置效率,但这种积极作用在金融发展水平本身并不发达的地区效果微弱[172]。

第四节 地方政府债务影响经济发展

一、地方政府债务对经济高质量发展的影响

在地方政府债务对经济高质量发展的影响研究中,学者首先界定了经济高质量的内涵,认为与传统经济发展观念不同的是,经济高质量发展更多地兼顾经济发展的质量,是一种速度与治理协同发展的经济发展模式[173-174]。在经济高质量发展的测度中,马茹等着眼于经济结构合理性,认为经济高质量发展应该包括经济增长速度、效益结构、技术进步、环保、竞争力、人民生活与经济稳定性等指标[175]。赵英才等着眼于经济发展效率,认为经济高质量发展至少应从产出效率、资源消耗、产出质量、运行质量和环境质量5个方面进行考量[176]。钞小静和惠康则着重考察经济发展的可持续性与人民的生活水平的关联,从经济增长结构、稳定性、福利与分配以及生态环境4个维度定义经济高质量发展[177]。在最新的研究中,国内学者利用国际货币基金组织(IMF)2014年发布的经济增长指数数据,从经济基本面、社会与生态等角度预测经济高质量发展的新趋势[178],认为中国的经济高质量发展面临着产业整体层次和结构质量偏低、产能过剩以及创新性和效率不足的问题[179-180]。在创新发展中,亦面临着核心基础科技不足、专利质量不高以及产学研合作效率低的问题[181-183]。在对外开放中,出口商品质量、出口技术含量偏低等都阻碍了经济发展质量提升[182-185]。部分研究认为低质的经济发展能力阻碍了人民生活水平的提高,经济发展严重依赖资源消耗,资源浪费与环境污染问题严重。当然,不少学者也从提高创新驱动能力[186]、进一步加强市场在资源配置中的决定作用[187]、更好地处理好"引进来"与"走出去"的关系[188]等方面提出了促进我国经济发展质量提升的对策。

在经济高质量发展的动因研究中,国外研究强调经济高质量发展应与居民福利目标一致,并认为收入差距的扩大将成为阻碍经济高质量发展的重要因素[189-190]。这个观点被一些国内学者应用到中国的经济发展研究中。周肖艳从经济和社会发展视角评估改革开放以来中国经济发展的质量,实证检验中国收入差距的扩大会带来经济发展质量的下降,并认为经济高质量发展并非是经济发展的天然副产品,因此缩小收入差距,会有利于经济高质量发展和社会福利水平的提高[191]。在其他方面,王群勇和陆凤芝运用动态面板模型,实际验证了环境规制对中国经济高质量发展的推进作用,并发现这种推进作用存在显著的区域异质性[192]。陈诗一和陈登科运用全国286个地级市的雾霾污染数据,研究发现雾霾污染通过抑制城市化进程和降低人力资本水平阻碍了中国的经济高质量发展[193]。华坚和胡金昕研究发现我国的区域创新与经济高质量发展在整体上已经实现了协调发展,但还不是优质协调[194]。

研究学者们关于地方政府债务对经济高质量发展的研究结论并不统一,并且主要分析地方政府显性债务对地区经济发展速度的影响。张吉军等认为地方政府债务,尤其是地方政府隐性债务,具有隐蔽的破坏性,是引发系统性金融风险并最终损害经济高质量增长的潜在威胁[195]。孙英杰和林春研究了地方财权、政府债务对全要素生产率的影响,研究认为地方财权、政府债务以及两者的交叉项都对全要素生产率产生显著的促进作用[196]。梁强研究认为

地方政府土地财政规模扩大与金融效率提高会对全要素生产率产生积极影响。其中，政府的金融效率包含着政府债务融资的内涵[197]。邹士年通过对经济转型动因的研究，认为地方政府债务过高会阻碍经济结构的有序调整，并最终会导致经济发展的倒退[198]。另有部分学者研究认为，地方政府债务影响全要素生产率时可能发挥先促进后抑制的非线性作用，地方政府在可控规模内，能够发挥其对经济高质量发展的积极作用[199-200]。

二、地方政府债务对经济双循环发展的影响

关于地方政府债务对经济双循环的研究主要集中在双循环发展的理论内涵、现实逻辑、实现路径、协调性与影响因素等方面。理论内涵方面，有学者将内循环理解为内需，相应地将外循环理解为外需[201]。另有观点从产品和市场角度分析，将内循环定义为使用国内要素为国内市场提供产品，相应地将外循环定义为使用国外要素为国外市场提供产品[202]。虽然学者对双循环的理解角度不尽相同，但对中国经济双循环的历史演进与国际地位的看法基本一致，均认为中国经济双循环在不同的历史时期具有不同的特点，且在全球产业分工中存在过度依赖国际市场与深嵌国际价值链低端的问题，这也构成了中国推进双循环战略的现实逻辑。例如郭晴梳理了中国经济双循环发展的历史脉络，将中国经济双循环发展划分为4个阶段，并认为中国经济长期过度依赖国际大循环致使经济发展不均衡、产业链位置"低端锁定"、经济双循环发展质量低下，不利于经济高质量发展[203]。柳思维等认为国内消费需求并没有被有效满足，国内消费需求的开发将成为推动经济发展的重要力量[204]。江小涓和孟丽君认为中国已经形成了参与全球价值链分工的"低端锁定"，突破价值链锁定，推动构建新型双循环格局的根本措施是要优化内需结构与扩大消费比例，推进城市化进程，发挥竞争政策的引导作用[205]。董志勇和李成明认为畅通国内大循环堵点是双循环发展的关键所在，在这一过程中应当重点推进开放的规则制度型国际大循环的构建，以人类命运共同体为原则构建开放型世界经济[206]。彭小兵和韦冬萍则认为内循环要注重消费渠道、产业升级，外循环要注重优化国内外资源配置[207]。在关于经济"内循环"与"外循环"的协调性研究中，刘洋认为经济双循环新发展格局并不是对以往经济发展模式的完全否定，而是要构建内外两个循环相互促进、和谐共生的新型经济发展模式[208]。刘勇和李丽珍也认为过去两个循环的关系具有社会历史性，当前阶段的主要任务是要弥合两个循环长期以来的分裂状态[209]。长期以来，中国国际国内两个市场存在单向循环，各自发展，循环不通畅，相互掣肘的问题。在关于经济双循环的影响因素研究中，米晋宏和夏飞通过构建国内市场循环模型，认为政府从事技术研发会加速创新及技术转移，缩小地区收入差距，并认为政府基础研发与技术市场化两种政策的搭配对于推动新型经济双循环格局的建立具有重要意义[210]。李宏等研究认为与发达国家之间的技术创新差距，导致中国制造业细分产业全要素生产率居世界末流，且大多数呈负增长，不利于双循环发展格局的构建[211]。颜建军和冯君怡运用LASSO回归和面板模型实证研究了数字普惠金融对居民消费升级的影响，认为数字普惠金融能够显著促进城乡居民消费结构优化升级[212]。杨伟明等认为数字金融发展对东部与中部地区的居民消费结构升级具有显著作用，但对西部地区却收效甚微[213]，宋敏等也发现了类似结论[214]。

在关于地方政府债务对经济双循环的影响研究中，尚未有文献直接审视地方政府债务对

经济双循环循环质量与耦合协调质量的影响,但不少学者从新型双循环格局的内涵出发,研究了地方政府债务对双循环的微观影响。叶菁菁和唐荣研究认为地方政府债务与房价关系紧密,过高的房价不利于居民消费结构升级,但地方政府债务则弱化了这种消极影响[215]。也有学者得出了不同结论,认为地方政府债务强化了民生性财政支出对居民消费的"挤出",抑制了居民消费[216]。徐磊研究了双循环发展格局下政府专项债券的发展路径,认为专项债券在扩大内需、新基建发展和新型城镇化方面发挥了积极作用[217]。佘欣艺等认为在构建新发展格局的过程中,应该重点防范地方政府债务规模,在债务规模可控范围内实施积极的财政政策[218]。张国建等研究认为债务扩张与产业结构高级化与合理化之间存在显著的倒"U"形关系,在超过合理阈值之后,地方政府债务扩张会抑制产业结构优化升级[219]。司海平和李群研究认为城投债发行对产业结构升级具有正向影响,但城投债投入到建筑业和交通运输业却没有作用[220]。张建顺和匡浩宇研究认为地方政府债务扩张是抑制企业创新的重要原因[221]。由此可见,针对双循环具体内涵的研究在结论上并不具有统一性,政府债务对经济双循环的实质影响缺乏进一步检验。

第五节 文献述评

对于地方政府债务的测算研究由于测算口径不一致,测算结果也不尽相同。在实证研究中多采用"城投债"等数据,不同的测算方法以及与现实情况差距较大的债务数据可能是导致当前政府债务实证研究领域结论不一致的原因。此外,尚没有研究聚焦地方政府债务的时间演进规律与空间分布态势,这不利于决策者把握地方政府债务的现实情况,也无法从区域协调角度入手,具体问题具体分析,精准施策,治理地方政府债务问题。

在地方政府影响财政透明度的研究中,主要有以下几点不足:第一,学者们均关注到了地方政府债务可能会对财政透明度产生反向影响,因此在模型中均不同程度地运用了工具变量与准自然实验的方式缓解模型的内生性问题。但遗憾的是,统计方法的运用不能完全排除地方政府债务对财政透明度的主导性[222]。目前尚没有研究揭示地方政府债务与财政透明度的互动关系。第二,采用债务数据多来自城投债数据和审计署公布的政府性债务审计公告。既没有区分地方政府显性债务与隐性债务的不同属性,又受到样本量限制,可能会影响结论的科学性。第三,只挖掘了财政透明度影响地方政府债务的"平均效应",没有挖掘两者之间的长期变动关系,无法得出变量之间的动态变化过程,研究不够贴合实际。第四,没有考虑地方政府债务与财政透明度所处环境的时变特征,难以揭示环境变化对两者互动关系的冲击作用。

在地方政府债务影响财政支出规模、结构与效率的研究中,当前学术界普遍认为政府举债的目的是弥补财政收支差额,因此其对财政支出规模的扩大作用是显而易见的,但少有研究深入到地方政府债务内部,地方政府"重基建,轻民生"的财政支出结构缺陷成为阻碍经济健康发展的一个重要环节,而对于为何会出现这种结构偏差,研究还缺乏对地方政府债务的审视。地方政府债务扩大后所带来的还本付息压力是否会对地方政府有选择地进行财政支出有影响需要一步探讨。当前关于地方政府债务影响财政支出效率的研究结论尚不明确,且未区分不同类型地方政府债务可能存在的影响差异。显性债务完全纳入预算管理,受到社会公众和上级政府的严格监督,实行绩效管理的可能性更大,而隐性债务的违法违规属性与无序扩张可能造成地方政府债务支出的无序性,且偿债压力的增大也会对财政支出效率产生影响。

在对地方政府债务影响区域性金融风险的研究中,现有研究验证了地方政府债务风险会向金融领域扩散,也会成为触发系统性金融风险的诱因,但却少有研究涉及区域性金融风险这一中观视角,研究在系统性金融风险之间,地方政府债务在区域性金融风险中发挥的作用。另外,基于区域性金融风险天然的空间扩散性,也没有基于空间视角研究这种风险聚集效应。

在对地方政府债务影响区域金融资源配置效率的研究中,政府债务融资是政府行为直接干预金融资源配置的一种表现,政府债务融资直接排挤金融资源向生产性企业分配,使金融资源配置结构失衡。但是政府债务融资又整合金融资源,实现跨域金融资源调配,融资平台又通过金融资源再分配缓解了企业融资压力,对金融资源配置效率也存在着积极作用。政府债务融资行为对金融资源配置效率的实际影响因债务类型不同而不同。区域差异以及债务风险不同所带来的复杂性,现有研究并没有在这个问题上得出统一答案,且研究缺乏更准确的数据,因此尚待进一步深入研究。

在对地方政府债务影响经济高质量发展的研究中,已有文献关于地方政府债务对经济高质量发展影响的研究结论并不统一,并且主要分析地方政府显性债务对地区经济发展速度的影响。这种结论的不一致性或许与地方政府债务的测度粗糙有关,且经济高质量发展与经济发展之间的概念并不重合,需要进一步的研究来厘清地方政府债务对模式转型背景下经济内涵式发展的影响。

在对地方政府债务影响经济双循环发展的研究中,首先面临的困难是对经济双循环发展质量的测度,当前研究多从定性角度分析经济双循环发展的具体内涵,尚没有文献直接测度经济双循环发展的水平,也没有基于这一数据的相关实证检验。当前研究中针对诸如消费、产业结构升级、全要素生产率、企业创新等具体内涵的研究为我们下一步研究做了铺垫,地方政府债务对经济双循环发展具体影响及其机制是什么,需要进一步研究。

第三章 基本概念界定与理论基础

第一节 基本概念界定

一、地方政府债务

2011年国际货币基金组织在其公布的《公共部门债务统计:编制者与使用者指南》中阐明了政府债务内涵的5点原则。一是应以公共债务的全局观念囊括政府债务内涵;二是在政府资产负债表中界定政府债务;三是或有负债观;四是中央与地方两级债务;五是显性债务观与隐性债务观。借鉴以上原则,我国学者从广义角度和狭义角度分别界定地方政府债务。具体来说,广义上的地方政府债务是地方政府有责任偿还的债务与可能会偿还债务的总和,即负有偿还和担保责任的债务。相比之下,狭义上的地方政府债务则排除了地方政府的或有债务。本书借鉴以上原则与他人研究成果,在财政风险矩阵的基础上,将地方政府债务区分为显性债务与隐性债务两大部分,并在这两大部分内部进一步区分直接债务和或有债务两种属性。

显性债务。显性债务有明确的统计规范,是指由法律规定的,政府具有直接偿还责任的政府债务。从中国地方政府债务的现实情况来看,在2015年以前,地方政府即使没有被完全赋予自主举债权限,但仍然可以借由中央政府发行地方政府债券。地方政府债券是地方政府显性债务最主要的组成部分,因此本书所涉及的地方政府显性债务指的是中央政府代替地方发行的,后经历"代发自还"至"自发自还"的地方政府债券。

隐性债务。世界银行经济学家Hana提出的财政风险矩阵基于道义责任观界定了隐性债务的具体内涵,他认为隐性债务是游离在政府资产负债表之外的被动负债和或有负债,这其中包含政府的养老金缺口和政府负担的金融救助等。在国内实际应用中,隐性债务的内涵略有不同,不仅包含财政风险矩阵中的道义责任,亦包含地方政府运用各种融资工具进行的违法违规举债。2018年国务院首次发布地方政府隐性债务官方界定,规定地方政府隐性债务是地方政府在法定政府债务限额之外直接或者承诺以财政资金偿还,以及违法提供担保等方式举债的债务。本书所指的隐性债务是在财政风险矩阵的大框架下,借鉴国务院隐性债务的定义而确定的,即指在法律监管之外地方政府直接或者承诺以财政资金偿还的债务以及违法违规举债、变相举债和政府应当承担的道义责任债务。

二、财政透明度

Kopits和Craig提出财政透明度是政府应当最大限度地向公众公开关于政府的结构和

职能、财政政策的意向、公共部门账户和财政预测信息的水平。在两人的研究中规定了财政透明度的 3 层含义,即制度透明、会计透明、预测和指标透明。在以上 3 个内容中,制度透明指的是政府应严格区分政府部门与私人部门的边界,准确界定政府财政活动内涵,向社会公众及时公开科学合理、编制透明的公共预算。会计透明则指政府对其财务信息进行核算应采用权责发生制的记账原则。预测和指标透明,即政府财政透明度的披露指标应该足够全面翔实,信息披露的结果具有足够的可预测性。Kopits 和 Craig 定义的财务透明度迄今为止被国内外学者应用最为广泛。本书亦采用此定义。

三、财政支出

财政支出是政府以满足公众公共物品需求为目的所形成的支付义务。按照我国层级政府划分原则,根据承担财政支出主体的不同将财政支出分为中央政府财政支出与地方政府财政支出两大类。两类财政支出的范围不一致,中央政府财政支出是站在全国视角上,服务全体公民,满足全体公民公共物品需求,例如外交、国防、维持国家机关正常运转、协调区域发展等;地方政府财政支出则负责推进地区经济发展,维持地方政府正常运转,促进地区教育、医疗、环境等各项事业发展。本书研究的财政支出是以地方政府为支出主体的,以省(自治区、直辖市)居民为受益对象的地方政府财政支出。

四、区域性金融风险

界定区域性金融风险必须首先明确金融风险的含义。金融风险从风险的角度一般被定义为经济主体在从事经济活动时,因无法有效对未来事态进行有效把握而造成的资产损失或收入偏差。金融风险的波及范围可以分为微观、中观和宏观 3 类。区域性金融风险是一种中观金融风险。它一般被定义为在特定区域内由于金融波动而积累的金融风险。深刻理解区域性金融风险需要明确两点:一是区域性金融风险是在一定区域内聚集,严格来讲,这种区域应该被限定在某一经济区域内,而与地理区域的概念相区别。事实上,经济区域与地理区域在本质上并不相同,但在实际的研究中,基于地理意义的区域限定更具有实际意义和价值。二是区域性金融风险具有传染性,它既会在区域内聚集,也会对邻近区域进行传染,这符合金融风险传导理论的一般结论。本书采纳的区域性金融风险定义是一种介于宏观与微观之间的,以地理区域为界限聚集和传染的金融风险。

五、区域金融资源配置效率

边际学派经济学家维尔弗雷多·帕累托(Vilfredo Pareto)首先提出了"帕累托改进"的概念,"帕累托改进"用来描述一种在资源与分配人群相对固定的情况下,分配状态的改变只会带来总福利增加的过程。在此基础上,他又提出了"帕累托最优",即再也没有"帕累托改进"的空间,任何一种状态的改变只会带来全体福利的减少而不是增加,这种状态即"帕累托最优"。然而在实际经济运行中这种状态难以达到,因为它要求任何社会成员利益的增加都不能损害其他社会成员的利益这个条件过于苛刻。基于此,经济学家提出了一种"潜在的帕累托最优"状态,即从总体成本收益的角度出发,认为某些社会成员福利的增加大于其他社会成员福利的减少,这也能带来整体福利的增加。长期以来,衡量效率的尺度一直是"帕累托最优"及其衍生的理论。萨缪尔森认为效率是资源满足人类需求的能力,关键是效率最大化,强调资源产生效用的能力和质量,这本身与"帕累托最优"的基本内核相一致,但萨缪尔森的观点更加符合不同经济发展时期对资源配置结果的不同要求,因此本书所采纳的金融资源配置效率,即是在一定经济发展阶段,能使金融资源最大限度创造福利,推动经济社会发展的金融资源配置状态,而区域金融资源配置效率则指的是在该定义下金融资源配置在省(自治区、直辖市)内的表现。

六、经济高质量发展

经济高质量发展作为经济发展到一定阶段的产物,其概念讨论仍处于一个渐进的过程。学界对于经济增长的认识经历了"数量增长""质量增长"到"高质量增长"的演变过程。经济发展模式的转变体现了一个经济体从初始到发展再到成熟的时期差异,也是经济发展的必然规律。一般而言,经济高质量发展本质上强调了经济增长的质量与效率,此处的质量意味着经济增长必须符合时代特征,不断满足人民群众日益增长的物质文化需求。从内涵上看,经济高质量增长包含"创新、协调、绿色、开放、共享"的新发展理念,这种对经济高质量发展的内涵界定在微观、中观和宏观经济维度又有着不同的解释。从微观层面讲,经济高质量发展意味着高质量的要素投入推动新产品、新工艺和新技术的更新换代。从中观层面讲,经济高质量发展意味着通过产业创新化和创新产业化两个途径实现产业结构优化升级;从宏观层面上讲,经济高质量发展意味着区域协调发展,产业合作,跨区域要素流动和协同创新等发展模式迈上新台阶。

七、经济双循环

当前,我国正处于百年未有之大变局,"十四五"规划纲要提出了构建"以国内大循环为主体,国内国际双循环相互促进"的新发展格局。新发展格局是针对当前复杂的国际国内形势提出的战略性部署,是我国今后一个时期必须遵循的经济发展总纲领。对于经济双循环发展的理解,有学者将内循环理解为内需,相应地外循环理解为外需。另有观点从产品和市场角度分析,将内循环定义为使用国内要素为国内市场提供产品,相应地将外循环定义为使用国外要素为国外市场提供产品。

事实上,经济双循环发展并非全新命题,在经济发展的不同历史时期,中国经济双循环发展经历了"谁主谁次"以及"循环质量"的深刻变革,双循环协调性亦不断变化。从"谁主谁次"这一层面来讲,改革开放以前,相对封闭的中国奉行了以内循环为主,以极其有限的外循环为辅的发展策略,在对抗国际压力,实现工业化,建立、巩固和发展社会主义制度方面取得了卓越成就,但也造成了内外两个经济循环的完全割裂。改革开放以后,尤其是中国加入世界贸易组织之后,对外贸易迅速发展,出口导向型战略使中国经济深刻嵌入全球产业链中。在将中国打造成"世界工厂",并带来经济腾飞的同时,也使得中国经济过度依赖国际大循环,造成中国经济内循环基础薄弱,发展不充分,一旦世界经济形势发生改变,将对中国经济带来巨大打击。从"循环质量"这一层面来讲,中国长期处于全球价值链的底端,经济发展效益低且容易受制于人。近年来美国等西方国家不断阻碍中观高新技术发展,经济外循环受到阻碍。关键核心领域技术长期薄弱也难以在国内培育新兴产业,难以满足人民群众日益增长的物质文化需求,经济内循环质量欠佳。因此,我们现在倡导的新型经济"双循环"战略,就是要从低质量的"外主内次"经济发展格局向"内主外次"的内外循环促进、相互交融、相得益彰的更高水平经济发展格局转变。基于此,本书所定义的经济双循环概念,是与传统经济双循环发展有所区别的,是指以"内主外次"和高质量发展为主要特征的更高水平的经济发展格局。

第二节 地方政府债务影响公共财政的理论基础

一、公共受托责任理论

在政府会计领域,公共受托责任是政府负债核算的理论基石。从内涵上看,公共受托责任意指人民作为公共资源所有者,在将资源使用权托付给政府时政府产生的受托责任。公共受托责任自产生时起便蕴含着两个方面的含义,一是人民对掌握公共资源使用情况,获取更便利和更高效公共资源使用效果的诉求;二是政府作为公共资源使用权的代理人,有解脱公共受托责任的义务。关于如何解脱公共受托责任上,美国审计总署认为政府必须将公共资源的使用情况向全社会公开,而且要接受第三方对财务信息的审计。

从内容上看,行为受托责任和报告受托责任是公共受托责任的主要内容。当人民将公共资源交付给政府时,政府便首先承担着为委托人利益最大化服务,尽己所能履行职责,高效使用公共资源,为人民创造福利的责任。这便是公共受托责任中的行为受托责任。在以实际行动用好公共资源后,政府也必须向委托人报告公共资源的使用情况,提供财务报告,披露自身财务信息并接受监督。这便是公共受托责任的报告受托责任。

从公共受托责任中行为责任与报告责任的关系角度看,首先,行为责任与受托责任具有内部统一性,关系紧密。行为责任在前,报告责任在后。对于代理人而言,最主要的责任是保管和使用好人民委托的财产。报告责任因行为责任而产生,指对财产保管和使用情况进行详尽说明的责任。行为责任是报告责任的基础,报告责任是行为责任的关键。行为责任和报告责任相辅相成,前后衔接,互相配合,为公共受托责任的解脱提供了完整路径。其次,行为责任与受托责任存在相互割裂的倾向。实际中公共受托责任的解脱存在复杂性,由于代理人的有限理性,即使代理人知晓委托人的预期,但是基于自身的利益考虑,在信息优势的条件下,代理人将本能地拓宽公共资源使用权的边界,产生机会主义行为。这一点与企业经理人和股东之间的委托代理关系类似。人民与政府之间,中央政府与地方政府之间也存在委托代理关系。政府作为公共资源的代理人,其产生的对人民,即公共资源的最终所有者的责任,就是公共受托责任。在这一层关系中,人民相较于政府存在信息劣势,政府可以利用其信息优势地位为自身谋取利益,产生代理问题。这种代理问题的实质是政府对公共受托责任的背弃,将带来人民对政府的信任问题,对政府治理水平甚至社会安定造成不利影响,不利于公共受托责任的解脱。缓解信息不对称最有效的办法便是提高政府财政透明度,加大信息公开力度。既使政府解脱受托责任,又有利于建立政府与人民群众的信任机制。此外,中央政府与地方政府也存在委托代理关系,中央政府将部分资源与权力下放到地方,又对地方政府进行监督,敦促其按照中央政府政策安排,从全局出发进行财政支出而下级政府则存在维护自身晋升利益,在地区竞争中取得优势的动机。利益的冲突最有可能改变地方政府对自身财政透明度的认知,也可能改变地方政府财政支出的规模、结构效率,使支出方向产生差异、支出效率出现偏差。

公共受托责任理论作为政府债务会计与报告的理论基石,是分析地方政府债务对公共财政影响的有效工具。首先,政府债务作为政府资产负债表的重要组成部分,地方政府应该用好债务资金,发挥好政府债务在促进民生福祉与经济发展方面的积极作用,不断改善债务管理体制,以此解脱行为受托责任。地方政府有向公众报告公共资源使用情况、披露财务信息的义务,以此来解脱报告受托责任。公共受托责任理论划定了地方政府债务在资金筹措、使用与报告上的行为规范。其次,地方政府债务也可能会对公共财政治理水平造成不利影响。在信息不对称的条件下,政府相较于民众和中央政府永远处于信息优势地位,而公共受托责任理论中代理人有限理性的假设,表明政府与民众之间可能存在利益偏差,一个具有过度经济激励的地方政府会主动扩大投资,也会不断扩大债务规模。在这一过程中,为规避民众监督与中央政府苛责,地方政府可能会主动降低自身财政透明度。另外在债务资金的使用上,为追求短期政绩,地方政府官员往往会有财政支出向生产性领域重复投资的倾向,这将导致财政支出结构的偏差与效率的极大损失。

二、公共选择理论

20世纪30年代,布坎南将经济学的基本假设、原理和方法应用到政治决策和政治市场运行机制的分析中。其核心观点是政治和经济的"善恶二元论"是不成立的。因此,公共选择理论将诸如"理性经济人""成本效应分析"和"效用最大化"等经济学分析理念引入政府决策框架中。该理论认为经济市场与政治市场中人的行为本质相通,两类市场均存在供需关系,与经济市场不同的是,政治市场中的需求者为选民,供给者为官员与政治家。政治市场中选民以手中的选票来支持能满足自身最大利益的政治家、政策和法律。公共选择理论表述的主要内容有两个方面:首先,一个理性的选民在投票前必然进行成本收益分析,用选票影响政治家行为和政府信息供给。除此之外,选民亦可以通过选票支持能够监督政治家行为的法案,实现对政治家的行为约束。其次,当选的政治家仍然处于公共选择之中,成为公众利益的代言人。政治家将资源交付给官员来提供公共产品,政治家便需要掌握政府部门具体的财务情况,以此掌握资源的分配。政治家作为选民代言人,将运用监督机制抑制官员私人欲望,防止其因自身欲望而对公共资源进行滥用。公共选择理论将政府与社会公众、上级政府与下级政府对财务信息以及财政支出把控的需求纳入到了一个框架之中。

即使中国的政治体制与西方有明显不同,但同样作为现代"代议制"民主国家,中国地方政府债务对财政透明度与财政支出的影响仍然可以用公共选择理论加以分析。

第一,公共选择理论强调的"经济人假设"和政治与经济市场一致的观点说明地方政府官员在决策中是"理性"的,这种"理性"包含了对自身晋升愿望、个人经济利益等方面的考量,这显然会给财政透明度与财政支出造成影响。首先,当地方政府面对较大的债务压力时,一个理性的地方政府往往会在意社会公众与上级政府的监督苛责以及自身持续的债务融资空间。此时地方政府可能会降低财政透明度,以此掩盖自身不佳的财务状况,避免苛责与公共监督。其次,追求短期政绩的地方政府会进行生产性支出的过度投入,这也将极大地改变财政支出结构并造成债务资金的浪费。

第二,公共选择理论中强调的民众监督、"用脚投票"等观点要求必须建立一套对政府的监督和约束机制。社会公众对政府信息公开,以及对公共产品供给的诉求将对政府信息披露与财政支出决策产生重大影响。地方政府债务扩张后,在公众与中央政府要求建立"透明型政府"的背景下,公共对财政透明度降低的敏感度将大大提高,社会与上级政府的压力将促使地方政府更加慎重地对待调整财政透明度的措施。此外,地方政府债务扩张后对民生性财政支出的排挤以及资金使用效率的降低将影响民众对地区福利的感知,这亦会影响地方政府在地区竞争中的财政支出决策。地方政府债务对财政透明度以及财政支出的影响在理论上具有复杂性。

三、公共产品理论

公共产品理论旨在分析市场与政府关系,探索公共财政支出边界,提高财政支出效率。萨缪尔森在 *The pure theory of public expenditures* 中指出公共产品的三大属性,即非竞争性、收益非排他性和效用不可分割性。这些属性决定了用市场进行公共产品供给势必是失灵的,政府必须在这个过程中发挥主导作用。公共产品理论发展初期致力于划分私人产品、准公共产品和公共产品的边界,以此讨论公共物品的供给主体。随后人们更加重视通过制度设计来解决公共产品的供给效率问题。

在中国地方政府债务与财政透明度和财政支出的问题讨论中,公共产品理论有比较重要的地位。地方政府债务产生于财政收支缺口,与政府财务状况及资金使用密切相关。从债务资金的使用上看,债务资金大多被用于地方基础设施等公共产品供给,在这一过程中与地方政府官员的自身利益、地区经济发展等关系紧密。尤其是在中国隐性债务问题日益凸显的情况下,地方政府在提供公共产品时的财政风险、支出结构和效率等尤为值得关注。地方政府运用债务融资弥补当期财政支出缺口,实现资源跨期配置,最终仍然需要财政资金偿还。故此人民群众不仅需要了解债务资金的规模、用途,也需要了解资金的使用效率。当前地方政府债务资金使用低效这个问题十分严重,也说明了当前债务资金存在使用缺乏监督的问题。推动债务资金走向透明,是提高资金使用效率,促进政府善治的重要条件。

四、财政分权理论

第一代财政分权理论。Tiebout 围绕公共物品的供给层次展开讨论,认为中央政府在公共物品供给上较地方政府掌握较少的信息,不利于进行高效的、有针对性的公共物品供给。因此,他倡导扩大财政分权,由地方政府承担主要公共物品供给。Tiebout 的另一个主要贡献是建立了地方政府财政支出的竞争模型,他假定政府官员行为一致,利益共同,选民会用"用脚投票"的方式对政府的公共物品提供情况作出回应。地方政府为了留住和吸引选民,势必开展地区竞争,实现公共物品供给的"帕累托最优"。在第一代财政分权理论后续的发展研究中,他又提出了分权公共物品的最优边界定理,即中央政府提供同质性公共物品会带来公共物品供需不匹配,因此由地方政府进行差异化公共物品供给是提高效率的有效措施。第一代财政分权理论强调的分权改善福利的观点,但没有将分权风险纳入考察范畴,一个只需要"对上负责"的政府在提供公共物品时势必造成与居民需求的撕裂。资源配置效率低下,地区间的恶意竞争也会造成公共福利的损失。

第二代财政分权理论。第二代财政分权理论将研究重点放在了政府的行为模式之上,认为政府作为"理性经济人",会根据自身利益与社会需求展开博弈,考虑自身利益的政府决策会是政府行为异化的原因。约束机制缺失或弱化,为政府寻租和腐败创造条件,是公共物品供给低效的重要原因。财政分权引发的地区竞争中包含了资本和人才等资源的竞争,这有助于约束和激励机制的形成,加强政府对经济控制的干预力度。某地区政府对辖区企业的过多介入将造成辖区企业在与市场导向的邻近地区的竞争中处于劣势地位。而当对地方政府的激励大于约束时,则会造成地方政府财政支出结构发生偏移。即使地方政府在某些公共物品供给上表现得更有效率,但也会因为地方官员有某些特定的公共物品偏好,而造成公共物品供给的低效率。

财政分权理论为分析地方政府债务对财政支出规模、结构与效率的影响提供了有益的工具。首先,第一代财政分权理论肯定了地方政府承担地方公共物品供给的有效性。充分发挥地方政府在地方公共物品上具有天然的信息优势。扩大地方政府财政支出规模是促进财政支出水平提高的必由之路。其次,第二代公共分权理论在考虑"理性政府"的假设时,将财政分权的风险纳入其中。中国地方政府"向上负责"的层级属性,"唯GDP"的官员晋升激励以及不完善的财政监督机制将造成公众需求与政府官员需求的撕裂,使公共支出显现出官员"偏好",财政支出的结构与效率也将受到影响。

第三节 地方政府债务影响金融发展的理论基础

一、金融风险理论

有关金融风险的理论研究较为丰富,本节将主要结合经济学与公共管理学的观点,总结在地方政府债务风险向金融风险扩散的研究中值得借鉴的经典理论。

熊彼特经济周期理论较早用于对银行信贷进行结构化分析,将银行信贷区分为"正常信贷"与"非正常信贷"两部分,两者在总贷款中的占比结构对金融走势影响重大。即使"非正常信贷"能够扩大消费,提高购买力,但当"非正常信贷"扩张至外部技术创新无法支撑其膨胀时,便会引起金融风险。目前来看中国地方政府债务资金来源对银行信贷的依赖度较大,地方政府债务规模的持续扩张所暗含的银行表外负债等非正常信贷是催生金融风险的重要来源。

债务-通货紧缩理论将债务与金融风险结合起来讨论金融风险的成因。其核心思想是信贷的收缩与扩张造成了经济的周期性波动。在信贷稳定的情况下,过度负债与通货紧缩加剧了经济系统的不稳定性。当经济处于上行阶段时,信贷扩张推动投资与债务扩张,并进一步推动了信贷膨胀,此时资产价格将会上升,债务名义价值大于实际价值,举债投资的动机便会增强,引发"过度投资";当经济处于下行阶段时,投资者便会缩减信贷与债务,导致"通货紧缩"问题。在当前中国地方政府债务倾向于顺周期波动的背景下,其将进一步加剧金融系统动荡。

支出管理原则理论。支出管理原则是公共管理学的基本概念,作为地方财政风险向金融风险转化的理论基石主要体现在"支出总额风险""配置风险"和"运营风险"。"支出总额风险"指地方政府债务的规模应受到财政政策、法规与纪律的约束。政府债务的总体规模应既能满足公共政策的支出需要,又能保证债务可持续性。"配置风险"指债务资金的支出方向。支出方向既取决于上级指令,又决定于偏好,而偏好尤其是官员偏好对债务资金的支出影响尤甚。"运营风险"指债务资金使用的程序与方法,以合理成本交付来满足支出需求是运营风险的核心要义,其本质是资金使用的效率问题。"支出管理原则"指在分析财政风险的金融化问题时,需要纳入预算软约束的考量。首先,辖区内商业银行因与地方政府的隶属关系而存在天然的预算软约束,这种软约束影响了地方政府债务的支出管理过程,主要表现为债务资金持续流向官员偏好的领域。其次,中央对地方的财政兜底促使地方政府与地方商业银行捆绑为利益共同体。地方商业银行为地方政府输送源源不断的债务融资。债务支出管理在总量上持续膨胀,在方向上发生偏移,在运营上持续低效,这些都酝酿着财政风险金融化的危机。

二、金融结构理论

金融结构理论研究了不同金融结构的经济效应。该理论认为市场和银行主导的金融结构经济效应并不一致。在此基础上,研究学者提出一个经济体在自己的现实经济发展条件下,存在一个"最优金融结构",认为金融结构影响经济发展的形式应该是动态的,不存在一成不变的最优金融结构,真正最优的金融结构应该是空间动态的,它会根据不同经济体与金融服务的供需关系而动态调整。此外,最优金融结构是时间动态的,它会随着某一经济体发展程度的变化动态调整。一个经济体如果从始至终都遵循同一种金融结构,其经济发展必然会受到抑制。金融结构容易受到一国政策、法律和文化的影响而偏离其最优结构,这种受外部因素干扰的金融结构偏离是导致金融资源浪费甚至系统性风险的重要原因。在金融结构的"二元论"中,研究学者认为市场主导型的金融机构能促进新兴产业的发展,而银行主导型的金融机构则更偏向于传统行业。如果金融结构无法适应经济高质量发展的要求,将会对经济发展产生阻碍作用。

金融结构理论为地方政府债务影响金融风险与金融配置效率提供了有价值的分析工具。首先,地方政府举债行为是直接参与金融资源分配的表现,必然对金融系统和金融资源配置效率产生影响。在当前中国发展动能更新换代,产业结构优化升级的背景下,倾向于非效率的公共领域投入的地方政府债务将影响金融资源的分配质量。其次,在中国以银行为主导的金融结构中,地方政府与金融机构有复杂的勾连关系,这种受到政策强烈影响的金融结构对金融风险和金融资源浪费构成了潜在隐患。

三、金融深化理论

金融深化理论秉承新古典主义观点,强调"自由化"和市场机制在金融资源配置中的核心作用。1973年,罗纳德·麦金农和爱德华·肖详细提出了金融深化理论,认为金融深化是金融发展与经济发展的良性循环。两人对凯恩斯学派政府干预和控制金融市场的观点进行了驳斥,认为政府干预金融资源配置的情况下,资本配置效率会降低。基于这种观点,两人提出了4条主要论据:第一,金融充分的市场化会使得利率升高,储蓄上升,资金可得性提高,这将降低企业融资难度,提高投资率;第二,市场化竞争对贷款利率施加压力,贷款利率下降降低了企业的融资成本;第三,金融深化导致金融机构进行多样化风险配置,进一步分散风险,提高稳健性,维系了金融稳定;第四,自由金融市场有利于先进风险管理技术的引进,提高了风险管理能力,并最终使资金的分配效率提高。

金融深化理论为研究地方政府债务影响金融资源配置效率问题提供了有价值的参考。金融深化理论提倡减少政府干预,改进财政与外贸体制,与当前政府债务快速增长相抵触。地方政府直接干预金融资源分配,影响民营企业投资,不利于市场良性发展,是金融资源配置效率低下的重要原因。

第四节 地方政府债务影响经济发展的理论基础

一、古典学派公债理论

最早关于公债如何影响经济增长的理论与公债本身一并起源于欧洲。自公债理论产生之日起,便被大多数古典经济学家反对,众多经济学家认为公债的本质是对国家和人民利益的侵害。大卫·休谟最早反对公债,他认为政府债务必然引起通货膨胀,并最终增加劳动者负担。债务人则因占有债务资金而产生惰性,经济生产停滞不前。大卫·休谟所言"国家摧毁公共信贷,抑或公共信贷摧毁国家,两者必居其一"中总结的公债思想奠定了古典学派"公债有害"的理论基础。

亚当·斯密在自由放任的市场经济条件下进一步发展了古典学派的公债理论,他认为一个国家奉行节俭政策,减少政府支出就能达到收支平衡,而统治者对奢靡生活的追求与好大喜功的战争欲望是产生公债的根本原因。在贫穷社会中,统治阶级奢靡生活的主客观条件不具备,大部分收入被作为储蓄;而在富裕社会中,统治阶级将收入用于购买奢侈品便是"自然而然的"。此外,亚当·斯密认识到战争对公债的刺激作用。他认为一个不注重节俭的国家在战争时只能被迫举债,公债规模超过一定限度便会造成政府破产。为了避免极端事件的出现,政府将通过提高铸币名义价值,降低铸币成色的方式延缓危机,这种饮鸩止渴的方式将导致通胀率攀升和国家信用破产,这一切都将对经济发展造成不利影响。在进一步的理论演绎中,亚当·斯密认为公债抑制经济增长是通过资本浪费与资本挤出两种方式进行的,这两种方式的逻辑起点都是政府举债行为将使得债务资金从资本向收入转变。首先,公债不能新增任何社会资本,仅仅是从当前资本存量中的扣除,除去特殊情况,政府举措的债务在当期就被消耗完毕,且大多被消耗在非生产领域,这产生了资本的巨大浪费。其次,由于一定时期内社会资本的存量是个定值,公债投向如果出现偏差,不进行生产性投资而仅仅是用于消费,则将极大抑制经济增长的活力。最后,以债务资金弥补财政支出缺口的行为将弱化财政预算管理的约束力,最终降低全社会资源配置效率。

大卫·李嘉图师承亚当·斯密的古典主义公债观点,提出了"李嘉图等价定理",推导出"税收与公债对等"是成立的。假定某国人口总数不变,若政府决定对每位公民进行100元税收减免,而以每人发行100元债券(一年期,年息5%)的方式弥补收入减少,那么就保证了政府当期收入不变。等到第二年,在课税时间差的基础上,纳税人将利息收入用来支付未来增长的税收。此设计将债务转化为税收,一个理性的消费者将意识到公债与税收对自己而言是一致的,用举债的方式代替税收不会影响消费者当前和未来的生活水平。"李嘉图等价定理"说明了公债与税收同质,政府举债影响经济发展的效应是中性的。然而时至今日,学者们对"李嘉图等价定理"的争论仍没有休止,这场争论的焦点在于公债对消费和投资等诸多经济变量的影响是否是真实存在的。"李嘉图等价定理"认为征税与举债对居民消费和资本形成的作用是相同的。公债资产效应将公债视作资产,它能增加债务人财富,增加消费和投资,并最终影响社会总需求。这两个问题互相悖逆,前者的成立推导出公债不具备资产效应,而公债资产效应的存在则说明"李嘉图等价定理"不成立。"李嘉图等价定理"的成立与否是论证公债经济效益的关键所在,而令人遗憾的是"李嘉图等价定理"至今都没有在实际经济生活中得到验证。

二、凯恩斯学派公债理论

凯恩斯公债理论的基石是英国经济学家马尔萨斯所持的"公债有利"观点。马尔萨斯认为公债有利于扩大需求,也能帮助社会进行再分配,如果居民储蓄过高,那么需求便会受到抑制,此时扩大公债规模将促进社会生产力发展。20世纪30年代,大萧条导致古典主义的经济理论失势,以凯恩斯为代表的经济学家兴起"摒弃自由放任,倡导政府干预"的经济思潮。凯恩斯提出有效需求理论,即社会有效需求包含消费需求与投资需求两部分,在消费与投资两端,都存在着自发的边际递减问题。从消费端来看,短期内居民消费稳定,长期内居民消费增长慢于收入增长,居民消费会边际递减,如果不加以调控将带来消费需求不足问题;从投资端来看,有限理性假设与纷繁复杂的不可靠因素导致人们的投资预测总是不乐观的,这是投资决策难以捉摸的根本原因。然而在资本边际效率和利率这两个投资水平的决定因素中,资本边际效率也是不稳定的,两种因素的不稳定性会导致投资需求不足的问题。在缺乏调控的环境下,消费需求与投资需求都会不足,因而社会总需求不足,最终导致经济增长缺乏动力,发展缓慢。基于此,凯恩斯认为政府干预保证宏观供给与需求平衡是防治经济衰退的有效措施,而其中最有效的手段便是通过政府公债的方式弥补私人消费与投资的失衡,通过政府公债扩大消费性和投资性支出,将扩大社会总需求,最终促进国民经济发展。

在凯恩斯之后,美国经济学家阿尔文·汉森丰富和发展了凯恩斯的公债观点,其主要观点有以下3条:一是认为就业对于经济社会稳定至关重要,政府发行债务可以有效增加收入,促进就业,繁荣经济;二是认为政府可以通过"举新债还旧债"的方式保证债务的可持续性;三是提出了政府公债的灵活性问题,即萧条时扩大公债,繁荣时收缩公债,缩减支出,抑制通胀。凯恩斯学派另一代表人物,美国经济学家萨缪尔森提出政府公债的货币政策放大功能,认为政府举措债务将影响利率和货币供给。与阿尔文·汉森观点不同的是,萨缪尔森从债务资金的投资方向谈论了公债的异质性问题。用于政府投资的债务资金将增加社会资本存量,具有积极作用,而用于消费和资本消耗的债务资金则会引发通货膨胀,具有消极作用。

三、新古典学派公债理论

20世纪70年代,资本主义世界经济"滞胀"促使经济学家反对思凯恩斯学派的观点,催生出一个挑战凯恩斯学派,秉承自由主义,延续古典学派思想的新古典学派。新古典学派重新树立了个体利益最大化的前提,主张政府重拾"守夜人"职责,从个体微观行为的调控入手解决社会经济问题。在新古典学派关于公债的理论中,布坎南提出公债的两面性观点,政府债务资金支出扩大将带来资产价值损耗。

弗兰克·莫迪利亚尼提出公债的代际转移问题,认为公债不仅会给国家和人民带来负担,还将增加下一代的债务承担量,这种代际转移问题放大了公债对经济发展的抑制效果。同时他还提出公债对民间投资产生挤出效应,这种挤出效应即使满足了充分就业条件,也会降低国民财富。相比之下,征税是危害性更小的调控措施。

罗伯特·巴罗证明了"李嘉图等价定理"的正确性,在将利他主义的遗产动机引入"代际交叠"模型后,罗伯特·巴罗发现公债与税收在促进经济发展上的效果上是一致的。罗伯特·巴罗批判凯恩斯主义的财政赤字政策,认为政府过高的财政支出是导致资源浪费的根源。

3类不同的公债理论是不同历史时期的产物,反映出经济理论不存在亘古不变的永恒真理,任何经济理论都是历史的、具体的。古典经济学派产生于经济繁荣时期,市场充分发挥着优化资源配置,促进效率最大化的价值规律作用。此时供给创造需求的假设是成立的,政府最大的作用就是当好"守夜人",没有干预经济的必要,公债也没有存在的意义。凯恩斯学派起源于市场经济瘫痪期,消费严重不足,此时古典经济理论中的基本假设便不再适用。政府通过举债方式刺激经济,保证公共物品供给便具有现实意义。而经济"滞胀"带来的对凯恩斯主义的全面反思其实正是经济发展周期性变动带来的主流经济思潮的周期性往复,经济学家总是在政府与市场的两端反复徘徊。新古典学派在对待公债的经济效应这一问题上表现出的与古典主义观点的差异正说明了这一问题。

第二篇

测算分析篇

本篇主要从显性债务和隐性债务的角度,探讨中国地方政府债务的规模测算如描述、空间差异及分等问题。

第四章 地方政府债务的测算

第一节 地方政府债务的测算过程

1988年,Hana Polackova Brixi首次提出了"财政风险矩阵"(fiscal risk matrix)的概念,并从显性、隐性、直接和或有4个层面界定政府债务属性[1]。本书借鉴财政风险矩阵,在前述地方政府债务概念界定的基础上,以数据可得为前提,对中国2000—2018年的地方政府债务进行了测算。其中,按矩阵区分的政府债务类别及具体内涵如表4-1所示。

表4-1 地方政府债务规模的界定

类型	直接债务	或有债务
显性债务	政府债券	—
隐性债务	养老金缺口、PPP隐性负债	国有企业债务、地方融资平台债务、商业银行不良贷款

本书借鉴李丽珍和刘金林的研究成果[223],运用金融风险概率思维,对直接债务设定直接债务风险系数,对或有负债设置或有债务转化率。此外各类系数和比例的测算依照李丽珍、刘金林和刘尚希的研究成果[223-224]。在实际的计算过程中,各类政府债务的计算公式为

政府债务估算值=基础规模×债务比例均值×直接债务风险系数或者或有债务转化率×政府负担比例均值。

其中,基础规模指的是各年度各类债务的计算基数;债务比例指的是计算基数中政府应该承担的债务规模;直接债务风险系数是针对直接负债而言的,或有债务转化率是针对或有负债而言的;政府负担比例指的是各类债务在实际清偿中由政府还本付息的部分。以2012年直接显性负债的计算为例,当年地方政府债券的规模为6500亿元,因此2012年地方政府直接显性负债的估计值为$6500×1×1×(1+1)/2=6500$亿元。表4-2展示了2012年中国地方政府整体债务规模测算结果。测算得出截至2012年底,地方政府显性负债与隐性债务总额为162 332亿元,而2013年政府性债务审计公告显示截至2012年底,我国地方政府负有偿还责任的债务和或有负债规模合计为158 858.32亿元。鉴于全国政府性债务审计并未加入诸如PPP等所造成的直接隐性负债,我们的测算结果略大于官方发布的地方政府性债务审计结果。这佐证了我们的测算方法和债务界定规则较为贴合实际,具有一定的科学性。

表 4-2 2012 年中国地方政府债务规模测算结果

债务类型	债务形式	2012年基础规模/亿元	债务比例	直接债务风险系数/或有债务转化率	政府负担比例高值	政府负担比例低值	2012年地方政府债务估算值/亿元
直接显性负债		6500	1	1	1	1	6500
直接隐性负债	养老金缺口	5663	1	1	1	1	5663
	政府付费型PPP债务	357	0.8~0.75	0.2	1	1	55
	缺口补助型PPP债务	713	0.8~0.75	0.2	1	1	111
	使用者付费型PPP债务	119	0.8~0.76	0.2	0.15	0.15	14
或有隐性负债	国有企业债务	292 202	1	0.5×调节系数 a	0.5	0.25	134 503
	城投债	14 261	1	1	1	1	14 261
	商业银行不良贷款	4516	1	0.5	0.5	0.25	1226
合计							162 332

表 4-2 中养老金缺口数据为《中国统计年鉴 2023》中各省(自治区、直辖市)职工工资乘以固定比例 8% 测算而来;政府债券、PPP 和城投债的数据来源于 Wind 经济数据库;国有企业债务数据以及商业银行不良贷款数据来源于 EPS 数据平台中的中国企业数据子库与中国金融数据子库。需要指出的是,借鉴现有研究成果,国有企业债务中的调节系数 a=国有企业资产负债率×国有企业债务占 GDP 的比重。

第二节 地方政府债务的测算结果

表 4-3 为地方政府显性债务测算结果(部分年份)表。从表 4-3 中可以看出,2000—2018 年,以政府债券测度的地方政府显性债务呈现两个方面的特点:一是 2008 年及以前,我国地方政府债务的规模很小,接近于 0。这主要是因为分税制改革以后,中央财权收紧,旧预算体制下地方政府发债权受到严格封禁,这造成了中国地方政府长期以来并无地方政府债券发行的事实。二是 2009 年以后,地方政府显性债务规模逐年增加,从 2009 年的 0.200 万亿元增长到 2018 年的 18.057 万亿元,年均增长率为 64.927%。随着地方政府被封禁的直接举债权被正式"解封"。2009 年起财政部开始以"代发代还"的方式替地方发行政府债券,此后"代发代还"方式逐步发展为"代发自还"与"自发自还"。发债权最终下放到地方政府手中。

第四章 地方政府债务的测算

表 4-3 地方政府显性债务测算结果(部分年份)表   单位:万亿元

地区	2000年	2002年	2004年	2006年	2008年	2010年	2012年	2014年	2016年	2018年
北京	0	0	0	0	0	0.400	0.598	0.958	0.790	0.570
天津	0	0	0	0	0	0	0	0	0.223	0.403
河北	0	0	0	0	0	0	0	0	0.374	0.702
上海	0	0	0	0	0	0	0.016	0.036	0.374	0.497
江苏	0	0	0	0	0	0	0	0.033	0.803	1.289
浙江	0	0	0	0	0	0	0.015	0.038	0.720	1.076
福建	0	0	0	0	0	0	0	0	0.349	0.596
山东	0	0	0	0	0	0	0	0.027	0.677	1.126
广东	0	0	0	0	0	0	0.020	0.051	0.555	0.968
海南	0	0	0	0	0	0	0	0	0.077	0.183
东部地区	0	0	0	0	0	0.400	0.650	1.143	4.943	7.410
山西	0	0	0	0	0	0	0	0	0.140	0.281
安徽	0	0	0	0	0	0	0	0	0.297	0.645
江西	0	0	0	0	0	0	0	0.014	0.218	0.437
河南	0	0	0	0	0	0	0	0	0.333	0.639
湖北	0	0	0	0	0	0	0	0	0.413	0.655
湖南	0	0	0	0	0	0	0	0	0.488	0.860
中部地区	0	0	0	0	0	0	0	0.014	1.888	3.516
内蒙古	0	0	0	0	0	0	0	0	0.398	0.627
广西	0	0	0	0	0	0	0	0	0.236	0.530
重庆	0	0	0	0	0	0	0	0	0.239	0.459
四川	0	0	0	0	0	0	0	0	0.468	0.915
贵州	0	0	0	0	0	0	0	0	0.494	0.873
云南	0	0	0	0	0	0	0	0	0.363	0.682
陕西	0	0	0	0	0	0	0	0	0.329	0.560
甘肃	0	0	0	0	0	0	0	0	0.115	0.229
青海	0	0	0	0	0	0	0	0	0.080	0.167
宁夏	0	0	0	0	0	0	0	0.006	0.071	0.138
新疆	0	0	0	0	0	0	0	0	0.175	0.376
西部地区	0	0	0	0	0	0	0	0.006	2.968	5.557
辽宁	0	0	0	0	0	0	0	0	0.470	0.829

续表 4-3

地区	2000 年	2002 年	2004 年	2006 年	2008 年	2010 年	2012 年	2014 年	2016 年	2018 年
吉林	0	0	0	0	0	0	0	0	0.168	0.356
黑龙江	0	0	0	0	0	0	0	0	0.190	0.389
东北地区	0	0	0	0	0	0	0	0	0.827	1.574
全国	0	0	0	0	0	0.400	0.650	1.162	10.627	18.057

表 4-4 为地方政府隐性债务测算结果(部分年份)表。从表 4-4 中可以看出，2000—2018 年，地方政府隐性债务的主要有 3 个特点：一是 2000 年以来，中国地方政府显性债务规模呈现十分稳定的增长态势，这说明在地方政府财权受限状态下，通过隐性举债的方式获取发展资金是地方政府的刚需。二是 2008 年以后，地方政府隐性债务开始迅速增长，这与央地财权划分不合理冲突加剧有直接关联。三是 2015 年新《预算法》颁布以后，地方政府隐性债务仍然呈现上升趋势，说明新《预算法》配套措施跟进滞后和因此引发的"道德风险"导致地方政府隐性债务问题仍然严重。

表 4-4 地方政府隐性债务测算结果(部分年份)表   单位：万亿元

地区	2000 年	2002 年	2004 年	2006 年	2008 年	2010 年	2012 年	2014 年	2016 年	2018 年
北京	0.094	0.073	0.126	0.172	0.255	1.048	1.831	2.923	4.114	4.936
天津	0.076	0.066	0.070	0.103	0.159	1.127	1.881	2.819	3.816	5.019
河北	0.094	0.102	0.119	0.160	0.218	0.141	0.159	0.296	0.728	0.916
上海	0.121	0.113	0.134	0.185	0.264	1.662	1.576	2.099	2.284	2.557
江苏	0.120	0.115	0.123	0.181	0.248	0.395	1.108	2.506	3.294	5.277
浙江	0.053	0.053	0.087	0.127	0.179	0.339	0.577	1.384	2.281	3.287
福建	0.042	0.039	0.041	0.080	0.090	0.195	0.316	0.710	1.288	1.666
山东	0.148	0.163	0.183	0.271	0.317	0.277	0.518	1.112	2.156	3.001
广东	0.127	0.126	0.159	0.255	0.310	0.322	0.518	1.036	1.459	2.003
海南	0.009	0.019	0.009	0.017	0.009	0.042	0.045	0.058	0.235	0.233
东部地区	0.884	0.870	1.051	1.551	2.050	5.549	8.528	14.943	21.654	28.895
山西	0.067	0.078	0.115	0.160	0.226	0.470	0.963	1.765	2.656	3.799
安徽	0.055	0.054	0.069	0.117	0.167	0.295	0.486	0.875	1.597	2.064
江西	0.044	0.051	0.055	0.071	0.079	0.051	0.127	0.369	0.730	1.095
河南	0.100	0.110	0.131	0.191	0.231	0.144	0.241	0.434	1.014	1.353
湖北	0.100	0.102	0.123	0.159	0.205	0.103	0.218	0.515	0.971	1.351
湖南	0.064	0.084	0.072	0.108	0.130	0.093	0.169	0.445	1.018	1.320
中部地区	0.429	0.479	0.565	0.805	1.038	1.155	2.203	4.404	7.987	10.983

续表 4-4

地区	2000年	2002年	2004年	2006年	2008年	2010年	2012年	2014年	2016年	2018年
内蒙古	0.037	0.042	0.054	0.100	0.168	0.040	0.090	0.194	0.564	0.878
广西	0.043	0.039	0.047	0.058	0.090	0.118	0.261	0.520	1.269	1.686
重庆	0.040	0.039	0.046	0.071	0.090	0.590	1.818	3.373	2.417	4.536
四川	0.090	0.092	0.100	0.152	0.237	0.238	0.399	0.901	2.320	2.740
贵州	0.037	0.039	0.053	0.073	0.095	0.285	0.393	1.007	2.673	3.084
云南	0.041	0.048	0.121	0.077	0.110	0.419	0.665	1.089	2.405	3.103
陕西	0.064	0.071	0.089	0.125	0.179	0.246	0.531	0.954	1.803	2.366
甘肃	0.039	0.042	0.051	0.068	0.092	0.073	0.224	0.421	0.870	1.129
青海	0.018	0.019	0.023	0.033	0.040	0.045	0.078	0.202	0.365	0.503
宁夏	0.010	0.011	0.015	0.025	0.039	0.013	0.016	0.024	0.075	0.097
新疆	0.003	0.003	0.004	0.006	0.007	0.023	0.061	0.188	0.672	0.830
西部地区	0.421	0.445	0.601	0.789	1.146	2.090	4.536	8.872	15.434	20.951
辽宁	0.143	0.157	0.164	0.211	0.303	0.149	0.213	0.402	0.854	1.014
吉林	0.071	0.073	0.074	0.093	0.104	0.020	0.042	0.081	0.251	0.422
黑龙江	0.079	0.084	0.090	0.117	0.123	0.044	0.068	0.157	0.252	0.306
东北地区	0.293	0.314	0.328	0.422	0.530	0.213	0.324	0.640	1.357	1.743
全国	2.028	2.108	2.546	3.566	4.764	9.006	15.591	28.858	46.432	62.571

表 4-5 为地方政府综合债务测算结果（部分年份）表。从表 4-5 中可以看出，由于长期依赖中国地方政府债务的规模主体均以隐性债务为主，显性债务仅占很小比重，这导致中国地方政府综合债务的特征与隐性债务大体一致，也呈现整体上稳定的增长态势和 2008 年以后的增速变快特征。2015 年新《预算法》释放地方政府举债权，且在隐性债务短期内无法得到有效遏制的背景下，地方政府债务问题将尤为值得关注。

表 4-5　地方政府综合债务测算结果（部分年份）表　　　　单位：万亿元

地区	2000年	2002年	2004年	2006年	2008年	2010年	2012年	2014年	2016年	2018年
北京	0.094	0.073	0.126	0.172	0.255	1.448	2.429	3.881	4.904	5.506
天津	0.076	0.066	0.070	0.103	0.159	1.127	1.881	2.819	4.039	5.421
河北	0.094	0.102	0.119	0.160	0.218	0.141	0.159	0.296	1.102	1.618
上海	0.121	0.113	0.134	0.185	0.264	1.662	1.592	2.135	2.658	3.053
江苏	0.120	0.115	0.123	0.181	0.248	0.395	1.108	2.538	4.098	6.567
浙江	0.053	0.053	0.087	0.127	0.179	0.339	0.592	1.421	3.001	4.363
福建	0.042	0.039	0.041	0.080	0.090	0.195	0.316	0.710	1.637	2.261

续表 4-5

地区	2000年	2002年	2004年	2006年	2008年	2010年	2012年	2014年	2016年	2018年
山东	0.148	0.163	0.183	0.271	0.317	0.277	0.518	1.139	2.834	4.127
广东	0.127	0.126	0.159	0.255	0.310	0.322	0.538	1.086	2.013	2.971
海南	0.009	0.019	0.009	0.017	0.009	0.042	0.045	0.058	0.312	0.416
东部地区	0.884	0.870	1.051	1.551	2.050	5.949	9.178	16.085	26.597	36.305
山西	0.067	0.078	0.115	0.160	0.226	0.470	0.963	1.765	2.796	4.079
安徽	0.055	0.054	0.069	0.117	0.167	0.295	0.486	0.875	1.894	2.709
江西	0.044	0.051	0.055	0.071	0.079	0.051	0.127	0.384	0.947	1.532
河南	0.100	0.110	0.131	0.191	0.231	0.144	0.241	0.434	1.347	1.992
湖北	0.100	0.102	0.123	0.159	0.205	0.103	0.218	0.515	1.384	2.007
湖南	0.064	0.084	0.072	0.108	0.130	0.093	0.169	0.445	1.507	2.180
中部地区	0.429	0.479	0.565	0.805	1.038	1.155	2.203	4.418	9.875	14.499
内蒙古	0.037	0.042	0.054	0.100	0.168	0.040	0.090	0.194	0.962	1.505
广西	0.043	0.039	0.047	0.058	0.090	0.118	0.261	0.520	1.506	2.216
重庆	0.040	0.039	0.046	0.071	0.090	0.590	1.818	3.373	2.656	4.995
四川	0.090	0.092	0.100	0.152	0.237	0.238	0.399	0.901	2.788	3.655
贵州	0.037	0.039	0.053	0.073	0.095	0.285	0.393	1.007	3.167	3.957
云南	0.041	0.048	0.121	0.077	0.110	0.419	0.665	1.089	2.769	3.785
陕西	0.064	0.071	0.089	0.125	0.179	0.246	0.531	0.954	2.132	2.926
甘肃	0.039	0.042	0.051	0.068	0.092	0.073	0.224	0.421	0.985	1.358
青海	0.018	0.019	0.023	0.033	0.040	0.045	0.078	0.202	0.445	0.671
宁夏	0.010	0.011	0.015	0.025	0.039	0.013	0.016	0.029	0.146	0.235
新疆	0.003	0.003	0.004	0.006	0.007	0.023	0.061	0.188	0.847	1.206
西部地区	0.421	0.445	0.601	0.789	1.146	2.090	4.536	8.877	18.402	26.508
辽宁	0.143	0.157	0.164	0.211	0.303	0.149	0.213	0.402	1.324	1.843
吉林	0.071	0.073	0.074	0.093	0.104	0.020	0.042	0.081	0.419	0.779
黑龙江	0.079	0.084	0.090	0.117	0.123	0.044	0.068	0.157	0.442	0.695
东北地区	0.293	0.314	0.328	0.422	0.530	0.213	0.324	0.640	2.184	3.316
全国	2.028	2.108	2.546	3.566	4.764	9.406	16.241	30.020	57.059	80.628

第五章　地方政府债务的规模描述

第一节　显性债务的规模描述

一、整体特征

图 5-1(a)为 2000—2018 年间地方政府显性债务规模走势图。从图中可以看出,在全国范围内,地方政府显性债务呈现以下 3 个方面的特征。第一,阶段性是地方政府显性债务的最主要特征。2008 年及以前地方政府举债权力被"封禁",全国范围内地方政府显性债务长期为 0。2009 年以后,随着地方政府举债权力被"解封",地方政府显性债务开始初步发展,从 2009 年的 0.200 万亿元增长到 2018 年的 18.057 万亿元,年均增长率为 64.927%。地方政府显性债务两个阶段的典型特征是由中国地方政府债券制度变迁所导致的,也是中国财政体制改革的一个缩影。第二,从整体上看,地方政府显性债务规模呈现稳定的上升趋势,这既说明地方政府的财权被有序释放,也说明地方政府显性举债行为为地方政府履行职能,为经济社会发展提供了有效资金来源,在地方政府融资渠道中扮演着越来越重要的作用。第三,2015 年以来,地方政府显性债务出现爆发式增长。从 2014 年的 1.162 万亿元扩张到 2015 年的 4.826 万亿元,增长率为 315.124%。这说明新《预算法》的实施是地方政府举债权全面"解封"的一个标志性事件,政策上的解禁导致了地方政府显性债务的"爆发式"增长。

二、地区特征

为科学反映我国不同区域的社会经济发展状况,为党中央、国务院制定区域发展政策提供依据,根据《中共中央、国务院关于促进中部地区崛起的若干意见》《国务院发布关于西部大开发若干政策措施的实施意见》以及党的十六大报告的精神,国家统计局将我国的经济区域划分为东部、中部、西部和东北四大地区。本书将依据国家统计局对于四大地区的划分标准,对中国地方政府债务的属地特征进行论述。本书样本中四大地区包含的省级行政如下。

东北地区:辽宁省、吉林省、黑龙江省。

东部地区:北京市、天津市、河北省、上海市、江苏省、浙江省、福建省、山东省、广东省、海南省。

中部地区:山西省、安徽省、江西省、河南省、湖北省、湖南省。

西部地区:内蒙古自治区、广西壮族自治区、重庆市、四川省、贵州省、云南省、陕西省、甘肃省、青海省、宁夏回族自治区、新疆维吾尔自治区。

从图 5-1(b)中可以看出,四大地区地方政府显性债务具有明显的地区异质性。在 2015年以前地方政府债券发行的试点时期,东部地区率先开展债券发行试点,中部地区与西部地区自 2014 年才开始进行政府债券"自发自还"试点。2015 年全国范围内开展地方政府债券发行权释放之后,四大地区地方政府显性债务的规模也具有地区差异,其中东部地区显性债务规模最大,年均值为 5.289 万亿元,西部地区次之,年均值为 3.548 万亿元,中部地区紧随其后,年均值为 2.222 万亿元,东部地区显性债务规模最小,年均值为 1.003 万亿元。出现这种现象的原因可能是东部地区是最先进行地方政府债券"自发代还"与"自发自还"试点的地区,显性举债行为较为成熟,加之东部地区经济发达,债券市场发展较完备。相比之下,东北地区从未被纳入到政府债券改革试点当中,显性融资起步较晚,相对不成熟,因而规模最小。

从图 5-1(c)中可以看出,2015 年以来,东部地区江苏地方政府显性债务规模最大,年均值为 0.884 万亿元。浙江、山东和北京紧随其后,年均值分别为 0.757 万亿元、0.746 万亿元和 0.734 万亿元。上海、天津和海南的地方政府显性债务规模最小,年均值分别为 0.369 万亿元、0.248 万亿元和 0.103 万亿元;从图 5-1(d)中可以看出,中部地区湖南、湖北与河南三省地方政府显性债务规模最大,年均值分别为 0.543 万亿元、0.438 万亿元和 0.411 万亿元。安徽、江西和山西显性债务规模最小,年均值分别为 0.379 万亿元、0.279 万亿元和 0.175 万亿元;从图 5-1(e)中可以看出,西部地区四川和贵州两省显性债务规模最大,年均值分别为

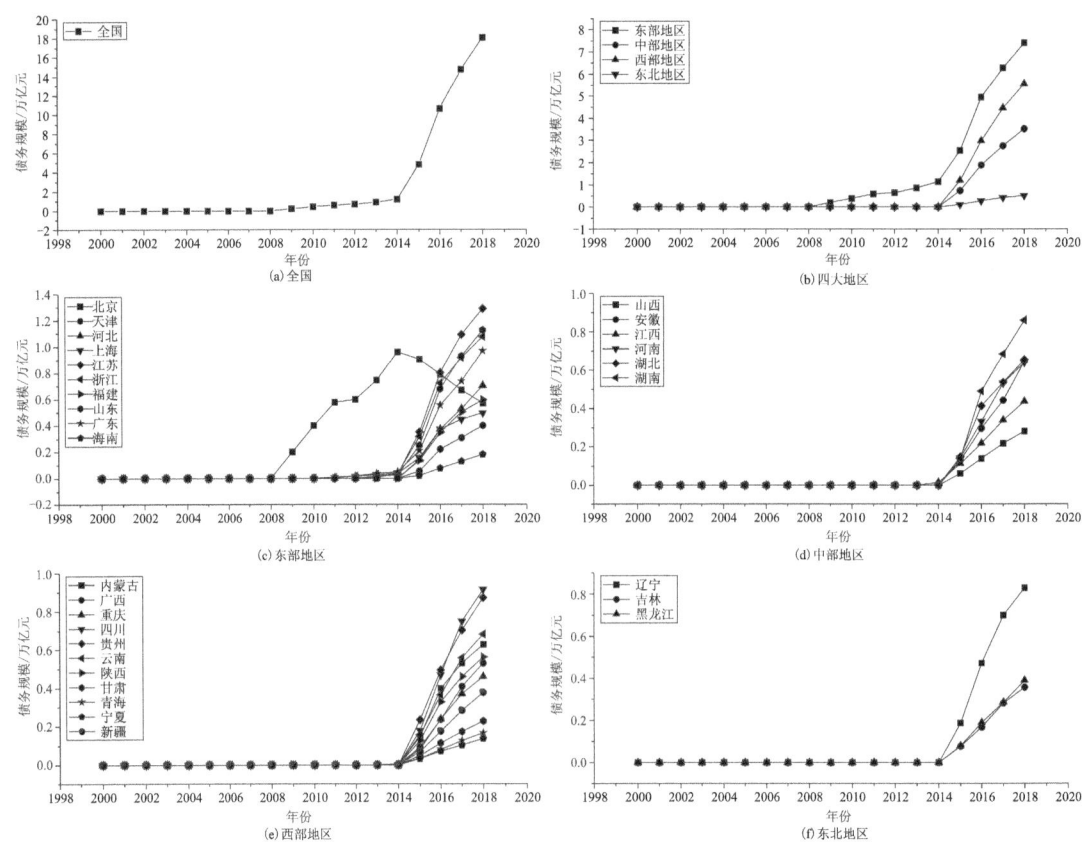

图 5-1 地方政府显性债务走势图

0.578万亿元和0.577万亿元。云南与内蒙古紧随其后,年均值分别为0.440万亿元和0.425万亿元。甘肃、青海和宁夏显性债务规模最小,年均值分别为0.142万亿元、0.101万亿元和0.086万亿元;从图5-1(f)中可以看出,东北地区辽宁显性债务规模远超黑龙江与吉林,年均值为0.547万亿元,而黑龙江与吉林仅为0.236万亿元和0.221万亿元。

第二节 隐性债务的规模描述

一、整体特征

图5-2(b)为2000—2018年全国地方政府隐性债务规模走势图。从图中可以看出,全国范围内地方政府隐性债务呈现稳定的增长态势,从2000年的2.028万亿元增长到2018年的62.571万亿元,年均增长率为20.987%。此外,全国范围内地方政府隐性债务的阶段性发展特征明显,从2000年至"十五"期间,地方政府隐性债务的总体规模从2.028万亿元增长到3.204万亿元,年均增长率为9.580%,隐性债务呈现缓慢的增长态势,这与地方政府隐性举债动机和举债手段不足有很大关系。"十一五"期间,地方政府隐性债务从3.566万亿元增长到9.006万亿元,年增长率为26.059%。与前期相比,此时的地方政府债务扩张明显加快,原因可能是中央设置"四万亿"经济刺激计划以后,各地区又层层加码,地方政府举债压力巨大,在此时期地方融资平台作为应对措施替政府举债。"十二五"时期,隐性债务发展速度最快,从2011年的11.436万亿元增长到2015年的36.327万亿元,可见"十二五"时期是地方政府隐性债务积累最为迅速,也是无序发展的时期。在这一时期内,一方面地方政府"财权"与"事权"的矛盾不断加剧,而地方政府又保留了较大的融资惯性,有较强动机进行隐性债务融资。另一方面地方政府融资平台的快速发展、政府购买、PPP等新型隐性融资手段兴起,地方政府有更多融资工具进行隐性举债,债务规模不断扩张。"十三五"期间,地方政府隐性债务年增速仅为16.085%,债务增速回归理性,这说明新《预算法》对规范地方政府隐性债务发挥了有效作用。新《预算法》关闭了地方政府通过企业等违法违规举债的途径,对现存债务进行甄别和置换,种种配套措施的出台对遏制地方政府隐性债务发挥了关键作用。

二、地区特征

图5-2(b)为地方政府隐性债务的规模走势。从图中可以看出,地方政府隐性债务地区异质性明显,东部地区规模最大,年均值为8.184万亿元,年内增速为21.378%,仅次于西部地区,这与东部地区较快的经济增速以及完备的隐性举债渠道关系密切。此外,西部地区隐性债务规模次之,年均值为5.284万亿元,年均增速最快,为24.236%,这说明四大地区中,西部地区因其自身经济发展水平较低,在经济社会发展中面临着更大的资金缺口,其进行隐性举债的动机更大。中部地区隐性债务规模的年均值为2.829万亿元,年均增速为19.734%。东北地区隐性债务规模最小,增速最慢,年均值与年内增速分别为0.605万亿元与10.404%。

图5-2(c)显示东部地区北京、天津和江苏的隐性债务规模最大,年均值分别为1.474万亿元、1.463万亿元和1.069万亿元,年均增速为24.619%、26.213%和23.372%。相比之

下,海南、河北和福建3省的隐性债务规模最小,年均值分别为0.064万亿元、0.292万亿元和0.411万亿元。图5-2(d)显示中部地区隐性债务规模较大的3个省份分别是山西、安徽和河南。江西、湖南和湖北的隐性债务水平相对较低。图5-2(e)显示西部地区各省份隐性债务规模差异并不大,其中新疆和贵州隐性债务规模较大,但其增速却相对较小,贵州和云南等省份隐性债务规模虽然不是较大的,但是债务增速却较快,贵州的隐性债务年均增速最快为34.731%,需要重点警惕这些地区隐性债务过快扩张的问题。图5-2(f)显示东北地区的吉林省隐性债务规模较大,其年均隐性债务规模为0.353万亿元,东北三省隐性债务规模增速差别不大,在全国范围内也处于较低水平。

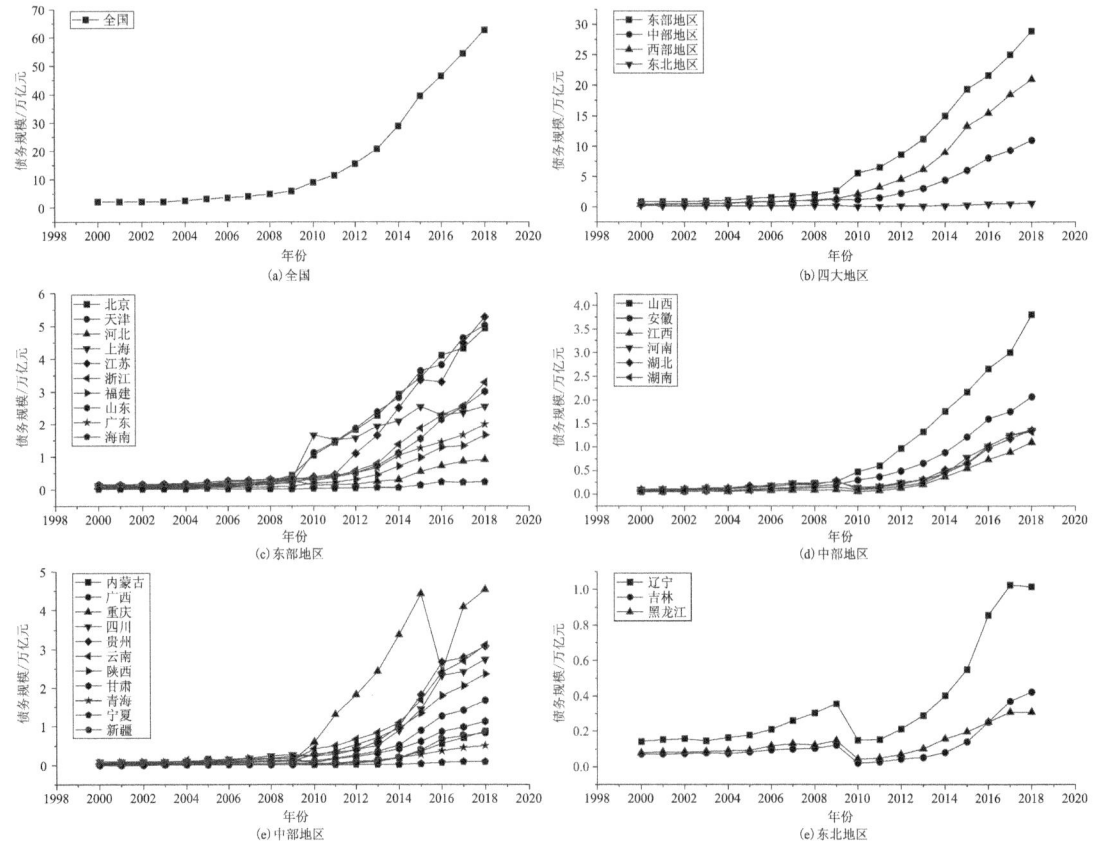

图5-2 地方政府隐性债务走势图

第三节 综合债务的规模描述

一、整体特征

图5-3(a)为2000—2018年全国地方政府综合债务走势图。从图中可以看出,全国范围内地方政府综合债务呈现稳定的增长态势,从2000年的2.028万亿元增长到2018年的80.628万亿元,年均增速为22.704%。此外,全国范围内综合债务的阶段性特征也十分明显,在"九五"末期与"十五"时期,地方政府综合债务增速较慢,从2000年的2.208万亿元增

第五章 地方政府债务的规模描述

长到2005年的3.204万亿元,年均增长率为9.580%。"十一五"时期,地方政府综合债务规模迅速发展,以年均27.436%的速度迅速膨胀。"十二五"期间综合债务迎来最快增长速度,从12.036万亿元增长到44.324万亿元,年均增长达到了38.530万亿元,年均增速为26.201%。2015年以后,由于新《预算法》对隐性举债行为的规范,显性债务举债行为尚处于发展阶段,全国地方政府债务增速回归较低水平,年均增速为18.873%。

二、局部特征

从图5-3(b)中可以看出,在四大地区的比较中,东部地区综合债务规模最大,年均值为9.501万亿元,年均增速为22.927%。西部地区规模次之,年均值为6.031万亿元,年均增速为25.870%。中部地区紧随其后,年均值为3.297万亿元,年均增速为21.596%。东北地区综合债务规模最小,年均值为0.816万亿元,年均增速也最小,为14.422%。图5-3(c)表明东部地区综合债务规模较大的为北京、天津、江苏和上海4个地区,海南、河北和福建等地区综合债务规模较小。图5-3(d)显示中部地区山西和安徽两省综合债务规模较大,河南、湖南和湖北紧随其后但差异不大,江西综合债务水平最低。图5-3(e)显示新疆、重庆、贵州和云南的综合债务水平较高,广西、陕西和四川紧随其后但差异不大。青海、甘肃和宁夏的综合债务规模较小。

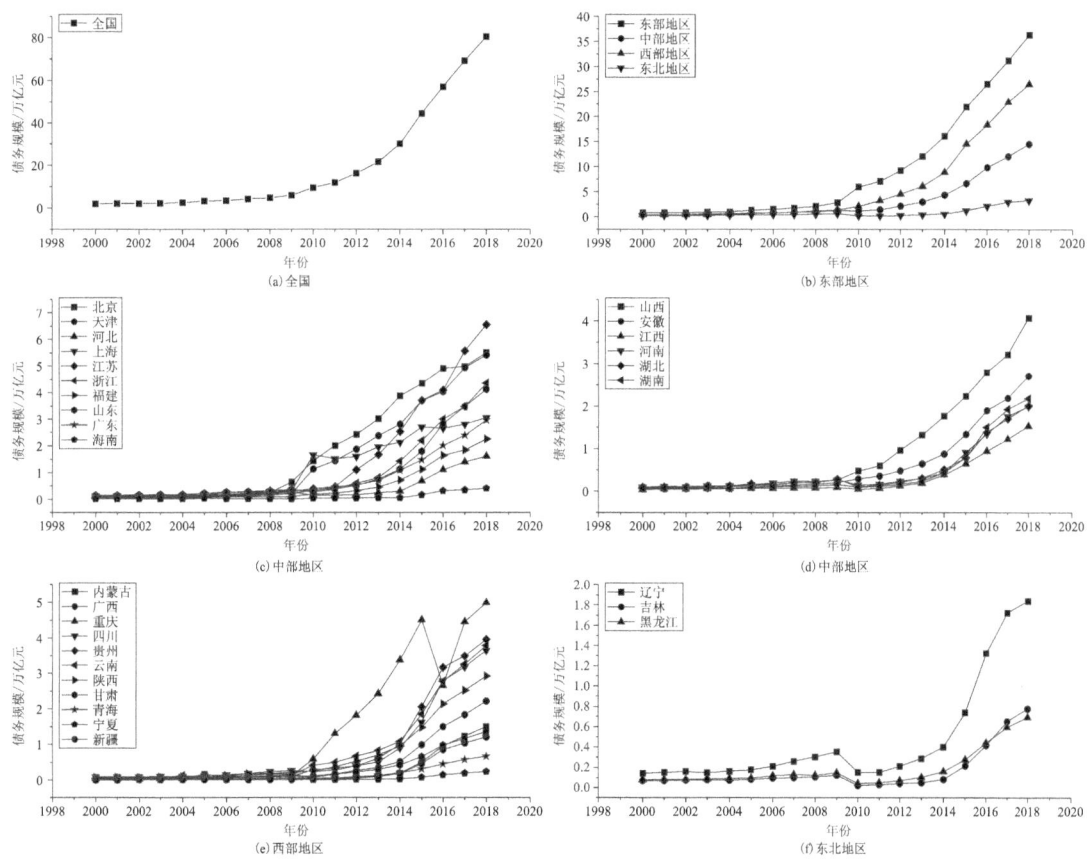

图5-3 地方政府综合债务走势图

第六章 地方政府债务的空间差异及分解

第一节 Dagum 基尼系数分解

运用 Dagum 基尼系数及其分解法探究中国不同地区地方政府债务的总体差异、区域间差异、区域内差异以及差异来源。Dagum 提出的基尼系数及子群分解方法[225]，能有效探究不同地区之间的差异及来源，具有诸多优点[226]。基尼系数计算公式如下

$$G = \frac{\sum_{j=1}^{k}\sum_{h=1}^{k}\sum_{i=1}^{n_j}\sum_{r=1}^{n_h}|y_{ji}-y_{hr}|}{2n^2\bar{y}} \tag{6-1}$$

式中，k 为区域总个数，本书为 4；i 和 r 表示区域内的省份序号；n_j 和 n_h 分别表示 j 和 h 区域内的省份个数；y 代表的是地方政府债务水平；n 为总的省份个数，本书为 30；$\bar{y}$ 为地方政府债务均值。

Dagum 基尼系数分解的思路是将总的基尼系数分解为区域内差异 G_w、区域间差异 G_{nb} 和超变密度 G_t，三者之间的关系为 $G = G_w + G_{nb} + G_t$，具体的计算公式为

$$G_{jj} = \frac{\frac{1}{2\bar{y}}\sum_{i=1}^{n_j}\sum_{r=1}^{n_j}|y_{ji}-y_{hr}|}{n_j^2} \tag{6-2}$$

$$G_w = \sum_{j=1}^{k} G_{jj}\, p_j\, s_j \tag{6-3}$$

$$G_{jh} = \frac{\sum_{i=1}^{n_j}\sum_{r=1}^{n_h}|y_{ji}-y_{hr}|}{n_j n_h(\bar{y}_j-\bar{y}_h)} \tag{6-4}$$

$$G_{nb} = \sum_{j=2}^{k}\sum_{h=1}^{j-1} G_{jh}(p_j s_h + p_h s_j) D_{jh} \tag{6-5}$$

$$G_t = G_{nb} = \sum_{j=2}^{k}\sum_{h=1}^{j-1} G_{jh}(p_j s_h + p_h s_j)(1-D_{jh}) \tag{6-6}$$

式 (6-2)~式 (6-6) 中，$p_j = n_j/n$，$s_j = n_j\bar{y}_j/n\bar{y}$；$D_{jh}$ 是地区 j 和地区 h 之间的地方政府债务相对影响，具体计算公式如式 (6-7) 所示；d_{jh} 为地方政府债务的差值，计算公式如式 (6-8) 所示；p_{jh} 为超变一阶，计算公式如式 (6-9) 所示；F_j 和 F_h 为地区 j 和地区 h 的累计密度分布函数。

$$D_{jh} = \frac{d_{jh}-p_{jh}}{d_{jh}+p_{jh}} \tag{6-7}$$

$$d_{jh} = \int_0^\infty \mathrm{d}F_j(y) \int_0^y (y-x)\mathrm{d}F_h(x) \tag{6-8}$$

$$p_{jh} = \int_0^\infty \mathrm{d}F_j(y) \int_0^y (y-x)\mathrm{d}F_h(x) \tag{6-9}$$

第二节 显性债务的地区差异及分解

鉴于地方政府显性债务直至2015年才在全国范围内发展,对显性债务的地区差异及分解分析从2015年开始,而对隐性债务与综合债务的分析则从2000年开始。

图6-1为全国地方政府显性债务总体基尼系数及四大地区内部基尼系数走势图。从图中可以看出,2015年以来,全国地方政府显性债务空间基尼系数呈下降趋势,从2015年的0.401下降到2018年的0.271,年均降速为12.244%。这说明全国范围内地方政府显性债务的空间差异正在逐年下降,显性债务规模较小的地区有着较快的显性债务发展速度。从图中亦可以看出,四大地区地方政府显性债务内部差异变化不甚相同。东部地区与西部地区区域内差异呈现比较稳定的下降趋势,两地区内部各省份显性债务的差距正在不断缩小。然而中部地区与东北地区的区域内基尼系数变动不大,说明上述两个地区内部各省份显性债务规模的差距未发生明显变动。

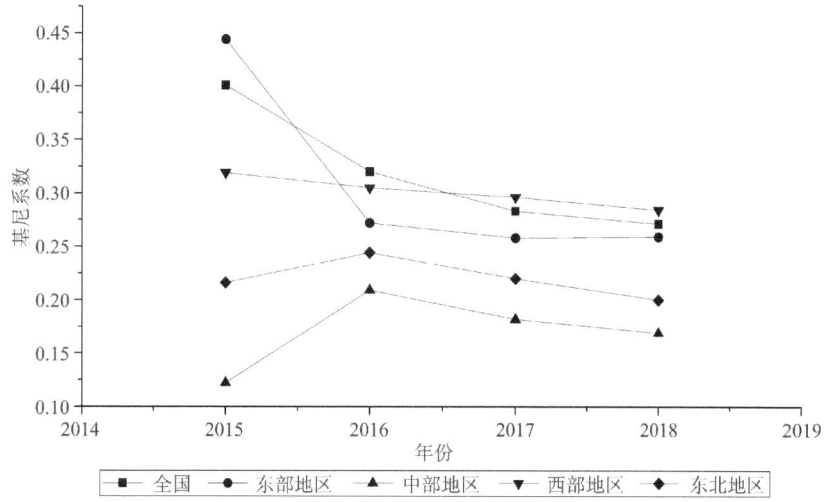

图6-1 全国地方政府显性债务总体基尼系数及四大地区内部基尼系数走势图

图6-2为四大地区之间显性债务的区域间基尼系数走势图。从图中可以看出,东部与西部、东部与中部、东部与东北3个组合之间的区域间基尼系数呈现显著的上升趋势,上述地区之间的显性债务区域间差异呈下降趋势。东部地区作为政府显性债务的先行区,在显性举债权力被放开之后,东部地区与其他地区之间的债务差距正在逐步缩小。此外,中部与西部、中部与东北、西部与东北3个组合之间的区域间基尼系数变动并不明显,证明地方政府显性债务空间差距缩小并不是由上述地区之间的差异变动所导致的。

图6-3为地方政府显性债务区域间差异、区域内差异和超变密度的贡献率趋势图。从图

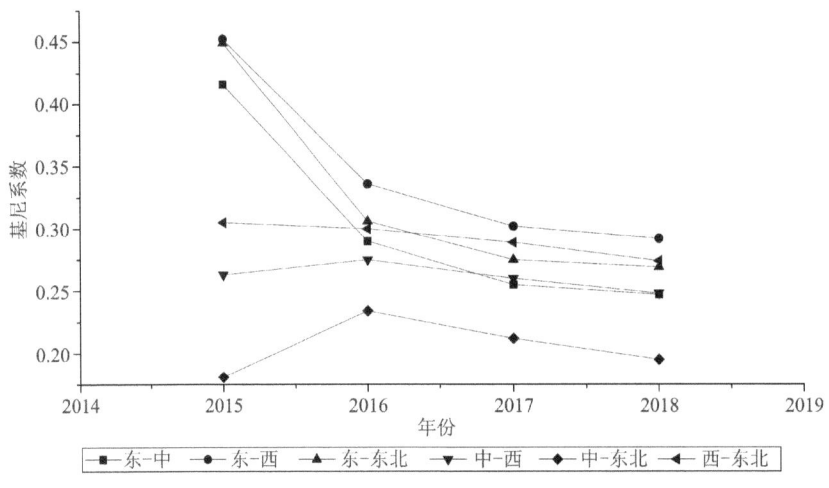

图 6-2 四大地区之间显性债务区域间基尼系数走势图

中可以看出,2015 年以来,中国地方政府显性债务的区域间差异一直处于主导地位,区域内差异与超变密度贡献不分伯仲。这说明中国地方政府显性债务的整体差异来源主要是区域间差异。

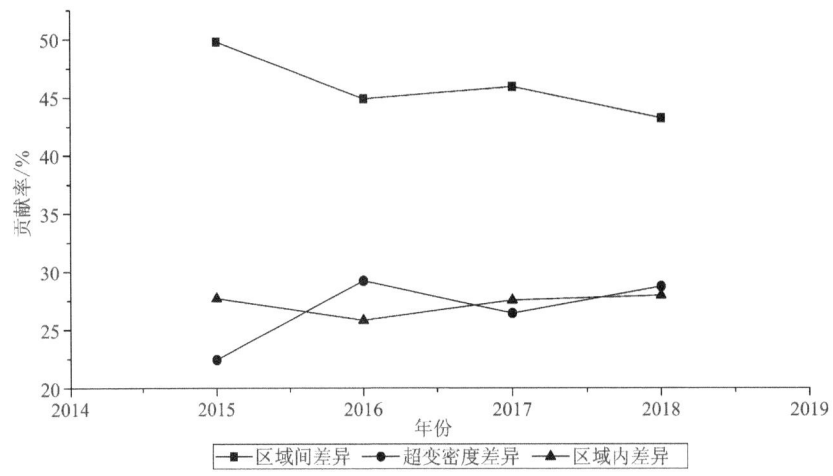

图 6-3 地方政府显性债务区域间,区域内差异和超变密度的贡献率走势图

第三节 隐性债务的地区差异及分解

图 6-4 为全国地方政府隐性债务的总体基尼系数以及四大地区区域内基尼系数走势图。从图中可以看出,全国地方政府隐性债务的总体基尼系数呈现两个阶段的明显特征。在 2009 年及以前,地方政府隐性债务基尼系数几乎没有变动,说明这一时期全国范围内隐性债务空间差异不明显。事实上,隐性债务扩张的一个重要原因是金融危机背景下,央地财权矛盾以及中央经济刺激计划部署下产生的巨大资金缺口。2009 年以前,地方政府面临的债务融资形势差别并不大,导致隐性债务的空间差异也不大。2009 年以后,金融危机的冲击以及地方政府显性举债权力试点的开始,经济落后地区相较于发达地区在融资渠道、融资规模以及融资

方式上都具有明显劣势,因此隐性债务的空间差异开始迅速扩大。然而在 2009 年以后,地方政府隐性债务的空间差异开始逐步缩小,出现这种现象的原因可能是随着地方政府债券改革试点的逐步扩大,并最终完全解封地方政府举债权限,以及隐性债务举债途径被逐渐封死,各地区隐性债务规模差异开始逐步缩小。四大地区隐性债务区域内基尼系数的变动过程,可以发现四大地区的变动特征与全国特征大体保持一致(图 6-4)。

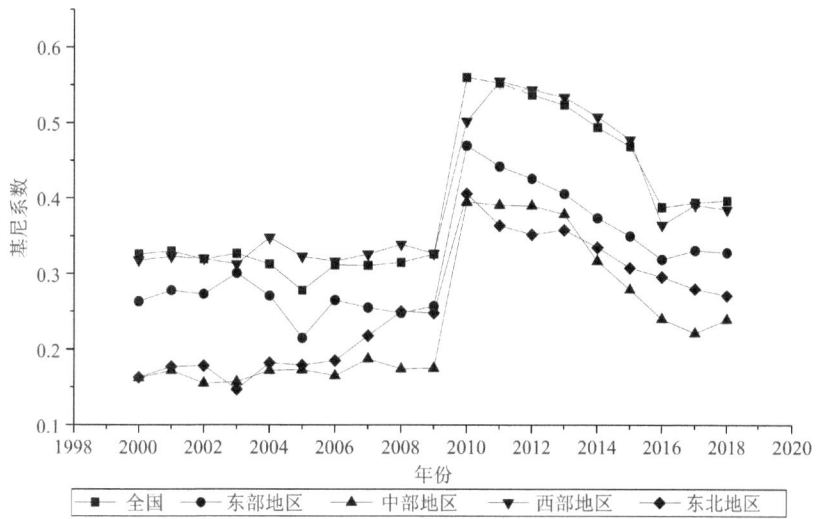

图 6-4　全国地方政府隐性债务的总体基尼系数以及四大地区区域内基尼系数走势图

图 6-5 为四大地区之间地方政府隐性债务的区域间基尼系数走势图。从图中可以看出,四大地区之间隐性债务区域间基尼系数的变动特征与区域内变动大致相同,这说明 2009 年国际金融危机与国内逐步放开地方政府举债权,对全国各地区地方政府隐性债务的影响较大,其塑造了地方政府隐性债务的主要空间特征。

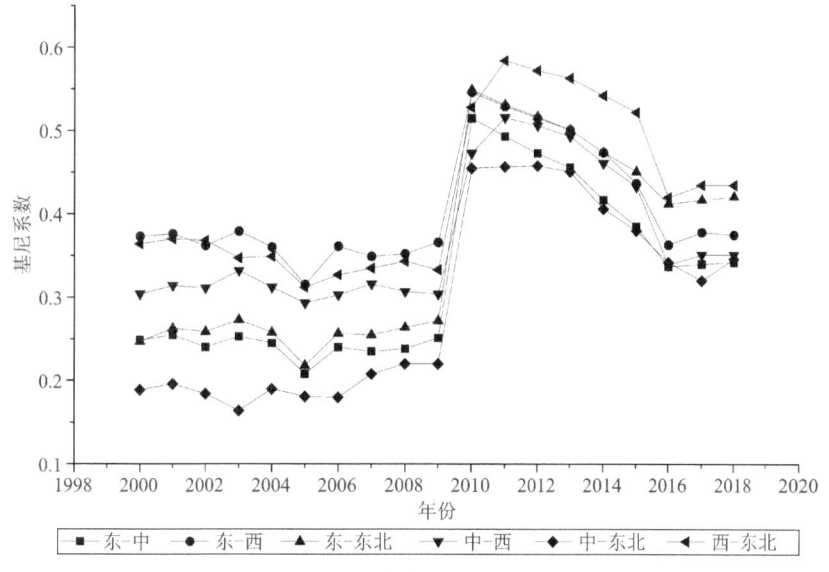

图 6-5　四大地区之间地方政府隐性债务的区域间基尼系数走势图

图 6-6 为将分解的区域内基尼系数、区域间基尼系数和超变密度按其贡献绘制的空间差异贡献率走势图,可以看出区域间差异最高,说明区域间差异是地方政府隐性债务空间差异的主要成因。

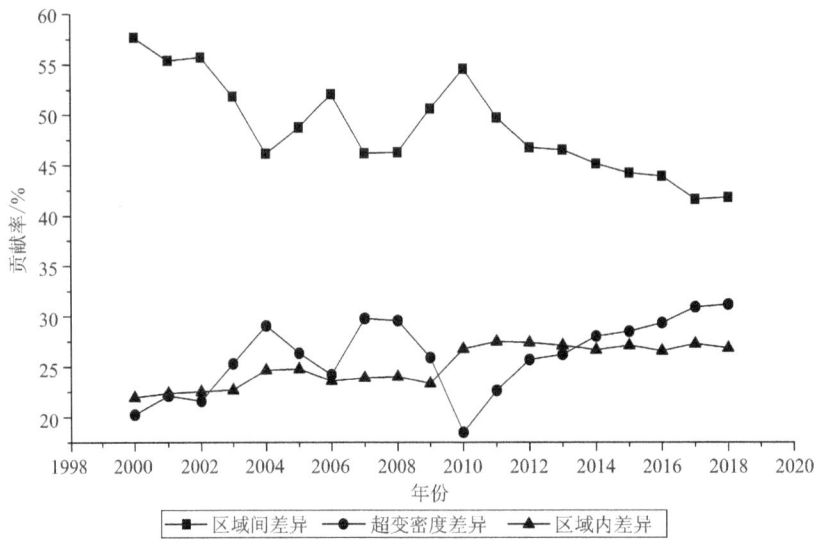

图 6-6 地方政府隐性债务区域间、区域内和超变密度的贡献率走势图

第四节 综合债务的地区差异及分解

图 6-7 为全国地方政府综合债务区域内总体基尼系数以及四大地区区域内基尼系数走势图。从图中可以看出,全国范围内以及四大地区内部综合债务基尼系数变动特征与隐性债务大致相同。这主要是因为长期以来显性债务在综合债务中的比重较低,难以对政府债务整

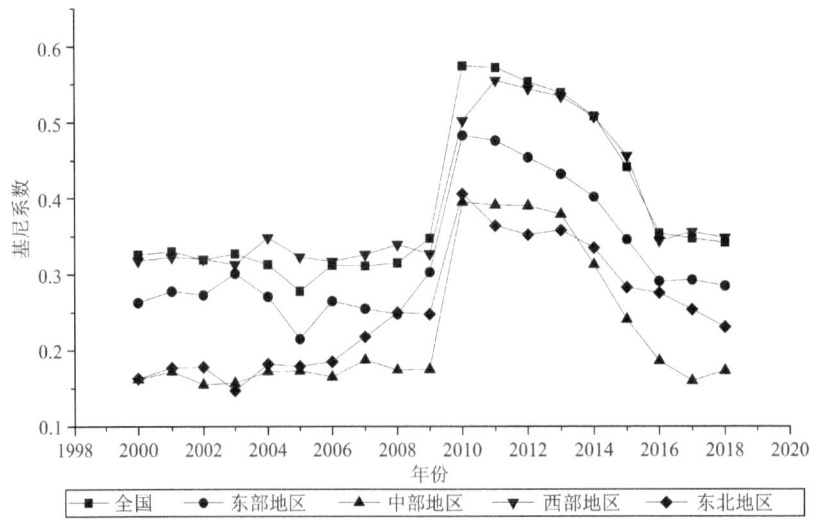

图 6-7 全国地方政府综合债务区域内总体基尼系数以及四大地区区域内基尼系数走势图

体特征造成主要影响。隐性债务的特征构成了中国地方政府综合债务的总特征。从四大地区的区域内基尼系数大小上看,西部地区内部差异最大,平均基尼系数为0.389,东部地区次之,平均基尼系数为0.322。东北地区与中部地区的区域内差异最小,平均基尼系数分别为0.252和0.227。

图6-8为四大地区之间地方政府债务区域间基尼系数走势图。从图中可以看出,区域间差异与区域内差异变动特征相似。图6-9也展示了区域间差异是地方政府综合债务空间差异的主要成因。以上分析既说明了隐性债务对综合债务特征的主要塑造作用,也验证了国际上金融危机与国内地方政府举债权放开对地方政府综合债务的影响。

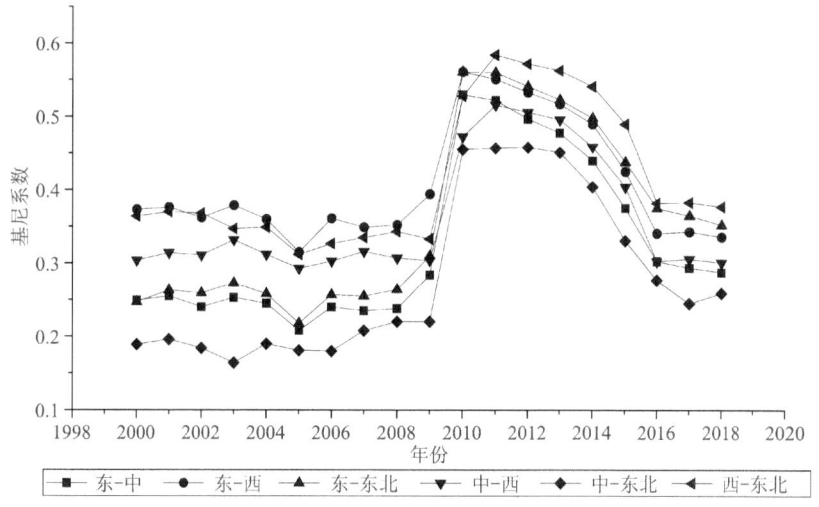

图6-8 四大地区之间地方政府债务区域间基尼系数走势图

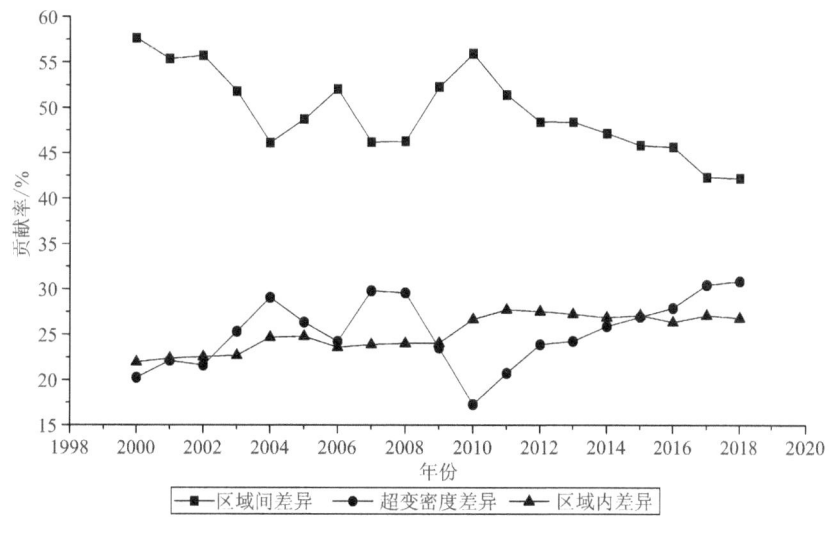

图6-9 综合债务差异贡献率走势图

第五节 研究小结

本章在实际测算中国地方政府债务规模的基础上,探讨了3类地方政府的区域内差异、区域间差异和差异来源,小结法如下。

(1)中国地方政府显性债务是从2008年以后才开始显著增加的,随着地方政府被封禁的直接举债权被正式"解封"。此后地方政府显性债务规模不断扩张,增速不断加快。2000—2018年,地方政府隐性债务规模呈现出3个方面的特点:一是2000年以来,中国地方政府显性债务呈现十分稳定的增长态势。二是2008年以后,地方政府隐性债务规模迅速扩张。三是2015年以后,隐性债务仍在不断扩大。此外,当前中国地方政府债务的主体是隐性债务。

(2)从地区特征上看,显性债务中东部地区规模最大,东北地区规模最小,这与地方政府经济发展状况和举债权放开试点关系紧密。在东部地区中,江苏地方政府显性债务最高。浙江、山东和北京紧随其后;北京、天津和江苏的隐性债务规模最大,增速最大,而海南、河北和福建三省的隐性债务规模较小,增速缓慢。在综合债务中,东部地区综合债务规模最大,增速最大,西部地区次之,东北地区规模最小,增速最小。在东部地区中,北京、天津、江苏和上海四地综合债务规模较大,与之对应的海南、河北和福建三省的综合债务规模较小。

(3)从显性债务的空间差异与分解上看,全国范围内地方政府显性债务的空间差异呈现缩小趋势,显性债务规模较小的地区有着较快的显性债务发展速度。从地区上看,东部地区与西部地区区域内差异呈现比较稳定的下降趋势,两地区内部各省份显性债务的差距正在不断缩小。然而中部地区与东北地区的区域内基尼系数却变动不大,说明空间差异变化也不大。东部与西部、东部与中部、东部与东北3个组合之间的区域间基尼系数呈现显著的上升趋势,组合之间的区域间差异不断扩大,显性债务空间差异源于区域间差异。

(4)从隐性债务的空间差异与分解上看,全国范围内隐性债务的总体基尼系数呈现两个阶段的明显特征:2009年及以前,全国范围内地方政府隐性债务空间差异变化不大;2009年以后,隐性债务在全国的空间差异迅速增大,随后开始逐渐缩小。四大地区的区域内差异和区域间差异与全国特征大致相同,主要来源为区域间差异。从综合债务的空间差异与分解上看,由于隐性债务在综合债务中占主要部分,综合债务的区域内差异、区域间差异和差异来源特征与隐性债务保持大体一致。

基于以上研究结论提出有关加强地方政府债务管理,统筹规划治理债务风险的政策建议。

(1)分类治理地方政府债务,认识到地方政府显性债务与隐性债务在属性、功能以及治理思路上的不同。在不断扩大地方政府显性举债权的同时,加强对举债权的顶层设计,在制度、法律与政策上严格规范地方政府举债行为,发挥社会公众的监督作用,最大限度地发挥地方政府显性债务的积极作用。另外,严格取缔地方政府违规违法举债行为,科学甄别,归类政府债务分量,关好地方政府举债"后门",妥善化解地方政府隐性债务。

(2)树立地方政府债务的区域治理观。从区域协调发展角度入手,重点治理东部地区的债务问题,同时关注经济脆弱的西部地区债务存量较大与增速较快对经济社会的破坏作用,明确低债务地区过快的债务增速是当前催高地方政府债务的重要因素。此外,从区域间债务治理入手,统筹规划,精准施策,促进地方政府债务的协调发展。

公共财政篇

本篇主要从财政透明度与财政支出两个角度探讨地方政府债务对公共财政的影响。

第七章　地方政府债务与财政透明度的相互影响

时至今日,2008年次贷危机仍余波未尽,宽松政策与预期下全球性经济杠杆化趋势明显,世界陷入"去杠杆"与"加杠杆"的摇摆之境[227]。与此同时,中国政府实行新一轮积极的财政政策。这个政策是在政府债务规模已经高位运行的背景下出台的,"稳增长"与"防风险"成为目前中国宏观调控政策的主要目标。一方面,金融领域结构性去杠杆与经济下行趋势互相抵触,宏观经济"稳增长"压力较大;另一方面,持续加码的政府债务规模放大了经济系统的脆弱性,形成了引发系统性风险的潜在构面。基于此,通过政府举债的方式稳定经济局势而不破坏经济系统稳定性,需要区分不同类别债务的特性,分门别类,精准施策,最大限度地发挥地方政府债务的积极作用。长期以来,党和国家注意到中国不断扩张的隐性债务问题,并对隐性债务的形成原因、破坏作用以及治理路径有了较为成熟的认识。2015年新《预算法》彻底释放地方政府的发债权,2017年供给侧结构性改革的重点转移到金融领域,其中重要的一项内容就是化解地方政府隐性债务问题。扩大地方政府显性债务、化解地方政府隐性债务是地方财政法治化和科学化的重要一步,也是"稳增长"与"防风险"双目标实现的应有之义。

相比于其他影响因素,由政府部门主导的财政信息披露对地方政府债务的影响可能更大[228]。提升政府财政透明度,既是提升政府公信力,促进政府善治的必然要求,也是新时期加强地方政府债务管理的政策导向。财政透明度与地方政府债务的影响关系值得深入探讨。

首先,财政透明度与地方政府债务的关系是单向的还是双向的?财政透明度的提高通过抑制政府官员的举债动机和机会主义行为、硬化预算约束、增强政府会计制度执行效率、提高政府财政支出效率等方式降低了地方政府债务规模[229-232]。但单方向的抑制作用可能源自于政府债务对财政透明度的操控力[233]。一个披露更多财务信息的政府,也有可能是其财政自信、财政健康度高的表现。政府的财政能力可能主导了公共信息的披露程度[234]。事实上,地方政府债务与财政透明度之间的内生性问题被大多数学者所承认[235-237]。单纯从统计学角度解释模型的内生性问题既可能存在技术风险,又可能忽视掉地方政府举债行为中的"遮掩效应"(即为了获取更多的债务融资,并向上级政府掩盖自身不佳的财务状况而刻意降低自身的财政透明度)。

其次,显性债务和隐性债务与财政透明度的关系是不是一致的?如前所述,"稳增长"与"防风险"是当前形势下宏观调控政策的主要目标,若不加区分地对地方政府债务持续加码势必会放大经济系统脆弱性,与"防风险"目标背道而驰。地方政府债务"开前门""堵后门"的治理思路揭示了两类地方债务与财政透明度的关系或许存在差异。地方政府显性债务主体为地方政府债券,我国自2009年试点政府债券"代发代还"到2015年完全放开地方政府发债权,形成的显性债务受到中央与社会公众的严格监督,其发行限额、发行程序以及偿付时限与方式都有明确规定,是在阳光下运行的地方政府债务。相比之下,地方政府隐性债务则产生于旧预算体制下,在与地方政府经济增长激励发生矛盾时,大量游离于预算之外的隐性债务便随之产生。隐性债务身处"幽暗"之中,其天然的隐蔽性和破坏性是衍生系统风险的根源。显性债务与隐性债务的不同属性决定了其对财政透明度的影响不同,值得进一步探究。

再次,地方政府债务与财政透明度的关系在长期内如何变动?一个经济变量变化以后,其发挥作用的时间往往是滞后的。财政透明度提高以后,信息需求各方获取信息、理解信息并最终表现在的债务规模上势必需要时间。显性债务过程清晰、市场化程度高,对财政透明度变化的反应可能快于身处"幽暗"、存量巨大的隐性债务。而在地方政府债务对财政透明度的影响方式中,地方政府主动"遮掩"显性债务的动机也可能弱于隐性债务。探研地方政府债务与财政透明度互动关系随时间变化的动态过程,能为政策制定者厘清影响关系的动态变动路径,为更准确地控制政府债务规模提供积极帮助。

最后,地方政府债务与财政透明度的关系存在时变特征吗?经济体系中的信息是具有时变性的,地方政府债务的产生与发展都受到政策的强烈影响,在不同的时期,地方政府债务所处的政策环境在不断变化。以隐性债务为例,隐性债务治理政策出台的初衷是为清查地方政府平台债务,但在实际执行中,政策的出台没有上升到法律层面的顶层设计,这使得地方融资平台的债务治理效果不甚理想,反而引发了2014—2016年地方政府集中举债的行为。2015年新《预算法》成为地方政府债务治理的纲领性法律文件,其是否能达到预期的效果,也值得进一步检验。基于以上,地方政府债务与财政透明度的关系在不同时间点会因为环境的变化而产生差异性波动,了解这种波动将为我们更加细致地把握地方政府债务与财政透明度的变动关系,检视关键政策颁布的时变效果,为进行全过程政策性调整提供有益帮助。

第一节 理论推导与研究假设

一、财政透明度对地方政府显性债务的"促进"作用

显性债务的特点是程序透明,合法合规,其全过程都受到上级政府与社会公众的完全监督。委托代理理论认为,信息不对称是造成逆向选择和"道德风险"的原因,而显性债务自身透明的属性使得社会公众与中央政府对地方政府显性债务的把握程度更高,实施监督的效果更好。正是基于这种透明属性,财政透明度的提高在进一步缓解信息不对称时将显著增加显性债务的融资空间。具体来说,财政透明度是通过"降低风险溢价"与"风向标作用"两种方式作用于地方政府显性债务的(图7-1)。具体来说,当财政透明度提高以后,首先通过3种途径降低了地方政府债券的风险溢价:一是财政透明度的提高使经济系统稳定性增强[238],投资者索要的风险溢价会降低;二是财政透明度提高后减少了债券供需双方的信息不对称现象,债券流动性上升,缓解了流动性风险导致的溢价上升[239];三是地方政府债券的信用评级将随着财政透明度的提高而提高,债券价格将下降[240]。财政透明度的提高将带来融资成本的下降,

第七章 地方政府债务与财政透明度的相互影响

而中国政府在经济增速不稳定的背景下通常施行顺周期调节[241],在经济发展目标催动下亦会选择提高债务规模,因而显性债务规模扩大。其次通过"风向标作用"提高显性债务规模,即财政透明度提高后,市场把握政府财政信息的程度提高,这将产生积极的市场情绪,投资增加,经济发展形势向好。此时地方政府将致力于增大基础设施投入以营造更好的投资环境。公共产品理论认为政府短期财政收支缺口应当以债务形式进行弥补,因此财政透明度的提高将进一步促进显性债务规模的扩大。基于此,提出如下假设。

假设 7-1:财政透明度对地方政府显性债务产生显著正向作用,财政透明度提高后,地方政府显性债务规模将持续扩大。

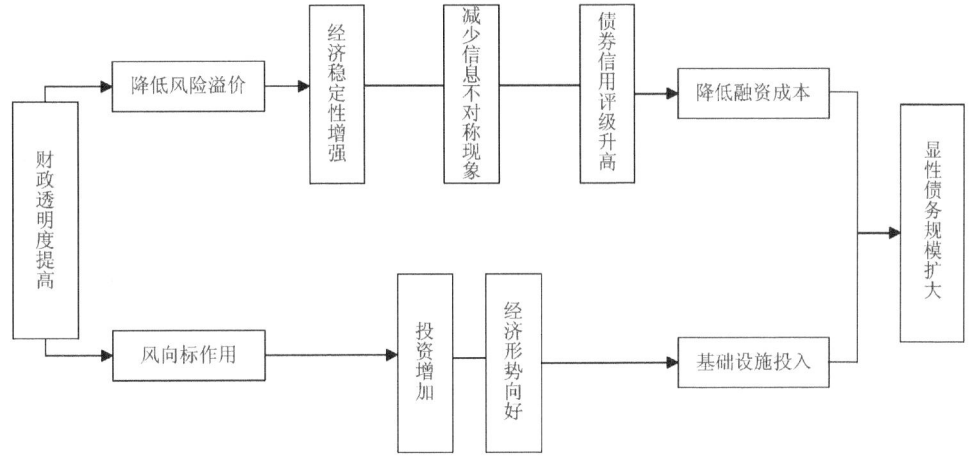

图 7-1 财政透明度扩大地方政府显性债务路径图

二、财政透明度对地方政府隐性债务的"抑制"作用

隐性债务的特点是间接举债,程序隐蔽,多数债务违法违规。隐性债务不纳入预算管理,具有天然的扩张性与破坏性,是衍生系统性风险的重要原因。财政透明度抑制地方政府隐性债务,可以用公共受托责任理论和信息不对称理论加以解释(图 7-2)。具体来说,第一,当债券市场风险较低时,代理人和市场交易对信息感知并不敏感,整个市场将处于"对称性无知"的状态。当风险水平升高时,更多精确信息的存在将使市场放大违约风险预期[242],市场情绪的变动将导致流动性下降,甚至出现"市场冻结"[243]。隐性债务的扩张催生了更多系统性风险。高风险时期政府财政透明度提高将放大市场对政府的违约风险预期,并最终抑制地方政府隐性债务规模。第二,公共受托责任理论认为,中央政府相较于地方政府信息不充足,容易受到地方政府的信息隐瞒。较低的财政透明度加大了地方政府官员维护自身政绩,在任期内会扩大隐性债务规模,刺激经济增长,债务风险扩张后,地方政府也有动机向中央政府隐瞒自己财务状况不佳的信息,而将危机留给继任者[244]。因此财政透明度提高之后,中央政府在信息劣势中的地位被相对扭转,监管效率会不断提高,因此隐性债务规模将被进一步抑制。基于此,提出如下假设。

假设 7-2:财政透明度对地方政府隐性债务发挥显著负向作用,财政透明度提高后,地方政府隐性债务将持续缩小。

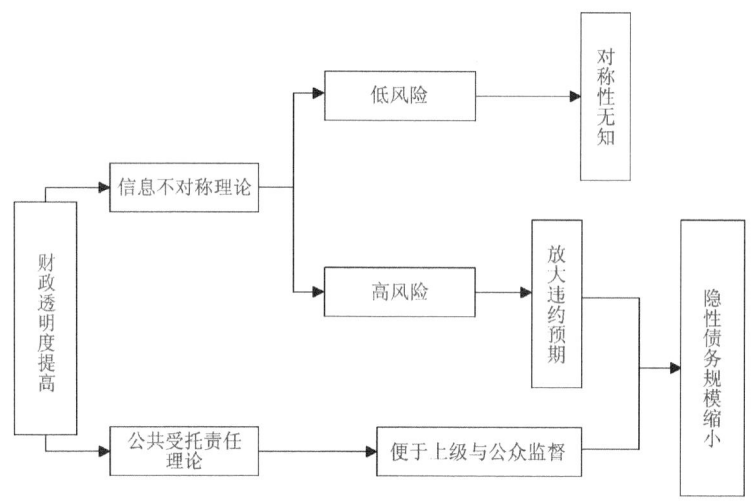

图 7-2 财政透明度抑制地方政府隐性债务路径图

三、地方政府债务扩张后对财政透明度发挥"遮掩效应"

地方政府主动遮掩自身财务状况是在地方政府债务压力较大时,地方政府为继续获取债务融资,并向上级政府隐瞒自身财政危机而刻意降低自身财政透明度的现象。公共选择理论的一个重要观点就是经济和政治生活中的"善恶二元论"是不成立的,理性政府的假设认为地方政府债务规模扩大以后,债务风险的膨胀会让地方政府官员产生危险意识,为了维护自身的政绩和晋升利益,降低自身财务状况披露程度,掩盖债务风险的动机便会更加强烈。从理论上讲,地方政府债务扩张后,随着时间的推移,财政透明度的变动并不是线性的,而是经历了"先披露,后遮掩"的变动过程。这种现象可以通过"公共受托责任理论"与"公共选择理论"中的"理性政府假说"加以解释(图7-3)。首先,公共受托责任理论认为政府是公共责任的受托人,其担负着向民众(即公共责任的委托人)完整报告受托责任完成的情况。在地方政府债务发展的初期,债务规模总体可控,债务风险未显露,此时,地方政府为解脱自身公共受托责任,将积极披露自身财政状况。财政透明度的提高也将进一步降低债务的风险溢价,降低融资成本,为持续融资创造更多空间。然而,这种权宜之计并不会降低地方政府债务风险,随着债务风险的积聚,地方政府将用"举新债还旧债"的方式维持自身财政运转,为了获取更多的债务融资,避免中央苛责,确保自身政绩考核要求。一个理性的政府一方面将动用对辖区金融机构的控制权,获取更多的债务融资,另一方面将主动遮掩自身财务状况,防止财政风险向其他领域扩散,维持经济系统稳定。此时地方政府债务的扩大将导致财政透明度的持续降低。

显性债务与隐性债务同属地方政府债务,债务扩大催生风险的结果是一致的,但显性债务公开透明,接受上级政府与社会公众监督的程度高,因此对财政透明度的正向影响期将更长,负向抑制期到来更晚;与此相对应的,地方政府隐性债务身处"幽暗"之中,地方政府的遮掩动机更大,其对财政透明度的正向影响期将更短,负向抑制期到来更早。基于此,提出如下假设。

假设 7-3：地方政府债务扩大后，财政透明度随时间呈现"先促进，后抑制"的变动态势。其中，显性债务的正向影响期将更长，负向抑制期到来更晚；隐性债务正向影响期将更短，负向抑制期到来更早。

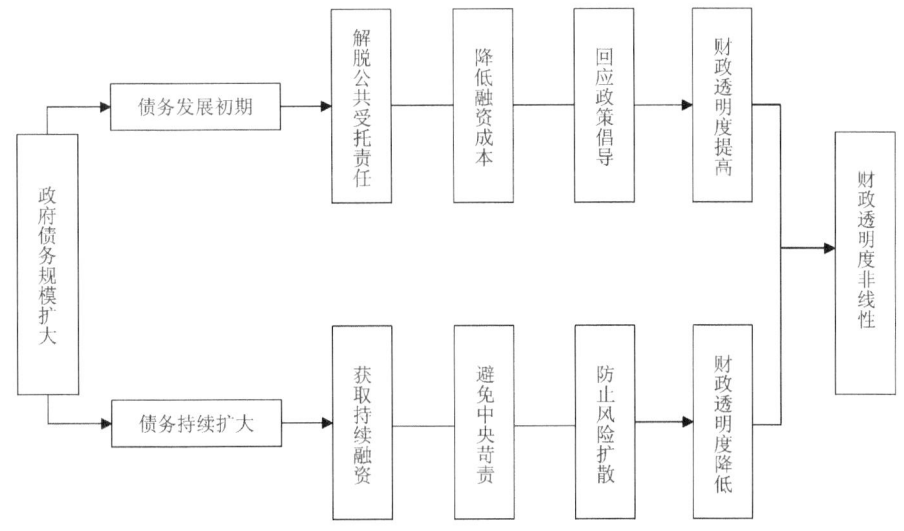

图 7-3　地方政府债务影响财政透明度路径图

第二节　研究设计

一、变量与数据

采用全国 30 个省（自治区、直辖市）2008—2018 年的面板数据，实证检验地方政府债务与财政透明度之间的互动关系，揭示显性债务与隐性债务的异质性影响效果、长期动态过程与时变特征。主要变量的设置如下。

地方政府债务（Debt）。以第四章所测算的地方政府显性债务、隐性债务与综合债务规模为数据基础，用 3 类地方债务与地方一般公共预算收入的比值测度地方政府债务（Debt）。在实际实证检验中，将地方政府债务区分为地方政府显性债务（Do_debt）、地方政府隐性债务（Re_debt）和地方政府综合债务（Su_debt）3 类。后续章节中关于地方政府债务变量以及样本年限的选取均采用此方法，届时将不再赘述。

财政透明度（FT）。本书采用上海财经大学发布的《中国财政透明度报告》披露的省级政府财政透明度得分[222]，在稳健性检验中，亦采用了国际预算合作组织（international budget partnership，IBP）公布的预算公开指数。

以上全部数据均来自 2009—2019 年的《中国统计年鉴》、Wind 数据库以及 EPS 数据平台中的中国企业数据子库与中国金融数据子库。财政透明度数据来自上海财经大学《中国财政透明度报告》、世界银行与国际预算合作组织（IBP）网站。

二、模型设定

本书构建 PVAR 模型如下

$$Y_{it} = \beta_0 + \sum_{q=1}^{n} \beta_q Y_{it-q} + \alpha_t + \delta_i + \varepsilon_{it} \tag{7-1}$$

式中,Y_{it} 为包含了 Do_debt、Re_debt 和 FT 在内的三维列向量;i 为省份;t 为年份;β_0 为常数列向量;Y_{it-q} 为滞后 q 阶的三维列向量;β_q 为对应 Y_{it-q} 的带估计参数矩阵;α_t 为时间效应;δ_i 为个体固定效应;ε_{it} 为随机扰动项。

本书采用时变参数结构向量自回归模型(SV-TVP-SVAR),分析地方政府债务与财政透明度互动关系的时变特征。模型设置如下

$$Y_1 = X_t \beta_t + A_t^{-1} B_t e_t, t = p+1 \tag{7-2}$$

其中,$X_t = I_k \otimes (y', \cdots y'_{t-s})$,$\otimes$ 表示 Kronecker 乘积;系数 β_t、联立参数矩阵 A_t、随机波动协方差矩阵 Σ_t 均做时变处理。其波动率矩阵为 $h_t = (h_{1t}, h_{2t}, \cdots, h_{kt})$,符合 $h_{jt} = \log \delta_{jt}^2, j = 1, \cdots, k$ 条件。向量矩阵是 $\alpha_t = (\alpha_{21}, \alpha_{31}, \alpha_{32}, \cdots \alpha_{k,k-1})$ 下三角元素组成。假定待估参数服从游走特征,且:$\beta_{t+1} = \beta_t + u_{\beta t}, \alpha_{t+1} = \alpha_t + u_{\alpha t}, h_{t+1} = h_{t+1} = h_t + u_{ht}$。

$$\begin{bmatrix} e_t \\ u_\beta \\ u_{\alpha t} \\ u_{ht} \end{bmatrix} \sim N \left(0, \begin{bmatrix} I & 0 & 0 & 0 \\ 0 & \Sigma_\beta & 0 & 0 \\ 0 & 0 & \Sigma_\alpha & 0 \\ 0 & 0 & 0 & \Sigma_h \end{bmatrix} \right) \tag{7-3}$$

满足 $\beta_{t+1} \sim N(\mu_{\beta 0}, \Sigma_{\beta 0})$,$\alpha_{t+1} \sim N(\mu_{\alpha 0}, \Sigma_{\alpha 0})$,$h_{t+1} \sim N(\mu_{h0}, \Sigma_{h0})$。

研究选取 MCMC 贝叶斯估计方法对参数后验分布进行模型运算。令 $y = \{y\}_{t=1}^n =, \omega = (\Sigma_\beta, \Sigma_\alpha, \Sigma_h)$。令 $\pi(\omega)$ 为 ω 的先验概率密度,对后验分布 $\pi(\beta, \alpha, h, \omega/y)$ 抽样。

第三节 实证结果与分析

根据构建的面板向量自回归模型(PVAR 模型),基于 2008—2018 年的面板数据,利用 Eviews9 软件对 PVAR 模型进行估计和实证分析。

一、面板单位根检验

面板向量自回归模型(PVAR 模型)的建模基础是所有变量均为平稳变量。变量平稳是保证模型准确性,避免伪回归的前提条件。表 7-1 的检验结果表明在多种检验方法下,FT、Do_debt、Re_debt 与 Su_debt 非平稳,而一阶差分后均变为平稳变量。因此对一阶差分后的 DFT、DDo_debt、DRe_debt 与 DSu_debt 变量构建 PVAR 模型,并进行后续分析。

二、最优滞后阶数确定

表 7-2 表明五大准则下模型最优滞后阶数为 2,AR 特征多项式根的倒数分布图显示单位根落在单位圆内(图 7-4),模型平稳,可以进行假设检验。

第七章 地方政府债务与财政透明度的相互影响

表7-1 面板单位根检验

变量	同质单位根				异质单位根						结论
	LLC检验		Breitung检验		IPS检验		ADF检验		PP检验		
	统计量	P值	统计量	P值	统计量	P值	统计量	P值	统计量	P值	
FT	2.148	0.984	2.917	0.998	4.617	1.000	30.011	1.000	29.627	1.000	非平稳
DFT	−9.845	0.000	1.740	0.959	−1.744	0.041	113.131	0.000	216.900	0.000	平稳
Do_debt	−9.398	0.000	2.238	0.987	0.919	0.821	46.680	0.896	7.740	1.000	非平稳
DDo_debt	−11.83	0.000	−0.597	0.275	−3.592	0.000	92.778	0.004	70.493	0.167	平稳
Re_debt	2.245	0.988	0.940	0.827	4.679	1.000	30.550	0.999	34.191	0.997	非平稳
DRe_debt	−18.923	0.000	0.841	0.921	−3.773	0.000	149.929	0.000	258.580	0.000	平稳
Su_debt	0.937	0.826	3.833	1.000	4.41	1.000	43.857	0.942	43.785	0.943	非平稳
DSu_debt	−14.51	0.000	2.911	0.992	−2.133	0.017	100.542	0.000	205.577	0.000	平稳

表7-2 最优滞后阶数的确定

Lag	LogL	LR	FPE	AIC	SC	HQ
1	−1 046.418	143.583	25.702	11.760	11.973	11.847
2	−1 020.004	50.772*	21.183*	11.567*	11.939*	11.718*
3	−1 016.210	7.167	22.450	11.625	12.157	11.840

注:* 表示对应准则下的最优滞后阶数。

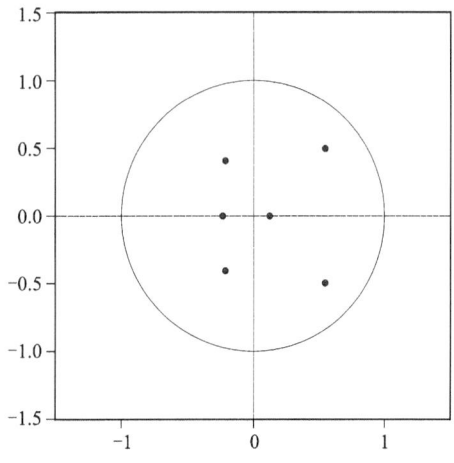

图7-4 AR特征多项式根的倒数分布图

三、格兰杰因果检验

格兰杰因果揭示了变量之间在时间上的前后推断力,如某一变量的滞后项能够解释另一变量的当前状态。从表 7-3 可以看出地方政府显性债务与财政透明度之间、地方政府隐性债务与财政透明度之间、地方政府显性债务与地方政府隐性债务之间均存在显著的互为因果关系。首先,这说明财政透明度对两类地方政府债务存在实质性的影响,而两类地方政府债务的变动也深刻影响着财政透明度的变动。财政透明度与地方政府债务之间的互为因果关系得到证实。其次,地方政府显性债务和隐性债务之间也存在相互影响的因果关系,两类债务相互交织,相互影响。格兰杰因果检验的结果证明,对地方政府债务与财政透明度的关系研究不应该是单向的,两者的互动关系可能会对研究结论造成影响。直面两者的内生性问题将为我们提供审视两者关系的全新视角。然而,格兰杰因果检验仅仅只能得出变量间的相互解释力,但无法得出具体变量间的互动关系,而脉冲响应函数则较好地挖掘了这一点。

表 7-3　格兰杰因果检验结果统计

原假设	F 统计量	P 值	是否拒绝原假设
Do_debt 不是 FT 的格兰杰原因	7.126	0.001	是***
FT 不是 Do_debt 的格兰杰原因	2.700	0.069	是*
Re_debt 不是 FT 的格兰杰原因	6.132	0.001	是***
FT 不是 Re_debt 的格兰杰原因	3.770	0.043	是**
Do_debt 不是 Re_debt 的格兰杰原因	3.770	0.025	是**
Re_debt 不是 Do_debt 的格兰杰原因	8.529	0.000	是***

注:"***""**""*"分别表示 1%、5%、10%的显著性水平,后同。

四、脉冲响应分析

格兰杰因果检验发现了两类地方政府债务与财政透明度之间互为因果关系。为了实际挖掘地方政府显性债务、隐性债务与财政透明度之间的影响与长期变动关系,绘制两类地方政府债务与财政透明度两两捉对以后的脉冲响应函数图(图 7-5)。

从图 7-5(d)中可以看出,财政透明度一个标准差的正向冲击带来了地方政府显性债务上升,这说明财政透明度对地方政府显性债务发挥正向促进作用。基于显性债务程序透明、合法合规、监督严格、市场化高的特点,财政透明度一方面通过降低风险溢价,降低了地方政府的融资成本,提高了地方政府通过显性债务举债的意愿;另一方面通过风向标作用促使经济形势向好,投资率提高,政府通过举债促进基础设施建设的动机提高,从而进一步提高了显性债务规模。从影响的长期效应上看,财政透明度的提高对显性债务的影响力存在长期效应。具体说来,财政透明度一个标准差的正向冲击之后,地方政府显性债务在第一期没有变动,这说明财政透明度提高以后,显性债务的反应具有滞后性。事实上,市场信息需求者在得到信息后的反应总是滞后的,融资成本的下降与投资率的转变势必是各方综合反应的结果,因此地方政府显性债务的变动也是滞后的。从第二期开始,地方政府债务开始上升,并在第六期达到最大,之后开始下降,并在第十期趋向于 0。财政透明度对显性债务的影响力一直处于横轴上部,说明财政透明度的提高对显性债务一直发挥比较稳定的正向作用,但财政透明度扩

第七章　地方政府债务与财政透明度的相互影响

大地方政府显性债务规模的影响力会随着时间的推移产生长期效应,假设 7-1 得到验证。

从图 7-5(g)可以看出,财政透明度一个单位标准差的正向冲击带来了地方政府隐性债务的扩大,这说明财政透明度的提高降低了隐性债务规模。隐性债务身处"幽暗"之中,其程序隐蔽,具有天然的扩张性和破坏性,将推高系统性风险。财政透明度的提高释放更多精确信息,放大了市场违约预期,强化公众与中央政府监管,抑制了地方政府违法违规举债行为。长期来看,财政透明度一个单位标准差的正向冲击使得隐性债务的下降过程呈现先慢后快的特征。前四期最慢,这说明地方政府隐性债务具有更大的治理难度。过度膨胀的隐性债务已经积累了大量隐性债务存量。财政透明度在前期的治理效应极其微弱。从第五期开始,地方政府隐性债务规模开始缓慢下降,但是期斜率不断增大,这说明财政透明度对隐性债务的抑制作用将随时间的推移越来越大,坚持推进透明政府建设,提高政府治理水平,将在长期收获抑制地方政府隐性债务的较大收益,假设 7-2 得到验证。

从图 7-5(b)中可以看出,地方政府显性债务一个单位标准差的正向冲击首先带来了财政透明度的上升,这种正向影响力在第四期达到最大。随后开始下降并在第八期下降为 0,之后发挥负向作用,抑制了财政透明度水平。从图 7-5(c)可以看出,地方政府隐性债务一个单位标准差的正向冲击也首先带来了财政透明度的提高,这种正向影响力在第三期达到最大。随后开始下降并在第五期下降为 0,之后发挥更强力的负向作用,不断抑制财政透明度水平。以上结果说明地方政府债务对财政透明度的影响并非是线性的,而是存在先促进后抑制的非线性变化。在地方政府债务发展初期,基于解脱公共受托责任,回应民众关切与顺应上级政策导向的需要,在债务风险不高的阶段,地方政府倾向于提高财政透明度,这种做法也进一步降低了政府融资成本,拓宽了地方政府的融资空间。随着债务规模的不断膨胀,地方政府为避免上级苛责,暂时防止风险扩散,会产生"遮掩效应",不断降低财政透明度水平。从显性债务与隐性债务的不同属性上看,显性债务因其本身就处于社会公众监督之下,程序正当,社会公众与上级政府对其容忍度更大,因此"遮掩效应"发生时间较晚,相比之下,隐性债务则较早地抑制了财政透明度水平的提高,假设 7-3 得以验证。

以上实证结果说明,地方政府显性债务与隐性债务对财政透明度提高后的反应是不同的。建设透明型政府,促进政府善治与发挥地方政府债务促进经济发展的正向效应之间并不矛盾,应以隐性债务化解与取缔为着力点,同时不断扩大地方政府自主发债权,将地方政府债务纳入全面预算管理中,这才是地方政府债务治理的必由之路。此外,在提高财政透明度的过程中,应运用政策手段,加大政府信息披露控制力度,降低地方政府债务对财政透明度的破坏力。

从其他脉冲响应函数图来看,图 7-5(a)显示财政透明度一个单位标准差的正向冲击促进了地方政府财政透明度的提高,这种正向影响会随着时间下降,这说明财政透明度自身具有积累效应。图 7-5(e)显示地方政府显性债务一个单位标准差的正向冲击首先带来了自身规模的扩大,第三期影响力最大,随后下降,在第七期降为 0,随后开始抑制自身规模扩大。这说明虽然地方政府显性债务具有自身积累效应,但显性债务在存续较长时间之后将受到社会公众与法律法规的问责,因此随着时间的推移,显性债务对自身的影响将由正转负。图 7-5(i)、图 7-5(f)和图 7-5(h)显示地方政府隐性债务的膨胀促进了自身规模的扩大,隐性债务亦可以自我积累。显性债务与隐性债务之间也具有相互促进的扩大效应,债务之间相互促进将不断扩大地方政府债务规模。

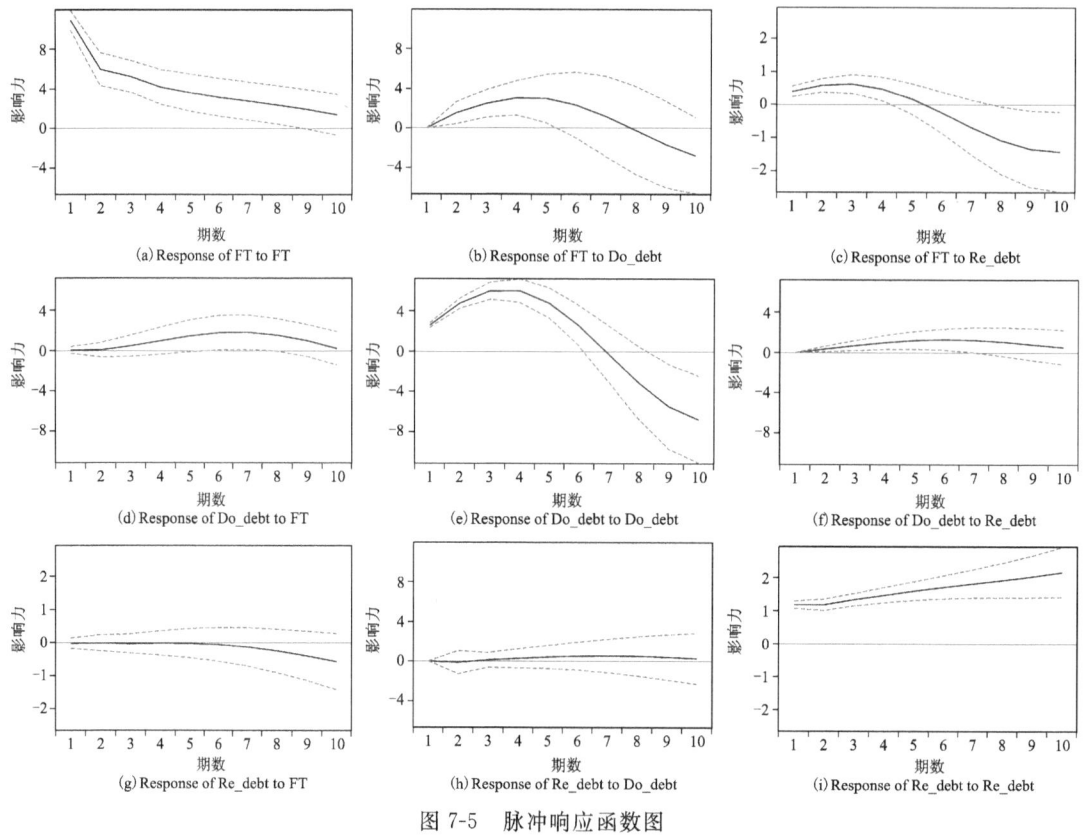

图 7-5 脉冲响应函数图

五、方差分解

方差分解将进一步测量各变量对内生变量波动的贡献比例,从而验证变量之间的影响程度。表 7-4～表 7-6 展示了财政透明度、地方政府显性债务以及隐性债务的方差分解结果。从表 7-4 可以看出,除了自身的影响外,财政透明度受隐性债务的影响最大,这种影响在第十期达到最大,为 15.280%,且影响力有随着时间逐渐扩大的态势。从表 7-5 中可以看出,除了自身的影响外,地方政府显性债务受到财政透明度与隐性债务影响的程度相差不大。但从影响力的变动趋势上看,财政透明度对显性债务的影响贡献率从第一期的 0.064% 上升到第八期的 7.666%,之后开始缓慢下降。相比之下,地方政府隐性债务对显性债务的影响贡献率从第一期的 0 上升到第八期的 4.599%,之后也开始缓慢下降。这说明财政透明度对地方政府显性债务的影响贡献率上升较快。从表 7-6 中可以看出,除自身的影响外,地方政府隐性债务主要受到显性债务的影响,而财政透明度的贡献率相对较小,这说明地方政府隐性债务的治理除了应从提高财政透明度入手外,控制债务规模间的相互促进积累也十分重要。

第七章 地方政府债务与财政透明度的相互影响

表 7-4 财政透明度的方差分解结果

期数	标准差	FT	Do_debt	Re_debt
1	10.918	100.000	0.000	0.000
2	12.539	98.522	1.468	0.010
3	13.819	95.542	4.441	0.017
4	14.760	91.813	8.139	0.048
5	15.491	88.770	11.112	0.118
6	15.989	87.227	12.557	0.216
7	16.281	87.038	12.640	0.321
8	16.463	87.208	12.382	0.410
9	16.660	86.476	13.065	0.460
10	16.946	84.250	15.280	0.470

表 7-5 地方政府显性债务的方差分解结果

期数	标准差	FT	Do_debt	Re_debt
1	0.258	0.064	99.936	0.000
2	0.541	0.035	99.556	0.410
3	0.809	0.358	98.733	0.909
4	1.016	1.149	97.315	1.536
5	1.139	2.561	95.088	2.351
6	1.187	4.599	92.055	3.346
7	1.207	6.724	89.004	4.272
8	1.263	7.666	87.735	4.599
9	1.383	6.909	88.931	4.160
10	1.541	5.584	90.956	3.461

表 7-6 地方政府隐性债务的方差分解结果

期数	标准差	FT	Do_debt	Re_debt
1	1.245	0.034	10.252	89.714
2	1.810	0.020	15.210	84.770
3	2.332	0.034	16.246	83.721
4	2.795	0.028	14.188	85.783
5	3.222	0.027	10.955	89.018

续表 7-6

期数	标准差	FT	Do_debt	Re_debt
6	3.656	0.047	8.951	91.002
7	4.142	0.144	9.724	90.132
8	4.698	0.405	12.824	86.772
9	5.307	0.903	16.446	82.651
10	5.934	1.662	18.962	79.376

第四节 进一步研究

PVAR 模型挖掘了地方政府显性债务、隐性债务与财政透明度的互动关系与长期效应，但缺乏对滞后条件下时变特征的描述。如前所述，地方政府债务所处的政策环境在不断发生变化，运用时变参数结构向量自回归模型(SV-TVP-SVAR 模型)对时变特征的挖掘有助于帮助我们更加细致地了解地方政府债务与财政透明度的变动关系，检视政策实施的短期效果与长期效果刻画变量冲击的时变特征。

一、参数估计结果

图 7-6 显示 10 000 次迭代以后模型中的自相关特征被消除，后验参数稳定地围绕均值运行，抽样有效性较好。表 7-7 显示 CD 统计量均大于 0.01，认为模型平稳，无效因子均小于 100，以上均说明模型有效，可以进行后续检验。

二、等间隔脉冲响应函数分析

选择滞后一期、二期和三期作为地方政府债务与财政透明度相互影响的短期、中期与长期冲击效应，绘制等间隔脉冲响应函数图刻画变量间冲击的时变特征，结果如图 7-7 所示。

图 7-7(a)展示了地方政府显性债务对财政透明度的响应效果。从响应方向上看，滞后一期、二期和三期的财政透明度均对地方政府显性债务发挥正向影响，显著促进了显性债务规模的扩大，这与 PVAR 模型的结论一致。从时变特征上看，短期内，2012 年显性债务对财政透明度的响应强度较弱，出现这种现象的原因可能是中国自 2009 年开始以试点形式放开地方政府举债权，试点过程中显性债务发展不成熟，试点范围较小，因此对财政透明度的反应强度较弱；2012 年以后，随着地方政府债券发行试点方式与范围的不断深入与扩大，财政透明度对显性债务的影响呈现强度大而稳定的促进效应。中长期内，显性债务对财政透明度的响应程度较弱，但方向较为稳定，这说明财政透明度的上升对显性债务的扩大作用是持续而稳定的。

图 7-7(b)展示了地方政府隐性债务对财政透明度的响应效果。从图中可以看出，财政透明度提高后在短期内扩大了地方政府隐性债务的规模，这佐证了地方政府隐性债务的治理过

第七章 地方政府债务与财政透明度的相互影响

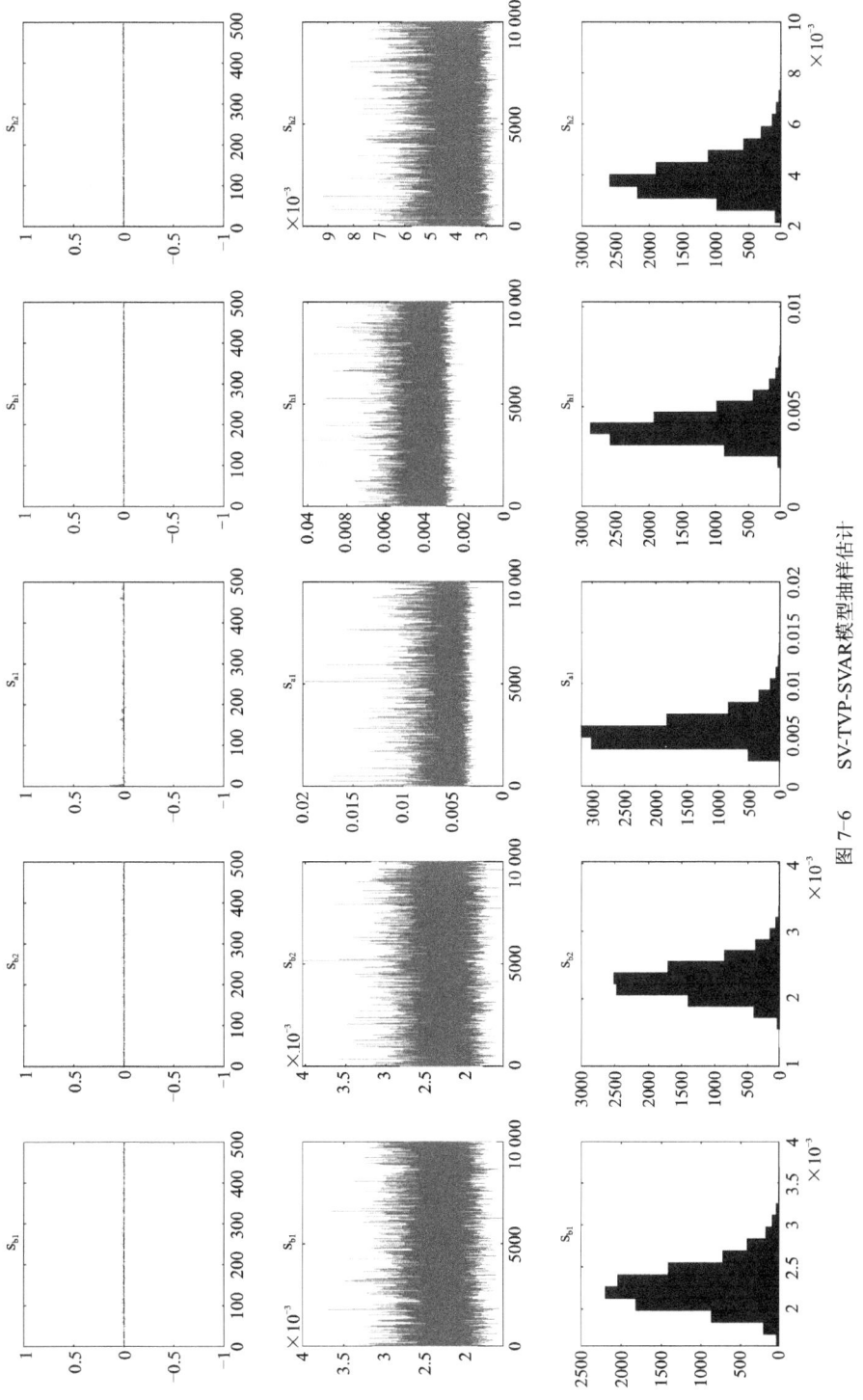

图 7-6 SV-TVP-SVAR 模型抽样估计

表 7-7 参数估计结果

参数	均值	标准差	95％置信区间	CD 统计量	无效因子
S_{b1}	2.092	2.487	[0.207,8.050]	0.774	63.640
S_{b2}	1.931	1.763	[0.343,6.173]	0.248	35.750
S_{a1}	0.006	0.002	[0.003,0.009]	0.504	2.840
S_{h1}	0.004	0.001	[0.003,0.006]	0.331	0.630
S_{h2}	0.004	0.001	[0.003,0.006]	0.503	0.940

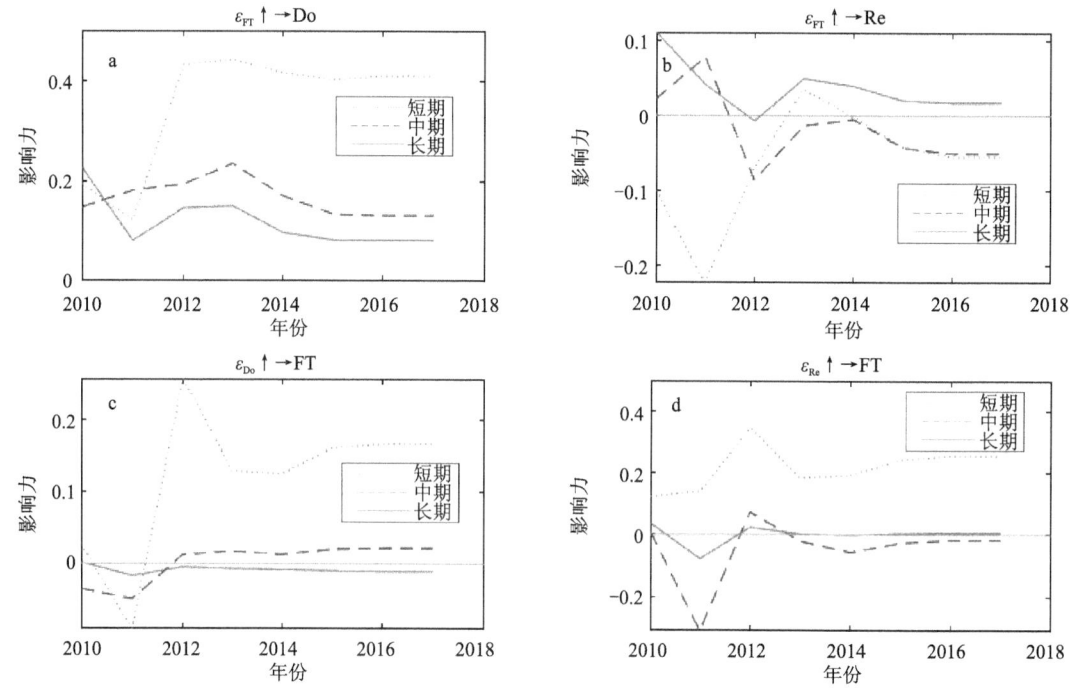

图 7-7 等间隔脉冲响应函数图

程存在"道德风险"与"举债恐慌"问题。随着中央政府不断颁布对地方政府隐性债务的甄别与处置政策,地方政府为最大限度将现存债务纳入被识别债务中,以此利用公共预算收入甚至中央兜底等方式化解隐性债务问题,在政策颁布的短期时间内利用政策落地时间空隙集中大规模举债。这导致在短期内,地方政府隐性债务的膨胀。此外,随着隐性债务举债"后门"的关紧,债务存量以及投资项目刚性支付的存在使地方政府产生"举债恐慌",地方政府会在短期内尽量筹措大量债务,这也是地方政府隐性债务短期内膨胀的重要原因。从中长期看,财政透明度的提高将抑制地方政府隐性债务,这说明随着政策的落地以及配套措施的跟进,财政透明度将最终对隐性债务发挥抑制作用。

图 7-7(c)展示了财政透明度对地方政府显性债务的响应效果。从影响强度上看,财政透明度在短期内的响应强度最大,中长期较弱。从方向上看,在 2011 年以前,地方政府显性债

务的增加将抑制财政透明度的提高。出现这种现象的原因可能是地方政府对政策的反应是滞后的,显性举债权放开之初,地方政府对新政策往往存在"观望态度",在充分消化政策精神并配合政策落地之前,地方政府往往会刻意降低自身信息披露程度,这造成了政策出台初期显性债务扩大反而会降低财政透明度。2011年以后,显性债务的扩大在短期内促进了财政透明度的提高,在中期这种促进作用变弱。但长期来看,地方政府显性债务的继续扩大抑制了财政透明度的提高,这与PVAR模型中的"遮掩效应"结论相一致。

图7-7(d)展示了财政透明度受隐性债务冲击效果。从短期来看,地方政府隐性债务提高后,财政透明度随之提高,而从中长期来看,隐性债务的扩大基本上抑制了财政透明度的提高。这也说明从中长期看,隐性债务的持续扩大将促使地方政府掩盖自身不佳的财务状况,形成对财政透明度的"遮掩效应"。从时间上看,2012年以前,地方政府隐性债务与财政透明度呈显著负相关,主要是因为,隐性债务治理初期,地方政府隐性债务存量巨大,已经形成了掩盖自身债务状况的有效动机。

第五节 稳健性检验

PVAR模型采用了乔列斯基分解法,变量顺序可能影响结果有效性,基于此,变换变量顺序重新回归,因回归结果与主检验相比数值并无变化,结果从略。对于SV-TVP-SVAR模型而言,模拟次数对模型的平稳性影响较大,因此将滞后2阶的模型后验参数设置20 000次模拟运行,参数估计结果如表7-8所示,结果显示SV-TVP-SVAR模型仍然平稳,证明模型是有效的,研究结论也具有一定的科学性。

表7-8 增加模拟次数的参数估计结果

参数	均值	标准差	95%置信区间	CD统计量	无效因子
S_{b1}	2.072	0.173	6.818	0.159	61.360
S_{b2}	1.818	0.284	6.220	0.48	34.710
S_{a1}	0.002	0.003	0.010	0.526	2.620
S_{h1}	0.001	0.003	0.006	0.684	1.000
S_{h2}	0.001	0.003	0.006	0.603	1.080

第六节 研究小结

本部分的主要结论如下4点。

(1)财政透明度对不同类型的地方政府债务的影响不同。财政透明度的提高显著促进了地方政府显性债务规模的扩大,从长期效应上看,这种促进作用持续而稳定。财政透明度提高缩小了地方政府隐性债务,且从长期效应上看,财政透明度对隐性债务的前期治理效应微弱,但随着时间的推移,其抑制隐性债务的作用将逐渐增强。

(2)不同类型地方政府债务对财政透明度的影响存在差异。地方政府显性债务和隐性债务的提高均对财政透明度发挥先促进后抑制的效应,与显性债务相比,隐性债务发挥抑制作用的时间更早。

(3)对财政透明度而言,显性债务的影响贡献率更大。对显性债务而言,财政透明度影响贡献率有上涨趋势。对隐性债务而言,显性债务对隐性债务的积累作用更明显。

(4)地方政府显性债务、隐性债务与财政透明度的相互影响具有时变特征,地方政府隐性债务的治理过程存在"道德风险"与"举债恐慌"问题。即在短期内,中央化解地方政府债务存量,取缔地方政府隐性举债行为的初期,地方政府一方面会利用债务识别的机会,大肆举债,以将更多债务纳入被认可的存量债务中,以利用一般公共预算收入与政府性基金预算收入化解隐性债务存量。另一方面地方政府预见到将来隐性债务资金将大幅减少,出于"举债恐慌"将在短期内继续举措债务资金。

基于以上研究结论,提出如下政策建议。

(1)转变思想观念,用联系的眼光看问题。注意到地方政府债务与财政透明度的影响是双向的,不仅要从提高政府财政透明度入手,治理地方政府债务问题,也要注意到地方政府债务膨胀后对财政透明度的"遮掩效应",避免过度膨胀的政府债务阻碍透明政府建设。

(2)深入推进预算体制改革,进一步扩大完善地方政府显性举债行为,杜绝地方政府违法违规举债,妥善化解地方政府隐性债务存量。财政透明度显著提高显性债务规模为我们利用政府显性债务促进经济社会发展提供了理论依据,在进行地方政府债务治理时,应不断提高政府财政透明度,发挥社会公众与上级政府对地方政府隐性债务的监督作用,利用财政透明度降低显性债务融资成本的效应,发挥显性债务优势,避免隐性债务破坏力。

(3)警惕地方政府债务膨胀之后对财政透明度的"遮掩效应",加强对地方政府财务信息披露的掌控力度,运用政策甚至指令性措施推进政府财政透明度提高,防止因政府债务规模扩大阻碍透明政府建设与政府治理能力提升。

(4)加强顶层设计,不断完善配套政策措施,在社会与法律完全监管下的地方政府显性举债权力释放,扩大地方政府财权,减轻地方政府的"举债恐慌";另外,完善制度设计,对政策实施进行全过程监管,避免地方政府因"道德风险"的突击举债行为。

第八章 地方政府债务对财政支出的影响

1994年分税制改革保证了社会主义市场经济公平竞争,促进了全国统一市场形成,开启了20世纪90年代全国地方政府"竞争式"增长的序幕,是中国经济腾飞的主要原因之一。但分税制改革发展至今,也暴露出诸多弊端:一方面随着中央财权的收紧,地方事权不降反升;另一方面,巨大的财政支出压力促使地方政府另辟财源,催生了巨大的地方政府债务尤其是隐性债务。分税制改革是造成我国地方政府债务存量过大的重要原因之一。然而新时期以来,地方政府的财政收支缺口压力却没有得到缓解。2016年全面实施"营改增"改革,财政收支缺口持续增大。财政压力是催生地方政府债务的重要原因,地方政府债务自产生的那天起,便承担着补充资金缺口,提高公共服务供给水平的责任,因此地方政府债务的不断膨胀势必会对财政支出产生巨大影响。

从财政支出的规模上讲,由于旧预算体制下地方政府的举债权受到严格限制,在巨大的财政压力下地方政府只能通过隐性举债的方式获取发展资金。隐性债务身处"幽暗"之中,游离于预算约束之外,违法违规的属性是催生系统性风险的重要因素。隐性债务的持续扩张将带来严重的债务风险问题。债务风险会促使地方政府进行策略化应对,为了维持政府公信力,避免债务风险暴露与扩散,也为了向上级政府掩盖自身不佳的财政状况,地方政府将采取多种策略掩盖债务风险。其中,用税收偿还债务本息挤占了本该用于社会公共服务供给的财政支出,举新债还旧债的方式又进一步扩大了债务风险,无异于饮鸩止渴。基于此,地方政府债务尤其是隐性债务规模的扩大是否能发挥其弥补财政收支差额,扩大财政支出的作用还有待商榷。

从财政支出的结构上讲,财政支出结构优化对我国现阶段应对"老龄化"和"少子化"问题,推进新型城镇化建设,帮助我国突破"中等收入陷阱"意义重大[245-246]。借鉴和吸取西方国家、日本与东南亚发达国家突破"中等收入陷阱"所采取的财政政策的经验教训,我国现阶段应改善财政支出结构,加大对科学技术、教育医疗等领域的支出力度,不断构建我国科技优势,促进产业转型升级,保持劳动力数量稳定,促进人力资本积累[115]。然而,地方政府债务也可能会影响财政支出方向,一方面中国的地区间竞争以及"晋升锦标赛"官员晋升机制促使地方政府将更多资金投入到基础设施等生产性领域,以获得更快的经济增长速度;另一方面,地方政府债务扩张后带来的偿债压力将进一步促使地方政府投入到具有经济回报的领域中,从而忽视教育、医疗等纯公益性公共物品供给。从这个角度上讲,地方政府债务对财政支出结构优化将无所裨益。

从财政支出效率上讲,当前结构性去杠杆与减税降负带来的财政压力促使地方政府更加重视财政支出的绩效管理,希望以更少的资金支出来取得更大的经济社会效应。但地方政府债务的扩张或许会破坏财政支出绩效管理的成果,债务扩张后所带来的还本付息压力将促使地方政府偏向于高税行业[247],重复投资、产能过剩以及对房地产行业的过度依赖将对财政支出效率造成不利影响。然而,地方政府债务作为地方财政的一项重要管理手段,其规模扩大也许将进一步促进地方政府关注财政支出绩效,将地方政府债务对财政支出的影响力拉入一个良性循环当中。因此,挖掘地方政府债务对财政支出效率的具体影响,对于审视地方政府在面对债务扩大时的应对态度,改善财政支出绩效管理水平,具有积极意义。

2015年新《预算法》规定地方政府能够在中央限额内进行政府债券发行。显性债务与隐性债务不同,显性债务完全纳入预算管理,合法合规,举债规模、程序以及偿债时限与方式均有严格的法律法规限定,是在阳光下运行的政府债务。显性债务对政府财政支出规模、结构与绩效的影响可能因二者的本质特征不同而产生差异。挖掘这种差异对我们分类治理地方政府债务,促进财政支出良性发展也十分重要。

第一节 理论推导与研究假设

一、地方政府债务与财政支出规模

地方政府债务是弥补财政收支差额,保证财政支出随经济社会发展而稳定增长的重要手段。公共产品理论认为与公共产品不同,准公共产品需要市场与政府共同承担成本,政府以债务融资方式弥补收支缺口,提供准公共产品十分必要[248]。从代际公平视角上看,准公共产品具有收益性、资本性。如基础设施等在收益和成本上存在时间错配,地方政府债务融资可以将项目成本分摊至不同时期享有公共产品的居民,这符合代际公平的原则[249]。此外,地方政府的隐性担保将降低债券利率[250],地方政府为了能持续获得债务融资,将保持良好的财政管理水平,这对财政健康发展十分有利。由此可见,地方政府债务融资本身是地方政府财政支出管理的一项手段,其发展初期将对提高财政支出水平起到正向作用。

然而,地方政府债务的持续扩大将对财政支出规模带来不确定性影响。首先,地方政府债务的积累将带来较大的还本付息压力。我国地方政府债券以及城投债的期限配置并不合理。与欧美发达国家较长的还款年限相比,我国地方政府债务的还款年限平均只有6年,这导致地方政府债务与资产性公共产品收益回收时限更加不匹配。地方政府面临还本付息的压力较大。较大的还本付息压力将直接限制地方政府的财政政策。Bi等认为与低债务国相比,高债务国财政支出扩张的程度更小,债务规模的持续扩大将对财政支出规模造成不利影响[251]。其次,地方政府债务将对税收产生"挤出效应"。地方政府动用税收收入还款将进一步压缩财政支出的资金来源。最后,地方政府有按时对所负债务还本付息的义务。该项义务是否能有效履行,关系到地区稳定以及政府的公信力。因此,地方政府为按时还本付息,势必会广开财源,不断"举新债还旧债",这一方面造成了政府债务的进一步扩大,另一方面用于财政支出的资金也会被不断挤压。地方政府债务与财政支出规模的影响路径可以用图8-1的形式加以展示。基于以上,提出如下假设。

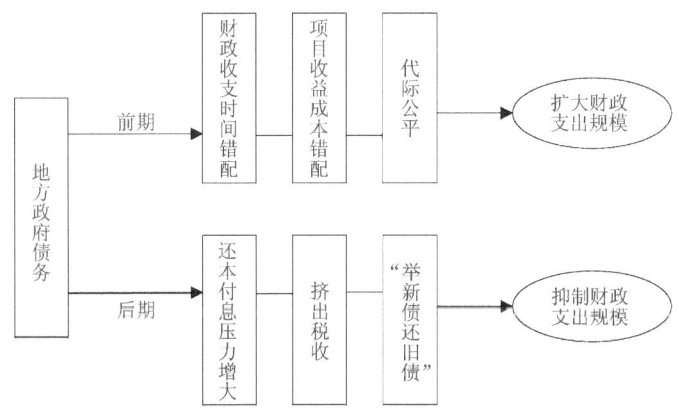

图 8-1 地方政府债务影响财政支出规模路径图

假设 8-1：地方政府显性债务、隐性债务和综合债务与财政支出规模呈现先促进后抑制的倒"U"形关系，在地方政府债务发展初期，债务规模膨胀将促进财政支出规模的扩大，在债务超过阈值之后，便会抑制财政支出规模。

二、地方政府债务与财政支出结构

中国"唯 GDP"的官员晋升机制是导致地区竞争的重要原因，为了在地区竞争中获得优势地位，地方政府对经济发展资金的需求日益增强，举债动机强烈，且在债务资金的用途上有自己的特殊偏好。财政分权理论认为地方政府的激励大于约束会造成地方政府财政支出结构发生偏移。即使地方政府在某些公共物品供给上表现得更有效率，但也会因为地方官员因为某些特定的公共物品偏好，而造成公共物品供给的低效率。地方政府债务膨胀对财政支出方向的影响可以从以下 3 个方面加以解释。第一，地方政府债务膨胀后产生的还本付息压力促使地方政府将资金投入到具有收益性的公共物品之上，以交通运输、农林水务为主的基础设施投入将会加大，而教育、医疗以及社会保障等纯公益性支出因其不具有收益能力而往往被忽视。Que 等认为地方政府在面对较大债务压力时，更倾向于生产性支出而忽视公共服务供给。与此同时，科学技术支出因其对于企业的研发补助等也具有生产性支出性质，且科学技术投入所能酝酿的长期经济效益也难以将其纳入公益性支出的行列。但由于科学技术支出回报周期长，成果转化慢，收益不确定。地方政府在面对政府债务压力时，往往不会选择增加科技投入，而是更倾向于选择更短平快的投资方向[252]。第二，现有分权体制下，地方政府拥有对财政支出的自主决策权，地方政府为争取区域间更大的要素流入，谋取更大的经济发展将加大对资产性公共物品的投入力度，这也促使地方政府将更多债务融资资金投入到基础设施建设中去，从而挤占民生性投入。第三，现有政绩考核与晋升激励制度导致地方政府官员在较短的任期内采取债务融资的方式促进当前经济的快速发展，而将偿债压力与民生性财政支出的责任留给下任官员，以官员利益最大化的债务融资与财政支出策略将导致财政资金向生产性支出倾斜，民生性支出被忽略。地方政府债务对财政支出结构的影响路径可以用图 8-2 的形式加以展示。基于以上讨论，提出如下结论。

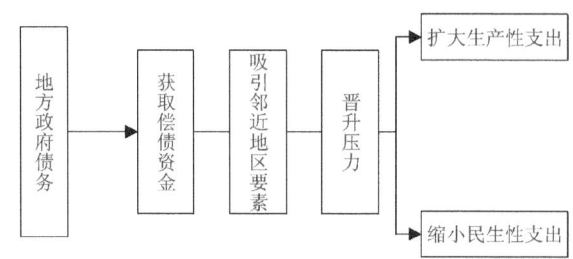

图 8-2 地方政府债务对财政支出结构的影响路径图

假设 8-2：地方政府显性债务、隐性债务与综合债务膨胀将提高生产性财政支出，而降低民生性财政支出。

三、地方政府债务与财政支出效率

财政分权理论中地方政府的支出偏好本身就隐含着支出低效的隐患，但不同债务属性因其合法性和受监督的程度不同，其作用可能会有差异。地方政府债务可能会促进财政支出效率的提高，也可能发挥抑制作用。从正向作用上讲，首先，地方政府良好的财政状况是持续获得债务融资的必要条件，良好的财政表现有助于降低利率，从而降低政府的融资成本[244]。地方政府债务规模的提高将带来现有以及潜在债权人对政府还款能力的担忧，地方政府为保障债务融资来源稳定，将更加重视绩效管理，从而提高财政支出的效率。其次，地方政府债务规模扩大后，其对税收的"挤出效应"以及"举新债还旧债"的做法使财政资金规模进一步减少，迫使地方政府关注财政支出效率。从反向作用上讲，首先，地方政府债务扩大后，加大的还本付息压力也会促使地方政府加大高税行业投入，资产性公共产品的重复建设与过度投入将显著降低财政资金支出效率。其次，地区间攀比式的横向政府竞争以及经济下行压力下"保增长"压力的增大，将促使地方政府进行更多债务融资并加大对基础设施等领域的投资。这极易造成财政资金浪费，且财政支出的偏向本身就隐含着资金使用效率低下的原因。地方政府债务对财政支出效率的影响路径可以用图 8-3 的形式加以展示。基于以上，提出如下对立假设。

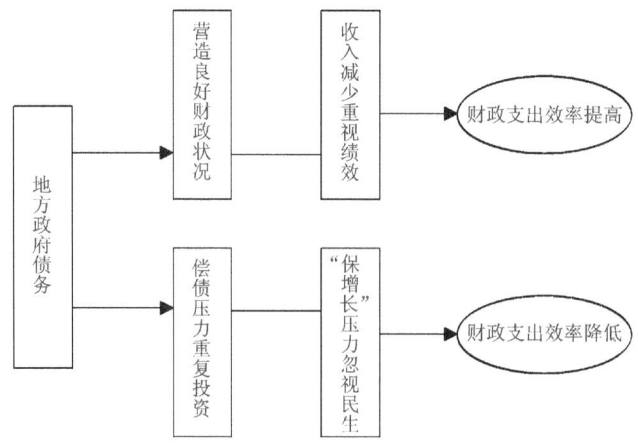

图 8-3 地方政府债务对财政支出效率的影响路径图

第八章 地方政府债务对财政支出的影响

假设8-3a：地方政府显性债务、隐性债务和综合债务对财政支出效率发挥显著正向作用，地方政府债务的增加将显著提高财政支出效率。

假设8-3b：地方政府显性债务、隐性债务和综合债务对财政支出效率发挥显著负向作用，地方政府债务的增加将显著降低财政支出效率。

第二节 研究设计

一、变量与数据

本部分实证检验地方政府显性债务、隐性债务与综合债务对财政支出规模、结构与效率的影响，主要变量设置如下。

(1) 主要解释变量：地方政府债务(Debt)。

(2) 主要被解释变量：①财政支出规模。以人均财政总支出额的自然对数作为财政支出规模的代理变量。②财政支出结构。参考马光荣等的分类方法[253]，生产性支出中主要是交通运输与农林水务支出两类，因科学技术支出具有生产性支出的特征但其收益周期较长，将其单列。选取教育、社保就业支出和医疗卫生支出3类支出作为民生性支出，分别计算6类财政支出占财政总支出的比重，作为财政支出结构的代理变量。③财政支出效率。运用超效率DEA模型(SE-DEA)，参考毛军的指标设置办法[254]，设置投入与产出指标如表8-1所示。超效率DEA模型较好地解决了传统DEA模型无法对决策单元进行比较与排序的问题，因此能更好地对不同地区与不同时间内的金融资源配置效率水平进行比较[255]。

表8-1 财政支出效率测算投入产出指标

类型	名称	含义	数据来源或计算
投入指标	财政支出	各地区人均财政总支出滞后三期	《中国财政年鉴》(2009—2019年)
产出指标	教育	普通小学师生比	《中国教育统计年鉴》(2009—2019年)
		普通初中师生比	
		普通高中师生比	
	医疗卫生	每万人拥有医生数	《中国统计年鉴》(2009—2019年)
		每万人拥有床位数	
	基础设施	人均用电量	《中国区域经济统计年鉴》(2009—2019年)
		人均公路里程	
		人均邮电业务量	
		人均用水量	
	社会保障	养老保险与医疗保险参与情况	(已参保养老保险人数/地区总人数)×0.5＋(已参保医疗保险人数/地区就业人口数)×0.5

续表 8-1

类型	名称	含义	数据来源或计算
产出指标	农林水务	每公顷耕地机械动力	《中国农业年鉴》(2009—2019年)
	节能环保	单位GDP能耗下降率	《中国能源统计年鉴》(2009—2019年)
		森林覆盖率	《中国环境统计年鉴》(2009—2019年)
		工业固体废弃物综合利用率	

(3)控制变量：参考现有文献，从人口、经济与财政等方面选取控制变量，详细的变量解释如表 8-2 所示。变量描述性统计如表 8-3 所示。

表 8-2 控制变量解释表

变量类型	变量名称	二级指标	符号	变量解释
被解释变量	财政支出规模		scale	各地区各年度人均财政总支出的自然对数
	财政支出结构	交通运输支出	traffic	各地区各年度交通运输支出/财政总支出
		农林水务支出	agri	各地区各年度农林水务支出/财政总支出
		科学技术支出	tech	各地区各年度科学技术支出/财政总支出
		教育支出	edu	各地区各年度教育支出/财政总支出
		社会保障支出	social	各地区各年度社会保障与就业支出/财政总支出
		医疗卫生支出	medical	各地区各年度医疗卫生支出/财政总支出
	财政支出效率		efficiency	超效率DEA模型计算得到的各地区各年度财政支出效率值
解释变量	地方政府债务	显性债务	Do_debt	地方政府显性债务/一般公共预算收入
		隐性债务	Re_debt	地方政府隐性债务/一般公共预算收入
		综合债务	Su_debt	地方综合债务/一般公共预算收入
控制变量	人口规模		people	各地区各年度年末总人口的自然对数
	经济发展水平		pgdp	各地区各年度人均国内生产总值的自然对数
	城镇化水平		urban	各地区各年度城镇人口/年末总人口
	土地财政		land	各地区本年土地出让金收入增长率
	财政自主度		fd	人均预算内财政收入/人均预算内财政总支出
	转移支付水平		tpay	各地区本年一般性转移支付总额的自然对数

以上数据未进行说明的，均来自 2009—2019 年《中国统计年鉴》、《中国区域经济统计年鉴》、《中国金融年鉴》、《中国上市公司年鉴》、国家统计局、中国海关数据库与 Wind 数据库。

表 8-3 变量描述性统计表

变量	均值	标准差	最小值	最大值	N
scale	9.172	0.491	8.030	10.450	330
traffic	0.066	0.023	0.024	0.161	330
agri	0.113	0.031	0.036	0.190	330
tech	0.020	0.014	0.004	0.072	330
edu	0.164	0.025	0.099	0.222	330
social	0.127	0.032	0.058	0.275	330
medical	0.073	0.014	0.044	0.106	300
efficiency	0.186	0.265	0.001	1.094	330
Do_debt	0.583	5.117	0.000	1.001	330
Re_debt	4.074	18.283	0.191	4.186	330
Su_debt	4.866	25.740	0.191	4.945	330
people	0.365	0.038	0.261	0.477	330
pgdp	10.551	0.562	8.841	11.851	330
urban	54.687	13.372	28.24	89.6	330
land	6.526	1.928	2.372	11.378	330
fd	0.511	0.195	0.148	0.951	330
tpay	15.557	1.214	9.705	18.105	330

二、模型设定

1. 门槛效应模型

为了验证地方政府债务对财政支出规模的门槛作用,构建具有空间效应的门槛效应模型如下

$$scale_{it} = \alpha_0 + \alpha_1 Debt_{it} \cdot I(Debt_{it} \leqslant q) + \alpha_2 Debt_{it} \cdot I(Debt_{it} > q) + \alpha_3 Contrls_{it} \mu_i + \mu_i + \lambda_t + \varepsilon_{it} \tag{8-1a}$$

$$scale_{it} = \alpha_0 + \alpha_1 Debt_{it} \cdot I(Debt_{it} \leqslant q_1) + \alpha_2 Debt_{it} \cdot I(q_1 < Debt_{it} \leqslant q_2) + \alpha_3 Debt_{it} \cdot I(Debt_{it} > q_2) + \alpha_4 Contrls_{it} + \mu_i + \lambda_t + \varepsilon_{it} \tag{8-1b}$$

上诸式中:式(8-1a)为单门槛模型,式(8-1b)为双门槛模型;$scale_{it}$为第t年第i省的财政支出规模;α_0为常数项;$Debt_{it}$为解释变量和门槛变量地方政府债务规模,包含显性债务(Do_debt_{it})、隐性债务(Re_debt_{it})和综合债务(Su_debt_{it})3类;$Contrls_{it}$为控制变量;μ_i为地区固定效应;λ_t为时间固定效应;ε_{it}为残差项;q为地方政府债务规模对应的门槛值;$I()$为指标函数,当括号里的条件被满足时,I取1,反之,I取0。

2. 双向固定效应模型

构建双向固定效应模型用以研究 3 类地方政府债务对财政支出结构与效率的影响。具体模型如下

$$structure_{i,t} = \alpha_0 + \alpha_1 Debt_{i,t} + \alpha_2 Debt_{i,t} + \alpha_i Controls_{i,t} + \mu_i + \lambda_t + \varepsilon_{it} \qquad (8-2)$$

$$efficiency_{i,t} = \alpha_0 + \alpha_1 Debt_{i,t} + \alpha_2 Debt_{i,t} + \alpha_i Controls_{i,t} + \mu_i + \lambda_t + \varepsilon_{it} \qquad (8-3)$$

上式中,$structure_{i,t}$ 为财政支出结构;$efficiency_{i,t}$ 为财政支出效率;μ_i 为地区固定效应;λ_t 为时间固定效应;ε_{it} 为残差项。

3. 超效率 DEA 模型

运用超效率 DEA 模型测算财政支出效率,具体模型如下

$$\begin{cases} \text{Min}[\theta - \varepsilon(\sum_{i=1}^{m} s_i^- + \sum_{r=1}^{s} s_r^+)] \\ \text{s.t.} \sum_{\substack{j=1 \\ j \neq k}}^{n} X_{ij}\lambda_j + s_i^- \leqslant \theta X_0 \\ \sum_{\substack{j=1 \\ j \neq k}}^{n} Y_{ij}\lambda_j + s_r^+ = Y_0 \\ i = 1,2,\cdots m, r = 1,2,\cdots n, \lambda_j \geqslant 0, j = 1,2,\cdots T, s_r^+ \geqslant 0, s_r^- \geqslant 0 \end{cases} \qquad (8-4)$$

式(8-4)中,θ 为决策单元的超效率值;X、Y 分别为输入和输出指标;s_r^+ 和 s_r^- 分别为松弛变量和剩余变量;λ 为 DMU 的评价组合比例,即 $W = \sum \lambda_j$;T 为 DMU 的个数;m 为投入变量个数;n 为输出变量个数。

第三节 实证结果与分析

构建门槛效应模型验证地方政府显性债务、隐性债务与综合债务对财政支出规模的门槛效应。表 8-4 为门槛存在性检验结果统计表。结果显示在地方政府显性债务、隐性债务与综合债务 3 个模型中,均通过了双门槛效应的检验。这说明随着 3 类地方政府债务规模的扩大,其对财政支出规模的影响经历了 3 个阶段的变化。

表 8-4 门槛存在性检验结果统计表

模型	门槛类型	RSS	MSE	F统计量	Prob	10%置信区间	5%置信区间	1%置信区间
显性债务	单门槛	0.626	0.003	33.440	0.007	18.594	23.047	31.035
	双门槛	0.547	0.003	29.630	0.013	17.312	21.059	29.894
	三门槛	0.500	0.003	18.960	0.697	50.241	62.780	77.516

续表 8-4

模型	门槛类型	RSS	MSE	F统计量	Prob	10%置信区间	5%置信区间	1%置信区间
隐性债务	单门槛	1.193	0.004	32.250	0.013	19.139	23.298	32.638
	双门槛	1.069	0.004	33.590	0.003	15.735	18.389	23.331
	三门槛	1.035	0.004	9.580	0.590	46.892	58.869	78.679
综合债务	单门槛	1.188	0.004	33.970	0.010	18.138	20.056	30.151
	双门槛	1.079	0.004	29.440	0.060	15.434	38.578	67.047
	三门槛	1.019	0.004	17.080	0.310	48.452	65.068	85.011

表 8-5 为 3 类地方政府债务对财政支出规模门槛效应的具体回归结果统计表。第(1)列显示地方政府显性债务发展的第一个阶段,显性债务显著正向影响财政支出规模,回归系数为 0.595。显性债务发展的第二个阶段,显性债务对财政支出规模也同样发挥正向作用,回归系数为 0.216,说明第二个阶段的正向作用弱于第一个阶段。显性债务发展的第三个阶段,显性债务显著负向影响财政支出规模,回归系数为 -0.032。以上结果说明在地方政府显性债务的扩张初期,债务规模的扩大显著促进了财政支出,有效弥补了财政收支差额,发挥了对财政支出规模的正向作用。地方政府显性债务的扩张中期,债务规模的扩大依然显著促进了财政支出,但这种正向作用明显减弱,说明债务规模的扩大带来了一定的还本付息压力,但显性债务对规模扩张的容忍度更大。随着地方政府显性债务的进一步扩大,因巨大的还本付息压力挤占了原本用于公共支出的税收资金,加之"举新债还旧债"对债务规模的持续扩大作用,显性债务将最终对财政支出规模发挥抑制作用。

表 8-5 的第(2)列显示,地方政府隐性债务发展的第一个阶段,隐性债务显著正向影响财政支出规模,回归系数为 0.337。隐性债务发展的第二个阶段,隐性债务负向影响财政支出规模,但并不显著。隐性债务发展的第三个阶段,隐性债务显著负向影响财政支出规模,回归系数为 -0.118。以上结果说明在地方政府隐性债务的发展初期,地方政府隐性债务依然能够发挥弥补财政收支缺口、扩大财政支出规模的作用,但随着隐性债务规模的不断扩大,其先经历了对财政支出规模不显著负向影响的过渡阶段,随后显著抑制了财政支出规模的扩大。与显性债务相比,隐性债务由于其程序隐蔽、违法违规、缺乏监管的属性,对地方政府债务规模扩大的容忍度更小,对财政支出规模发挥抑制作用的影响力更大。

表 8-5 的第(3)列显示,地方政府综合债务发展的第一个阶段,综合债务规模扩大显著促进了财政支出规模的扩大,随后综合债务对财政支出规模发挥不显著的负向作用,伴随着综合债务规模的继续扩张,其将显著抑制财政支出规模。地方政府综合债务对财政支出规模的影响与隐性债务类似,原因可能是在综合债务的构成中,隐性债务占据绝大部分比重,显性债务规模较小,因而综合债务对财政支出的影响力主要是由隐性债务决定。

从控制变量上看,人口规模的增大显著抑制了财政支出规模的扩大,说明人口增速与财政支出增速失衡,人口规模增大使得人均财政支出规模缩小;经济发展水平为财政支出规模的扩大提供了经济基础;城镇化率增大则显著抑制了财政支出规模的提高,说明城镇化水平与财政支出存在发展不匹配,公共物品供给与城市化发展速度失衡的问题;土地财政和财政自主度显著扩大了财政支出规模,说明地方财权的扩大将促进财政支出规模的提高;转移支付亦扩大了财政支出规模,说明预算软约束的存在将激励地方政府盲目扩大财政支出。

表8-5 地方政府债务对财政支出规模的门槛效应回归结果统计表

变量	(1) scale	(2) scale	(3) scale
Do_debt_1	0.595**		
	(2.65)		
Do_debt_2	0.216**		
	(2.56)		
Do_debt_3	−0.032***		
	(−3.28)		
Re_debt_1		0.337***	
		(6.16)	
Re_debt_2		−0.058	
		(1.53)	
Re_debt_3		−0.118***	
		(−2.77)	
Su_debt_1			0.369***
			(4.76)
Su_debt_2			−0.013
			(−1.24)
Su_debt_3			−0.116**
			(−2.52)
people	−1.146***	−0.945***	−1.208***
	(−3.83)	(−3.49)	(−4.42)
pgdp	0.864***	0.941***	0.888***
	(12.09)	(14.59)	(14.24)
urban	−0.011**	−0.014***	−0.013**
	(−2.46)	(−2.93)	(−2.67)
land	−0.008	−0.001	−0.002
	(−1.51)	(−0.02)	(−0.44)

续表 8-5

变量	(1) scale	(2) scale	(3) scale
fd	0.132***	0.092***	0.069**
	(3.55)	(2.80)	(2.10)
tpay	0.275***	0.251***	0.251***
	(3.91)	(4.01)	(4.05)
_cons	−0.204	−0.599	−0.237
	(−0.32)	(−1.03)	(−0.41)
Region/Time	Yes	Yes	Yes
Observations	330	330	330
R-squared	0.896	0.917	0.92

注：括号内为 t 值；"***""**""*"分别表示 1%、5%、10%的显著性水平，下同。

第四节　进一步研究

一、地方政府债务与财政教育支出结构

表 8-6 与表 8-7 分别为双向固定效应模型下，3 类地方政府债务与交通运输、农林水务、科学技术、教育、社保就业以及医疗卫生支出 6 类的回归结果统计表。结果显示，地方政府债务对财政教育支出的影响存在结构性差异。从表 8-6 的第(1)～(6)列来看，地方政府显性债务、隐性债务与综合债务及交通运输支出和农林水务支出之间呈现显著的正相关关系。3 类地方政府债务膨胀后将扩大生产性财政支出的规模。生产性支出所具备的收益性和对经济发展短平快的推动力促使地方政府在债务压力增大时持续将资金投入其中。表 8-6 的第(7)～(9)列显示，3 类地方政府债务膨胀后将显著抑制科学技术支出规模，这说明即使科学技术支出具有生产性支出的特征，但其带来的回报周期长，成果转化慢且未来收益并不确定，因此地方政府倾向于缩减该部分支出。

表 8-7 的第(1)～(9)列显示，地方政府显性债务对教育、社保就业与医疗卫生支出规模的负向作用并不显著，说明地方政府显性债务的膨胀并不能显著抑制上述民生性财政支出。相比之下，地方政府隐性债务和综合债务与 3 类民生性财政支出呈现显著的负相关关系，隐性债务与综合债务膨胀将促使地方政府忽视民生领域投入，挤出民生性投入资金，带来教育、社保就业与医疗卫生支出比重的减少。以上回归结果说明，地方政府债务导致财政支出结构失衡的主要原因是地方政府隐性债务规模的扩大，显性债务纳入预算管理，接受监督程度强，其规模膨胀并不能使地方政府采取策略性应对措施，而隐性债务却为地方政府调整财政支出结构、满足短期目标提供了更大空间。取缔地方政府隐性举债行为，消化隐性债务存量，扩大地方政府显性举债权，将是抑制地方政府债务对财政支出结构恶化作用的主要措施。

表 8-6 财政支出结构回归结果(交通运输、农林水务与科学技术)

变量	(1) traffic	(2) traffic	(3) traffic	(4) agri	(5) agri	(6) agri	(7) tech	(8) tech	(9) tech
Do_debt	0.005** (2.48)			0.007*** (5.14)			-0.001 (-1.22)		
Re_debt		0.001** (2.44)			0.001*** (3.77)			-0.008** (-2.33)	
Su_debt			0.001*** (2.716)			0.001*** (4.53)			-0.005** (-2.31)
people	-0.194*** (-3.22)	-0.205*** (-3.43)	-0.195*** (-3.266)	-0.162*** (-3.93)	-0.138*** (-3.28)	-0.151*** (-3.62)	0.013 (0.69)	0.016 (0.86)	0.018 (0.94)
pgdp	-0.033** (-2.01)	-0.023 (-1.43)	-0.026 (-1.612)	-0.062*** (-5.48)	-0.077*** (-6.86)	-0.074*** (-6.66)	0.022*** (4.25)	0.024*** (4.78)	0.023*** (4.61)
urban	-0.001 (-0.87)	-0.001 (-1.49)	-0.001 (-1.191)	-0.001* (-1.92)	-0.001 (-0.61)	-0.001 (-1.12)	0.001* (1.87)	0.001** (2.04)	0.001** (2.17)
land	0.001 (0.08)	0.001 (0.01)	0.001 (0.023)	-0.001 (-1.45)	-0.001 (-1.28)	-0.001 (-1.31)	0.001 (1.87)	0.001 (-0.23)	0.001 (-0.22)
fd	-0.001 (-0.08)	-0.002 (-0.29)	-0.002 (-0.291)	0.008* (1.68)	0.010* (1.95)	0.010** (2.00)	0.001 (0.16)	0.001 (-0.04)	0.001 (-0.01)
tpay	-0.007 (-0.44)	-0.005 (-0.35)	-0.006 (-0.374)	0.004 (0.37)	0.002 (0.17)	0.002 (0.21)	-0.001 (-0.11)	-0.001 (-0.06)	-0.001 (-0.08)
_cons	0.541*** (3.25)	0.464*** (2.80)	0.477*** (2.897)	0.909*** (8.03)	1.007*** (8.61)	0.994*** (8.67)	-0.254*** (-4.79)	-0.270*** (-5.17)	-0.266*** (-5.10)
Region/Time	Yes	Yes	Yes	Yes	Yes	Yes	Yes	Yes	Yes
R-squared	0.447	0.447	0.451	0.427	0.388	0.409	0.282	0.298	0.298

表 8-7 财政支出结构回归结果(教育、社保就业与医疗卫生)

变量	(1) edu	(2) edu	(3) edu	(4) social	(5) social	(6) social	(7) medical	(8) medical	(9) medical
Do_debt	-0.002			-0.003			-0.002		
	(-1.16)			(-0.90)			(-0.69)		
Re_debt		-0.011**			-0.001**			-0.001***	
		(2.19)			(-2.42)			(2.66)	
Su_debt			-0.012**			-0.001***			-0.001***
			(-2.45)			(-2.86)			(3.06)
people	0.323***	0.330***	0.326***	0.548***	0.537***	0.543***	0.129***	0.134***	0.130***
	(10.53)	(10.87)	(10.69)	(16.51)	(16.22)	(16.39)	(7.73)	(8.08)	(7.87)
pgdp	0.027***	0.023***	0.024***	-0.036***	-0.028***	-0.030***	0.009**	0.005	0.006
	(3.18)	(2.82)	(2.91)	(-3.93)	(-3.19)	(-3.39)	(1.98)	(1.21)	(1.42)
urban	0.002***	0.002***	0.002***	-0.002***	-0.003***	-0.003***	0.001	0.001**	0.001**
	(4.06)	(4.86)	(4.59)	(-4.48)	(-5.62)	(-5.21)	(1.46)	(2.34)	(1.98)
land	-0.001	-0.001	-0.001	0.001	0.001	0.001	0.001	0.001	0.001
	(-1.36)	(-1.31)	(-1.31)	(1.23)	(1.14)	(1.15)	(0.03)	(0.11)	(0.11)
fd	0.001	0.001	0.001	0.001	-0.001	-0.001	-0.001	-0.001	-0.001
	(0.21)	(0.31)	(0.32)	(0.01)	(-0.20)	(-0.20)	(-0.41)	(-0.17)	(-0.17)
tpay	0.007	0.007	0.007	-0.007	-0.006	-0.006	-0.001	-0.001	-0.001
	(0.95)	(0.88)	(0.89)	(-0.79)	(-0.66)	(-0.69)	(-0.17)	(-0.28)	(-0.26)
_cons	-0.313***	-0.289***	-0.292***	0.411***	0.362***	0.368***	-0.098**	-0.073	-0.076*
	(-3.70)	(-3.42)	(-3.46)	(4.49)	(3.92)	(4.03)	(-2.13)	(-1.57)	(-1.67)
Region/Time	Yes	Yes	Yes	Yes	Yes	Yes	Yes	Yes	Yes
R-squared	0.784	0.782	0.783	0.849	0.846	0.848	0.838	0.835	0.837

二、地方政府债务与财政支出效率

表 8-8 为 3 类地方政府债务与财政支出效率的回归结果统计表。从表中可以看出,3 类地方政府债务对财政支出效率的影响并不一致。具体说来,显性债务规模的扩大促进了财政支出效率的提高,然而隐性债务的扩大却对财政支出效率的提高发挥抑制作用。因此可以看出显性债务规模的扩大提高了财政资金的使用效率,而隐性债务规模的扩大却导致财政支出资金使用效率低下。地方政府债务在阳光下运行,地方政府能否获得更多显性债务融资,自身的财政状况起到了十分重要的作用。因此,显性债务膨胀后,更多的公众关注与上级政府监督、债权人对政府偿债能力的担忧都将促使地方政府更加关注资金的使用效率。而隐性债务的膨胀由于缺乏社会公众与上级政府监督限制,将促使地方政府将更多资金投入到生产性领域,这种过度投入和投入结构的偏差将对财政支出效率造成不利影响,极大地降低了财政资金使用效率。

表 8-8　地方政府债务与财政支出效率回归结果统计表

变量	(1) efficiency	(2) efficiency	(3) efficiency
Do_debt	0.013***		
	(3.02)		
Su_debt		−0.002*	
		(−1.66)	
Re_debt			−0.003***
			(−2.76)
people	−0.432***	−0.271**	−0.250*
	(−3.32)	(−2.06)	(−1.94)
pgdp	−0.112***	−0.146***	−0.143***
	(−3.15)	(−4.17)	(−4.15)
urban	−0.015***	−0.011***	−0.011***
	(−7.10)	(−5.44)	(−5.50)
land	−0.001	−0.001	−0.001
	(−0.50)	(−0.49)	(−0.53)
fd	0.021	0.019	0.017
	(1.40)	(1.23)	(1.13)
tpay	−0.001	−0.005	−0.004
	(−0.03)	(−0.14)	(−0.12)

续表 8-8

变量	(1)	(2)	(3)
	efficiency	efficiency	efficiency
_cons	2.304***	2.404***	2.354***
	(6.45)	(6.64)	(6.58)
Region/Time	Yes	Yes	Yes
R-squared	0.713	0.702	0.710

第五节 稳健性检验

一、考虑政策影响

新《预算法》使地方政府债务融资的政策环境产生重大改变，这可能会影响研究结论的科学性。因此，将 2015 年以后的子样本重新进行回归分析，回归分析结果如表 8-9 所示，结果显示在考虑了政策影响之后，地方政府债务对财政支出规模的非线性影响并未改变，说明我们的研究结论在考虑政策影响后仍然具有一定的稳健性。重新将地方政府债务对财政支出规模与效率的模型进行回归分析，结果也没有发生变化，为避免赘述，结果不再展示。

表 8-9 考虑政策影响的稳健性检验结果统计表

变量	(1)	(2)	(3)
	scale	scale	scale
Do_debt_1	0.497**		
	(2.33)		
Do_debt_2	−0.160		
	(−0.74)		
Do_debt_3	−0.180**		
	(−2.01)		
Re_debt_1		0.084***	
		(4.60)	
Re_debt_2		−0.044	
		(−0.87)	
Re_debt_3		−0.019***	
		(−5.64)	
Su_debt_1			0.225**
			(2.43)

续表 8-9

变量	(1) scale	(2) scale	(3) scale
Su_debt_2			−0.031
			(−1.47)
Su_debt_3			−0.015***
			(−5.60)
people	−6.583***	−7.134***	−6.982***
	(−15.08)	(−17.71)	(−17.95)
pgdp	−0.529***	−0.430***	−0.458***
	(−5.06)	(−5.32)	(−4.58)
urban	0.024***	0.019***	0.021***
	(6.86)	(6.83)	(5.85)
land	−0.002	−0.001	0.004
	(0.23)	(−0.08)	(−0.11)
fd	−0.163*	−0.051	−0.008
	(−0.09)	(−1.68)	(−0.54)
tpay	−0.135	−0.018	−0.115
	(−0.60)	(−0.63)	(−0.09)
_cons	16.426***	15.555	15.596
	(16.54)	(16.04)	(16.00)
Region/Time	Yes	Yes	Yes
R-squared	0.821	0.851	0.859

二、互为因果的内生性问题

为解决模型可能存在的内生性问题,借鉴陈志刚和吴国维的研究成果[256],选择地方政府国有土地"招拍挂"出让收入滞后四期与一般财政预算收入的比值作为地方政府债务的工具变量。表 8-10 中的检验结果显示工具变量有效,之后将交通运输与农林水务支出之和占财政总支出的比重作为生产性支出代理变量,相应地将教育、医疗与社保就业支出之和占财政总支出的比重作为民生性支出的代理变量,财政支出效率变量不变,对模型重新进行回归分析。回归结果显示,地方政府债务对财政支出规模、结构与效率的影响没有发生改变,说明研究结论在解决了内生性问题后,仍然具有一定的稳健性。

表 8-10 考虑内生性问题的稳健性检验结果统计表

变量	(1) scale	(2) 生产性支出	(3) 民生性支出	(4) efficiency
Lag_debt		0.012***	−0.005***	−0.022**
		(5.22)	(−3.01)	(−1.98)
Lag_debt_1	0.091***			
	(2.982)			
Lag_debt_2	−0.025			
	(−0.172)			
Lag_debt_3	−0.054**			
	(−2.439)			
Kleibergen-Peer rk LM statistic P-val	0.00	0.00	0.00	0.00
Hansen J statistic	0.499	0.926	0.875	0.701
Contrls	Yes	Yes	Yes	Yes
Region/Time	Yes	Yes	Yes	Yes
R-squared	0.891	0.772	0.805	0.793

第六节 研究小结

运用门槛效应模型与双向固定效应模型,研究了地方政府显性债务、隐性债务与综合债务对地方政府财政支出规模、结构以及效率的影响,主要结论有以下 4 点。

(1)地方政府显性债务、隐性债务与综合债务对财政支出规模存在双门槛效应,在 3 类地方政府债务发展初期,债务规模的扩大将显著增加财政支出规模,而当债务规模不断膨胀之后,则对财政支出规模发挥抑制作用。

(2)3 类地方政府债务规模扩大将显著增加交通运输与农林水务等生产性支出而显著降低科学技术支出规模。这说明地方政府债务规模的扩大,使地方政府更加青睐于具有即期经济效益的生产性投资。科学技术支出即使属于生产性支出,因其较长的回报周期和不确定性,也被地方政府所忽视。

(3)地方政府显性债务膨胀后对教育、社保就业与医疗卫生的支出规模影响不明显,而隐性债务与综合债务的膨胀却显著减少了民生性支出规模。这说明债务压力的增大促使地方政府压缩民生性财政支出,出现财政支出的生产性偏好。

(4)地方政府显性债务规模扩大显著提高了财政支出效率,隐性债务与综合债务规模的扩大则显著降低了财政支出效率。显性债务因为处于严格的上级政府与公众监管之中,资金使用和管理执行严格,因此提高了财政支出的使用效率。隐性债务监管缺失的属性使得其使用方式不受限制,财政资金的使用效率降低。

基于以上结论,提出如下政策性建议。

(1)过快增长的政府债务规模将限制财政政策的实施效果,在当前经济下行压力增大的背景下,适当增加财政政策对经济发展的刺激作用需要严控地方政府债务规模,将债务规模控制在合理区间之内,防止地方政府债务风险对财政政策实施效果造成破坏。

(2)纠正财政支出偏差,使财政支出领域从生产性领域向民生性领域转移是我国经济转型时期财政政策转变的必由之路。为此应减少地方政府债务尤其是隐性债务对民生性财政支出的挤占,彻底清查隐性债务存量,妥善置换隐性债务,将隐性债务显性化,确保地方政府债务清偿稳定。

(3)分类思维提高财政支出效率,一是要进一步扩大地方政府显性举债权,发挥地方政府显性债务对财政支出效率的提高作用,二是要管好地方政府隐性举债"后门",加强政府支出资金管理,强化社会公众监督,提高财政支出效率。

(4)改变现行官员晋升激励制度,将财政支出结构改善、效率提高与居民福利成果纳入考核体系,并进一步增加其权重,减少制度原因造成的地方政府无序举债融资与资金使用浪费问题。

第四篇

金融发展篇

本篇主要从区域性金融风险和金融资源配置效率两个角度探讨了地方政府债务对金融发展的影响。

第九章 地方政府债务对区域性金融风险的影响

当前,我国地方政府积累了大量的政府债务尤其是隐性债务,不断扩大的政府债务风险会传导至金融系统,引起区域性金融风险[257]。根据"明斯基时刻"理论,高杠杆是导致宏观经济脆弱的根本原因。实体经济与债务风险相互恶化是衍生金融风险的重要原因[258-260]。就我国的具体情况而言,地方政府债务的主要融资渠道是商业银行,债务规模无序膨胀后产生的债务风险必然会经由商业银行的渠道传导至金融系统[261]。2016年穆迪和标准普尔相继下调我国的主权信用等级,就是因为我国政府债务尤其是隐性债务风险不断攀升,对国家财政安全和金融风险构成的威胁越来越大。党的十九大报告指出,要精准排查风险来源,守住不发生金融风险的底线。因此,正确区分并测算我国显性债务和隐性债务的风险,对把控我国系统性和区域性金融风险,具有重要的现实意义。

区域性金融风险构成系统性金融风险,是系统性金融风险在区域上的表达,区域性金融风险不仅具有系统性金融风险空间传染的特点[262],亦具有自身独有的特性,即区域性金融风险既可能在全局扩散,也可能在部分地区集聚,以上构成了两种系统性金融风险的触发方式[263]。对我国来说,不同地区迥异的域情可能导致区域性金融风险也具有复杂性,东部地区金融发展较充分,抗风险能力强,但也是地方政府债务集中的地区。相比之下,西部地区虽然金融系统抗风险能力弱,但也没有巨大的债务风险问题。地方政府与区域性金融风险之间似乎具有复杂的关系。不同地区的区域性金融风险水平有何差异,区域性金融风险的空间扩散方向是怎样的,我国的系统性金融风险最终会由全局蔓延引爆还是地区聚集引爆,将是本部分重点研究的内容。

理论证明政府债务持续扩张将造成政府信用损失,压缩持续融资空间,最终导致政府破产[264]。因地方政府融资限制而设立的地方融资平台引起区域性金融风险积聚,将最终引发系统性金融风险[265]。21世纪第一个十年里,日本北海道夕张市、美国加利福尼亚州和宾夕法尼亚州均因政府债务问题宣布过破产,印证了上述理论的正确性。但是我国从未发生过政府破产事件,地方政府与辖区商业银行特殊的勾连关系,或隶属关系是其中的重要原因。政府与银行的关联关系以及银行对政府债务的持有偏好不断强化地方政府扩大债务和银行持有地方政府债务的动机,更不断积聚着区域性金融风险[266-267]。这种软约束尤其是在地方政府收入下降,支出减少,政府偿债压力增大的时候尤为明显。政府财力下降时,面临的债务逾期风险加大,将导致政府债券的利率上升和价格下降[147],这可能吸引邻近区域的资本流入本区域,增持辖区内政府债务,从而提高区域性金融风险水平。从上述论证可以看出,银行对地方政府的软约束、对政府债权的持有偏好和政府财力下降后带来的邻近区域资本流入,不仅可能会推高本区域的区域性金融风险水平,还可能会引致本该属于邻近区域的风险向本区域转移,形成区域性金融风险的聚集效应。

为了验证以上问题,需要解决以下 4 个问题:①正确梳理和测算地方政府显性债务和隐性债务的边界与规模;②正确构建区域性金融风险指标池并测度我国各地区的区域性金融风险水平;③探究我国区域性金融风险的分布面貌和聚集规律,挖掘地方政府债务对地区和地区间金融风险水平的影响;④挖掘地方政府债务影响地区间金融风险聚集的诱导因素。

第一节 理论推导与假设提出

一、地方政府债务与区域性金融风险

理论上讲,地方政府债务规模扩张后带来的风险本身就有向金融风险转化的可能性。"熊彼特经济周期理论"强调"非正常信贷"对金融周期的影响,地方政府债务通过融资平台向银行举债,且具有指令性的融资计划造成了地方金融机构非正常信贷比重升高,区域性金融风险也随之升高。"债务-通货紧缩理论"认为经济上行时,政府债务规模扩大会引发过度投资,经济下行时则会出现通货紧缩。中国地方政府倾向于顺周期调节,在经济上行时,地方政府举债空间更大,在政绩驱使下将持续举债;在经济下行时则运用指令性计划扩大债务,以维持经济运行,这将导致区域性金融风险的不断集聚。另外,地方政府债务违背了"支出管理原则"中的"支出总额风险""配置风险"和"运营风险"3 项内容,首先,辖区内商业银行因与地方政府的隶属关系而存在天然的预算软约束,这种软约束影响了地方政府债务的支出管理过程,主要表现为向政府接待的规模持续扩大,债务资金持续流向官员偏好的领域。其次,中央对地方的"财政兜底"让地方政府与地方商业银行捆绑为利益共同体,为地方政府输送源源不断的债务融资。债支出管理在总量上持续扩大,在方向上发生偏移,在运营上持续低效,这些都蕴含着财政风险金融化的潜在威胁。

风险外溢指的是风险主体将本该自己承担的风险,有意识地向承接主体进行转移的现象。地方政府主动将政府债务膨胀后产生的债务风险向金融领域转移,属于典型的财政风险金融化[268]。地方政府债务膨胀后产生的风险如果要向区域性金融风险扩散,需要满足 3 个条件,即风险主体的利益动机、承接主体对风险主体的软约束机制和转移媒介。当前我国地方政府债务风险向区域性金融风险转移的条件已经满足。

第一,地方政府有将风险进行转移的利益动机。在当前晋升机制下,地方政府隐性债务存量巨大,风险愈加失控已是既成事实[269]。公共选择理论中理性政府的假设认为地方政府有利益动机将风险进行转移,以避免公众与上级政府苛责,并获得持续融资空间。

第二,辖区金融机构与地方政府之间属于隶属关系,金融机构很容易听从地方政府指示行事[270]。在中国地方政府"高信用"与"刚性兑付"的属性下,商业银行往往更愿意向政府贷

款。商业银行领导层的政治关联关系也使得其对地方政府进行"兜底"的容忍度提高。因此，地方商业银行对地方政府的软约束机制是现实存在的[271]。

第三，地方政府以其控制的融资平台为中介向金融系统扩散风险。地方政府控制的融资平台通过银行贷款、"影子银行"和"城投债"等形式为地方政府持续融资，积累了大量隐性债务。地方政府以融资平台为桥梁，将自身债务风险转嫁到金融领域，引发区域性金融风险。

基于此，提出如下假设。

假设9-1：地方政府债务与辖区内区域性金融风险呈显著正相关关系。地方政府债务规模扩大后将显著促进辖区内区域性金融风险水平。

二、地方政府债务与区域性金融风险聚集

地方政府债务膨胀引发区域性金融风险聚集是两方面力量共同作用的结果，其一是地方政府债务导致本辖区区域性金融风险持续升高，其二是地方政府债务升高引致邻近地区金融风险向本辖区转移聚集。两种作用共同导致了区域性金融风险在某一地区不断积累，这种风险积累可由"聚集路径""聚集条件"与"聚集原因"3个要素加以推导[272]。

"聚集路径"是指区域性金融风险转移的路径，即区域性金融风险会随着认购政府债券的资金流向进行转移。出现这种路径的原因是当某地区政府债务扩张，金融风险上升时，债券利率会变高，但地方政府"高信用"的属性是持续存在的，追求收益的辖区间资金便会争相进场，辖区内的债务风险便会持续走高，金融风险也不断聚集[273]。"聚集条件"是金融机构对地方政府的软约束。在金融机构与地方政府存在特殊的勾连关系背景下，金融机构会对政府债务无限包容，为区域性金融风险聚集创造了条件[274]。"聚集原因"是地方政府转移债务风险的现实因素，即政府财力的匮乏促使地方政府将债务风险向区域性金融风险进行转移。如果地方政府具有足够财力，便没有巨大的还本付息压力，那么地方政府将债务风险进行转移的动机便没有那么强烈。当地方政府财力下降时，偿债压力的增大一方面会促使地方政府指示辖区内金融机构不断认购地方政府债务，辖区内区域性金融风险开始升高；另一方面也会通过提高债券利率，降低债券价格等方式吸引辖区间资金转移，以此将辖区间的区域性金融风险引至本地区。两方面的因素共同造成了区域性金融风险在地区内不断聚集。基于此，提出如下假设。

假设9-2：地方政府债务将促进区域性金融风险聚集。辖区内地方政府债务对区域间区域性金融风险发挥显著负向作用。

假设9-3：地方政府财力负向调节地方政府债务对辖区内区域性金融风险的正向作用。

假设9-4：地方政府财力负向调节地方政府债务对辖区间区域性金融风险的负向作用。

上述影响机制可以通过图9-1所示的传导路径进行表示。

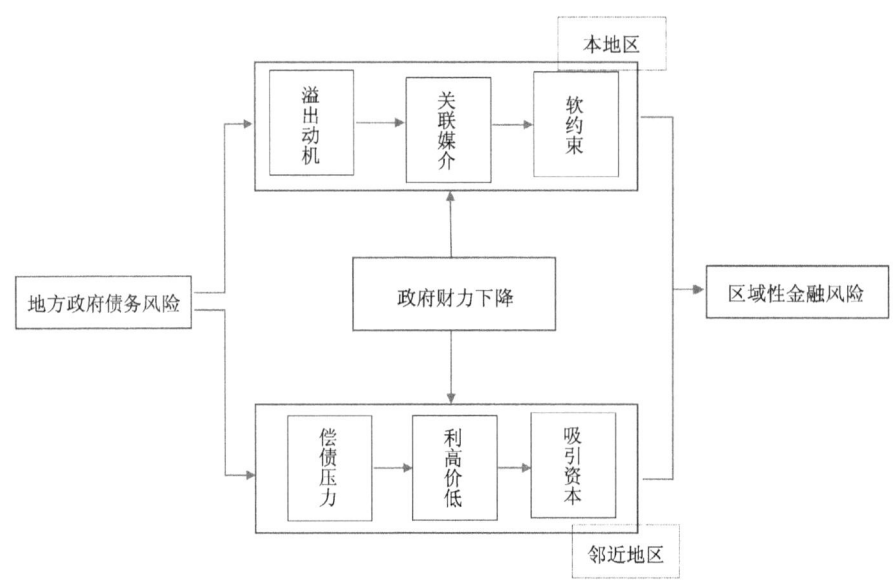

图 9-1 地方政府债务影响区域性金融风险传导路径图

第二节 研究设计

一、模型设定

本部分构建空间杜宾模型实证研究地方政府债务对辖区内和辖区间区域性金融风险的影响力,并挖掘引起区域性金融风险聚集的原因。具体模型如下

$$Risk_{it} = \alpha + \rho\sum_{j=1}^{30}\omega_{ij}Risk_{ij} + \beta Debt_{it} + \gamma\sum_{j=1}^{30}\omega_{ij}Debt_{ij} + \Theta Contrls_{it} + \mu_i + \lambda_i + \varepsilon_{it} \quad (9-1)$$

$$Risk_{it} = \alpha + \rho\sum_{j=1}^{30}\omega_{ij}Risk_{ij} + \beta Debt_{it} + \lambda Debt_{it} \times Fd_{it} + \gamma\sum_{j=1}^{30}\omega_{ij}Debt_{ij} + \\ \varphi\sum_{j=1}^{30}\omega_{ij}Debt_{it} \times Fd_{it} + \Theta Contrls_{it} + \mu_i + \lambda_i + \varepsilon_{it} \quad (9-2)$$

式(9-1)用于检验地方政府债务对区域性金融风险的溢出效应,其中$Risk_{it}$代表区域性金融风险;$\sum_{j=1}^{30}\omega_{ij}Risk_{ij}$表示区域性金融风险的空间滞后项;$Debt_{it}$代表地方政府债务,包括显性债务、隐性债务和综合债务3部分,若其系数β显著为正,则说明地方政府债务显著正向影响辖区内区域性金融风险;$\sum_{j=1}^{30}\omega_{ij}Debt_{ij}$代表地方政府债务的空间滞后项,若其系数$\gamma$显著为负,则说明辖区内政府债务对辖区间区域性金融风险水平有显著的负向空间溢出效应;$Contrls_{it}$代表控制变量;Θ为控制变量的系数;μ_i和λ_i分别代表地区固定效应和时间固定效应;ε_{it}为误差项;α为截距项;ρ为被解释变量的空间自相关系数,其展示了区域性金融风险的空间分布特点。式(9-2)用来检验地方政府财力下降引起偿债压力增大后对区域性金融风险的聚

集作用。$Debt_{it} \times Fd_{it}$ 代表地方政府债务与地方政府财力的交乘项,若其系数 λ 显著为负,则说明地方政府财力会弱化地方政府债务对辖区内区域性金融风险的正向作用;$\sum_{j=1}^{30} \omega_{ij} Debt_{it} \times Fd_{it}$ 代表地方政府债务与地方政府财力交乘项的空间滞后项,若其系数 φ 显著为负,辖区内地方政府财力越弱,越能强化对辖区间区域性金融风险的抑制作用,风险聚集效应就越强。其余部分的解释同式(9-1)。

二、变量选取

(1)被解释变量:参考现有研究成果,将区域性金融风险区分为宏观经济规模、货币流动性规模、外部市场规模以及资产泡沫规模 4 个部分,并构建区域性金融风险指标如表 9-1 所示。在对指标进行同向化、标准化处理后,运用主成分分析法获得全国 30 个省(自治区、直辖市)2008—2018 年的区域性金融风险指数(Risk)。

表 9-1 区域性金融风险指标池

指标分类	指标编号	指标名称	指标意义	与 Risk 的关系
宏观经济风险	X1.1	GDP 增长率	反映一国综合经济实力,为保证口径一致,差值法转换为年质量增长率	反向关系
	X1.2	财政赤字增长率	反映财政政策的方向与力度	正向关系
	X1.3	CPI 增长率	反映通货膨胀质量,CPI 质量过高是金融危机的前兆之一	反向关系
	X1.4	工业增加值增长率	反映工业增加值增速	反向变化
	X1.5	固定资产投资增长率	反映经济活动中的投资状况,固定资产投资增速越高,经济越繁荣	反向关系
货币流动性风险	X2.1	存款利率变动	一年期存款利率增速与 GDP 增速的比值,反映银行与存款人长期资金供求	正向关系
	X2.2	贷款利率变动	一年期贷款利率增速与 GDP 增速的比值,反映企业与银行利益分配关系	正向关系
	X2.3	贷款增速	贷款增速与 GDP 增速的比值,贷款增速超过 GDP 增速时,规模随之增加	正向关系
	X2.4	同行拆借利率变动	银行间同行拆借利率增速与 GDP 增速的比值,反映金融市场内部资金短期供求	正向关系
	X2.5	M2 增速	M2 增速与 GDP 增速的比值,若 M2 增速大于 GDP 增速,则有通货膨胀规模	正向关系

续表 9-1

指标分类	指标编号	指标名称	指标意义	与 Risk 的关系
外部市场风险	X3.1	外商直接投资增长率	反映资本国际化质量	反向关系
	X3.2	进口贸易水平	进口贸易额增速,反映进口贸易活跃度	反向关系
	X3.3	出口贸易水平	出口贸易额增速,反映出口贸易活跃度	反向关系
	X3.4	实际有效汇率指数	实际有效汇率指数增速与 GDP 的比值,反映人民币国际价值变动的分省影响	正向关系
	X3.5	外汇储备水平	外汇储备增速与 GDP 增速的比值,反映抵抗外部规模的能力	反向关系
资产泡沫风险	X4.1	上市公司总市值增长率	上市公司年均总市值增速,总市值过快增长,存在资产泡沫规模	正向关系
	X4.2	平均市盈率	反映股票市场估值质量,偏离越大,规模越大	双向关系
	X4.3	平均市净率	反映股票市场估值质量,偏离越大,规模越大	双向关系
	X4.4	股市成交额增长率	上市公司股票年成交额增速,反映股票市场繁荣度	正向关系
	X4.5	商品房投资额增长率	反映房地产市场投资活跃度	正向关系
	X4.6	商品房销售额增长率	反映房地产市场繁荣程度	正向关系
	X4.7	商品房销售单价增长率	反映房地产价格水平	正向关系

(2)解释变量:地方政府债务(Debt)。

(3)控制变量:参考现有文献,选择经济发展水平(Pgdp)、城镇化率(Town),固定资产投资水平(Fai)、经济开放度(Open)和外商直接投资(Fdi)作为控制变量。

三、数据来源

本书计算地方政府债务规模时所用到政府债券、PPP 项目投资额和城投债的数据来源于 Wind 数据库;国有企业债务数据以及商业银行不良贷款数据来源于 EPS 数据平台中的中国企业数据子库与中国金融数据子库;其余研究数据均来自 2009—2019 年《中国统计年鉴》《中国财政年鉴》《中国固定资产投资统计年鉴》和《中国金融年鉴》。

第三节 实证结果分析

一、区域性金融风险与地方政府债务空间分布特征初探

表 9-2 为各变量的描述性统计结果汇总表。从表中可以看出,区域性金融风险的最高值为 1.955,最小值为 -1.442,最大值与最小值之间差异明显;地方政府隐性债务的最大值为 18.283,最小值仅为 0.191;综合债务的最大值为 25.740,最小值为 0.191。隐性债务率和综合债务率的极差巨大,说明我国地方政府隐性债务和综合债务可能存在严重的两极分化问题。由于隐性债务的隐蔽性和破坏性,更容易被地方政府利用,在融资条件较为优越的地区无序发展,并最终产生巨大破坏力。相比之下,地方政府的显性债务率极差却小得多,出现这种现象的原因可能是地方政府显性债务更容易受到中央政府的监管,存在有效的约束机制使其在控制范围内合理发展。

表 9-2 各变量的描述性统计结果汇总表

变量名称	符号	mean	max	min	sd	variance	N
区域性金融风险	Risk	0.091	1.955	-1.442	0.394	0.155	330
地方政府显性债务	Do_debt	0.583	5.117	0.000	1.001	1.001	330
地方政府隐性债务	Re_debt	4.074	18.283	0.191	4.186	4.186	330
地方政府综合债务	Su_debt	4.866	25.740	0.191	4.945	4.945	330
财政自主度	fd	0.511	0.951	0.148	0.195	0.038	330
土地财政	land	15.557	18.105	9.705	1.214	1.474	330
经济发展水平	pgdp	10.551	11.851	8.841	0.562	0.316	330
城镇化率	town	54.687	89.6	28.24	13.372	178.810	330
固定资产投资	fai	0.395	4.366	0.054	0.464	0.216	330
经济开放度	open	0.508	0.938	0.148	0.194	0.038	330
外商直接投资	fdi	15.644	18.105	10.408	1.161	1.347	330

我国区域性金融风险呈现东西高、中部低的分布态势,总体上为高低聚集。我国地方政府显性债务、隐性债务和综合债务分布则与区域性金融风险有大致一致的分布格局。

图 9-2～图 9-4 为我国区域性金融风险与各类地方政府债务的三维核密度估计图。从图中可以看出,随着时间的推移,我国区域性金融风险呈现单峰分布向多峰分布演化的特点。2008 年左右我国区域性金融风险呈现单峰分布特征,说明当时我国区域性金融风险分布集中,风险差异小,随后逐渐向双峰演化。到 2018 年,区域性金融风险出现了明显的高低两个坡峰,说明当前我国区域性金融风险高低分化严重。从我国地方政府显性债务、隐性债务和综合债务的三维核密度检验中可以看出,在 2013 年之前,所有地区的 3 种债务均处在较低水平,随后开始向高债务方向迅速延伸。当前阶段,地方政府显性债务在高、低两个债务的分布

较为平缓,这亦得益于中央政府对显性债务天然的强效管理作用。当前隐性债务和综合债务出现了高、低两个坡峰,说明我国地方政府隐性债务和综合债务也存在高、低分化现象。在两个坡峰当中,低债务坡高,高债务坡低,这说明我国的地方政府债务在少数几个省份中尤为明显。

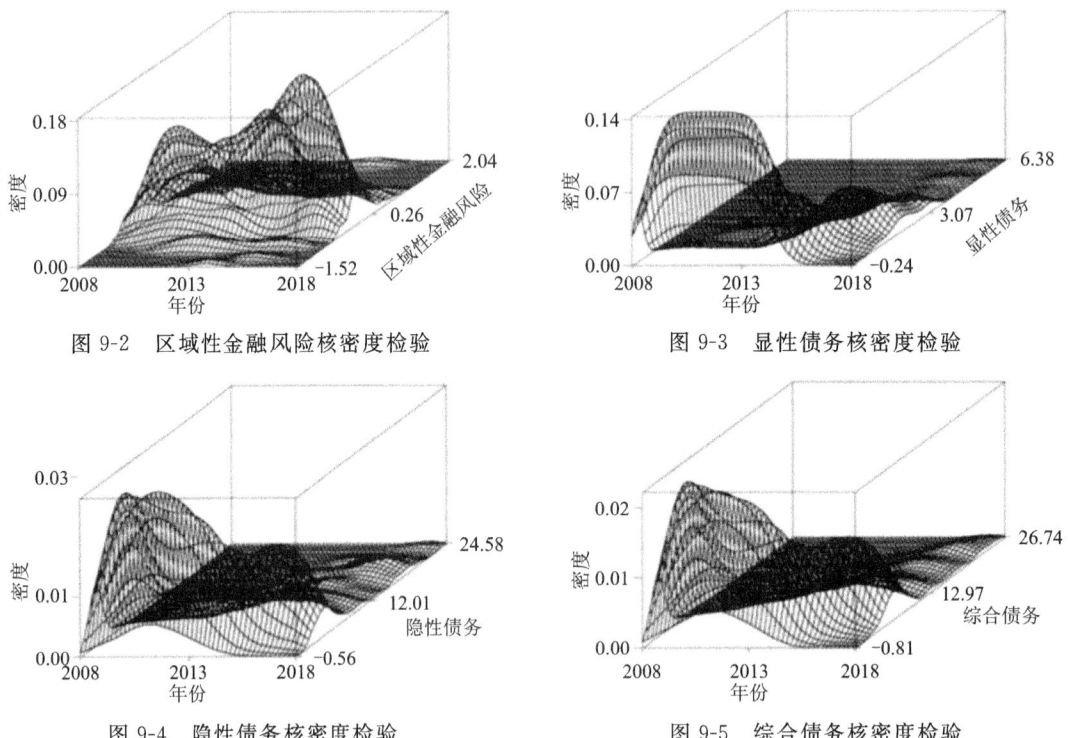

图 9-2　区域性金融风险核密度检验　　　　图 9-3　显性债务核密度检验

图 9-4　隐性债务核密度检验　　　　　　图 9-5　综合债务核密度检验

表 9-3 为两种空间权重矩阵下区域金融风险空间关联检验结果统计表。从表中可以看出,2008—2018 年的大多数年份,区域性金融风险的莫兰指数估计值均显著为负。

表 9-3　两种空间权重矩阵下区域性金融风险空间关联检验

	年份	2008	2009	2010	2011	2012	2013	2014	2015	2016	2017	2018
区域性金融风险	二元相邻矩阵 莫兰指数估计值	−0.045	−0.053	−0.212	−0.17	−0.028	−0.066	−0.057	−0.109	−0.048	−0.117	−0.066
	标准差	0.122	0.122	0.123	0.118	0.121	0.121	0.108	0.081	0.114	0.121	0.119
	Z 统计量	−0.141	−0.155	−1.448	−1.141	0.057	−0.26	−1.884	−0.918	−0.122	−0.677	−0.169
	P 值	0.071	0.055	0.074	0.127	0.477	0.397	0.021	0.179	0.451	0.249	0.033
	空间距离矩阵 莫兰指数估计值	−0.013	−0.037	−0.097	−0.082	−0.034	−0.038	−0.024	−0.058	−0.025	−0.048	−0.03
	标准差	0.036	0.036	0.036	0.035	0.036	0.036	0.032	0.024	0.033	0.036	0.035
	Z 统计量	−1.762	−0.182	−1.741	−1.359	0.021	−0.11	−0.179	−0.958	0.294	−0.382	−0.197
	P 值	0.039	0.038	0.041	0.087	0.492	0.456	0.031	0.169	0.384	0.351	0.019

第九章 地方政府债务对区域性金融风险的影响

图 9-6~图 9-9 为 2010 年和 2018 年在二元相邻矩阵与空间距离矩阵之下的区域性金融风险的莫兰散点图。莫兰散点图显示较多省份位于二四象限,说明高区域性金融风险往往被低区域性金融风险地区所包围。以上论述证明我国区域性金融风险存在显著的高、低聚集特征。

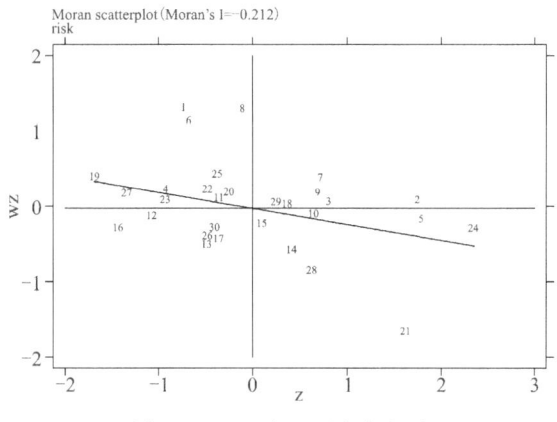

图 9-6 2010 年二元相邻矩阵

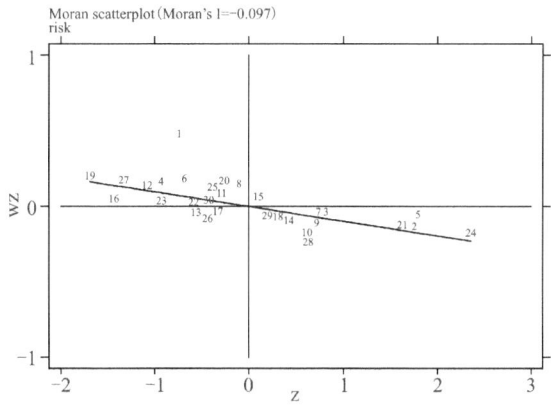

图 9-7 2010 年空间距离矩阵

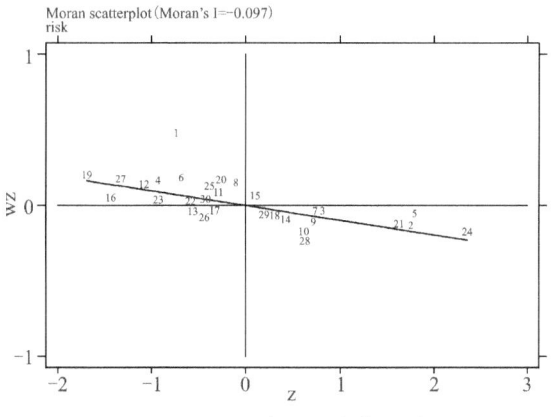

图 9-8 2018 年二元相邻矩阵

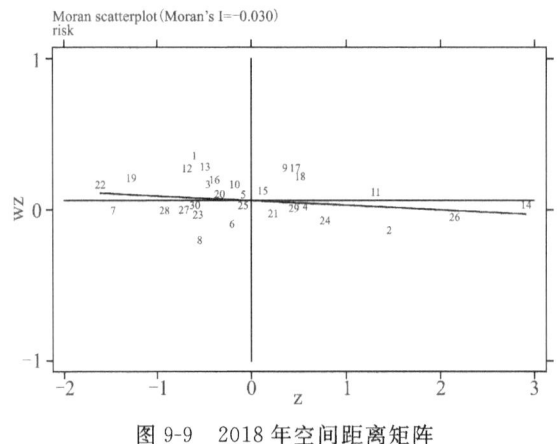

图 9-9 2018 年空间距离矩阵

对区域性金融风险与地方政府债务的空间分布特征进行分析让我们了解到：区域性金融风险与地方政府债务具有明显的两极分化的特征且具有大致相同的空间分布规律，初步证实了区域性金融风险存在聚集效应，并且这种聚集效应似乎与地方政府债务的增长密切相关。为了进一步探究地方政府债务对区域性金融风险的空间影响，有必要对两者进行更为准确的空间回归。

二、地方政府债务规模对区域性金融风险的空间聚集效应检验

在模型构建的基础上，运用 Matlab 2016b 软件，选择空间二元相邻矩阵与空间距离矩阵，对地方政府债务与区域性金融风险进行空间杜宾模型的估计。借鉴吕健的研究，空间杜宾模型加入解释变量的空间滞后项也可以一定程度上解决模型可能存在的内生性问题[274]。表 9-4 表明两种权重矩阵之下具有双向固定效应的空间杜宾模型更有效。

表 9-4 地方政府债务对区域性金融风险的空间计量检验结果

变量	二元相邻	空间距离	二元相邻	空间距离	二元相邻	空间距离
	(1)	(2)	(3)	(4)	(5)	(6)
Do_debt	0.073***	0.073**				
	(1.68)	(1.89)				
Re_debt			0.021**	0.020**		
			(2.49)	(2.43)		
Su_debt					0.020***	0.018**
					(2.79)	(2.51)
pgdp	−0.227	−0.226	−0.255	−0.203	−0.240	−0.223
	(−1.09)	(−0.86)	(−0.95)	(−0.79)	(−0.94)	(−1.04)
town	−0.013	−0.013	−0.010	−0.005	−0.012	−0.004
	(−0.62)	(−0.83)	(−0.70)	(−0.36)	(−0.56)	(−0.23)

续表9-4

变量	二元相邻 (1)	空间距离 (2)	二元相邻 (3)	空间距离 (4)	二元相邻 (5)	空间距离 (6)
fai	0.296	0.240	0.314*	0.303*	0.307	0.277
	(0.97)	(1.53)	(1.68)	(1.63)	(0.98)	(0.88)
open	6.017***	6.288***	5.601***	5.645**	5.538***	5.650***
	(3.55)	(3.44)	(3.31)	(3.30)	(4.40)	(4.30)
fdi	−0.032	−0.527	−0.051	−0.052	−0.051	−0.046
	(−0.71)	(−0.46)	(−0.72)	(−0.75)	(−1.11)	(−1.20)
$\omega \times$ Do_debt	−0.125	−0.024				
	(−1.08)	(−1.32)				
$\omega \times$ Re_debt			−0.023**	−0.146***		
			(−1.84)	(−3.54)		
$\omega \times$ Su_debt					−0.019*	−0.105***
					(−1.92)	(−3.25)
$\omega \times$ pgdp	0.199	0.176	0.142	−0.894	0.142	−0.993
	(0.23)	(0.25)	(0.32)	(−1.26)	(0.32)	(−1.17)
$\omega \times$ town	0.033	0.038	0.025	0.162**	0.023	0.175*
	(0.36)	(0.40)	(0.63)	(2.30)	(0.61)	(1.84)
$\omega \times$ fai	−0.617	−0.668	−0.412	−0.625	−0.408	−0.840
	(−1.08)	(−1.13)	(−0.95)	(−1.35)	(−0.93)	(−1.48)
$\omega \times$ open	−4.478	−4.987	−2.740	−7.445**	−2.487	−6.624**
	(−1.35)	(−1.27)	(−1.35)	(−2.06)	(−1.19)	(−2.16)
$\omega \times$ fdi	0.419	0.412	0.092	0.636*	0.079	0.646***
	(1.63)	(1.21)	(0.58)	(1.88)	(0.49)	(2.72)
ρ	−0.436***	−0.436*	−0.031***	−0.453**	−0.033**	−0.429**
	(−2.62)	(−1.93)	(−2.52)	(−1.99)	(−1.87)	(−2.35)
N	330	330	330	330	330	330
R-squared	0.138	0.096	0.100	0.127	0.100	0.124
Wald_spatial_lag	3.62*	5.56**	4.83**	3.65*	6.51**	5.50**
Wald_spatial_error	3.88**	6.99***	4.99**	4.64**	6.63***	6.95***
Hausman	37.39***	43.03***	25.90**	40.44***	29.61***	28.26***
Region	Yes	Yes	Yes	Yes	Yes	Yes
Time	Yes	Yes	Yes	Yes	Yes	Yes

从检验结果来看,表 9-4 显示在两种权重矩阵之下地方政府债务对辖区内区域性金融风险的影响系数均显著为正,说明 3 类地方政府债务扩张后产生的债务风险将向金融领域扩散,催高区域性金融风险水平,引发典型的财政风险金融化问题,假设 9-1 已得到验证。

从地方政府债务的空间滞后项上看,地方政府显性债务扩张后对区域间区域性金融风险的影响并不显著,说明辖区内显性债务并不会对邻近区域的区域性金融风险产生影响。出现这种现象的原因可能是地方政府债券接受预算的全面监督,是在阳光下运行的地方政府债务,其利率与价格受到严格管控,并不能任意变动。因此地方政府无法通过操纵债券利率与价格来获取更多债务融资。地方政府隐性债务与综合债务的空间滞后项系数显著为负,说明辖区内隐性债务与综合债务的扩张会显著降低邻近地区的区域性金融风险水平。这种地区间相对的负向影响关系说明邻近地区的地方政府债务扩大一旦受到抑制,辖区内的区域性金融风险水平也会随之提高。这说明区域性金融风险在地方政府隐性债务和综合债务的影响下是流动的。区域性金融风险会在某些特定地区不断聚集和积累,并最终有可能引发全局风险。另外,由于地方政府综合债务是显性债务与隐性债务的综合,所以地方政府债务引起区域性金融风险聚集的主要原因是隐性债务的膨胀,假设 9-2 得到验证。

最后,从区域性金融风险的空间滞后项系数上看,ρ 均显著为负,说明区域性金融风险在空间上是高、低聚集的,这既是区域性金融风险聚集的佐证,又与前述空间关联性的分析相吻合。

表 9-5 为地方政府债务对区域性金融风险空间效应的直接效应和间接效应。直接效应对标地方政府债务对辖区内区域性金融风险的影响力;间接效应对标地方政府债务变化对辖区间区域性金融风险的影响。从表 9-5 中可以看出,地方政府显性债务对区域性金融风险的直接效应显著为正,间接效应不显著;地方政府隐性债务和综合债务对区域性金融风险的直接效应显著为正,间接效应显著为负。辖区内地方政府显性债务、隐性债务和综合债务膨胀催高了辖区内区域性金融风险。辖区间政府债务的降低会促进区域性金融风险向辖区内转移,产生区域性金融风险的聚集效应。这与我们在空间效应回归中的结论相一致,再次验证了假设 9-1 和假设 9-2。

表 9-5 地方政府债务对区域性金融风险的直接效应与间接效应表

变量		二元相邻	空间距离	二元相邻	空间距离	二元相邻	空间距离
		(1)	(2)	(3)	(4)	(5)	(6)
直接效应	Do_debt	0.074**	0.075*				
		(1.70)	(1.92)				
	Re_debt			0.021**	0.022**		
				(2.34)	(2.74)		
	Su_debt					0.020***	0.020***
						(2.81)	(2.89)

续表 9-5

变量		二元相邻	空间距离	二元相邻	空间距离	二元相邻	空间距离
		(1)	(2)	(3)	(4)	(5)	(6)
直接效应	pgdp	−0.229	−0.235	−0.257	−0.189	−0.242	−0.204
		(−1.06)	(−0.88)	(−0.99)	(−0.72)	(−0.95)	(−0.91)
	town	−0.014	−0.014	−0.010	−0.008	−0.012	−0.007
		(−0.64)	(−0.89)	(−0.48)	(−0.56)	(−0.57)	(−0.40)
	fai	0.298	0.302	0.308	0.310	0.301	0.286
		(0.94)	(1.53)	(0.94)	(1.63)	(0.93)	(0.86)
	open	6.213***	6.217***	5.669***	5.898***	5.601***	5.865***
		(3.79)	(3.60)	(4.73)	(3.50)	(4.72)	(4.62)
	fdi	−0.040	−0.040	−0.051	−0.064	−0.051	−0.059
		(−0.90)	(−0.56)	(−1.13)	(−0.91)	(−1.12)	(−1.50)
间接效应	Do_debt	−0.036	−0.112				
		(−0.49)	(−1.61)				
	Re_debt			−0.022**	−0.111***		
				(−1.82)	(−3.26)		
	Su_debt					−0.018**	−0.081***
						(−1.97)	(−3.60)
	pgdp	−0.031	0.195	0.140	−0.596	0.137	−0.649
		(−0.05)	(0.31)	(0.31)	(−1.03)	(0.31)	(−0.98)
	town	0.014	0.029	0.024	0.119*	0.023	0.126*
		(0.21)	(0.47)	(0.61)	(2.12)	(0.60)	(1.78)
	fai	−0.224	−0.539	−0.395	−0.543	−0.393	−0.673
		(−0.67)	(−1.29)	(−0.95)	(−1.57)	(−0.95)	(−1.45)
	open	0.990	−5.164	−2.902	−7.208***	−2.658	−6.653***
		(0.50)	(−1.84)	(−1.46)	(−2.46)	(−1.31)	(−2.72)

第四节 进一步研究

在验证了地方政府债务会引起区域性金融风险转移聚集的结论后，有必要挖掘地方政府债务膨胀促使区域性金融风险聚集的原因是什么。地方政府财力的变化是引起政府偿债压力变化的重要原因。若地方政府财力充沛，没有必要运用债务资金弥补收支缺口，债务风险水平就会持续可控。但如果地方政府财力下降，债务还本付息的压力就会增大，为了寻找偿债资金,地方政府有可能会采取"拆东墙,补西墙"的还债模式。一方面指示辖区内金融机构增持政府债券以缓解自身偿债压力;另一方面在信用受损,融资需求上升的影响下,债券利率上升而价格下跌,吸引辖区间资金入场,购买政府债券,出现区域性金融风险转移。两种作用力使得辖区内债务规模持续滚动,进一步拉高了区域性金融风险水平。为了验证地方政府财力对区域性金融风险的集聚效应,本研究引入了地方政府债务与地方政府财力的交互项,并将其区分为显性债务、隐性债务与综合债务3部分。

表9-6的回归结果表明:地方政府显性债务、隐性债务和综合债务对辖区内区域性金融风险的影响均显著为正,这与之前的结果相一致。从政府债务与政府财力的交乘项上看,3种债务类型与政府财力交乘项系数均显著为负,说明地方政府财力弱化了地方政府债务对区域性金融风险的推动作用。当地方政府财力充裕时,地方政府没有还本付息的压力,政府债务对区域性金融风险的推动作用便不明显;当地方政府财力下降时,地方政府会基于"软约束"指示辖区内银行机构增持政府债券,实现区域性金融风险的区域内自我积累。假设9-3得到验证。

表9-6 地方政府财力引致区域性金融风险聚集检验

变量	(1) 二元相邻	(2) 空间距离	(3) 二元相邻	(4) 空间距离	(5) 二元相邻	(6) 空间距离
Do_debt	0.147***	0.129**				
	(2.80)	(2.14)				
Do_debt×fd	−0.306**	−0.225**				
	(−2.11)	(−2.28)				
Re_debt			0.045***	0.039**		
			(2.81)	(2.14)		
Re_debt×fd			−0.052*	−0.038*		
			(−1.95)	(−1.94)		
Su_debt					0.038***	0.034**
					(2.81)	(2.22)
Su_debt×fd					−0.043*	−0.033*
					(−1.92)	(−1.88)
pgdp	−0.271	−0.259	−0.207	−0.189	−0.204	−0.205
	(−1.27)	(−1.42)	(−0.90)	(−0.96)	(−0.88)	(−1.05)
town	−0.008	−0.012	−0.015	−0.01	−0.015	−0.009
	(−0.36)	(−0.56)	(−0.70)	(−0.54)	(−0.71)	(−0.49)
fai	0.218	0.223	0.237	0.252	0.23	0.23
	(0.69)	(0.67)	(0.69)	(0.70)	(0.69)	(0.65)
open	5.545***	6.373***	5.586***	5.605***	5.518***	5.675***
	(3.69)	(3.77)	(4.21)	(4.27)	(4.17)	(4.15)

续表 9-6

变量	(1) 二元相邻	(2) 空间距离	(3) 二元相邻	(4) 空间距离	(5) 二元相邻	(6) 空间距离
fdi	−0.051	−0.043	−0.055	−0.07	−0.052	−0.06
	(−0.86)	(−0.90)	(−1.10)	(−1.58)	(−1.04)	(−1.44)
ω×Do_debt	0.030	−0.346*				
	(0.34)	(−1.75)				
ω×Do_debt×fd	−0.125	−0.701**				
	(−0.44)	(2.42)				
ω×Re_debt			−0.042*	−0.178**		
			(−2.29)	(−2.34)		
ω×Re_debt×fd			−0.035**	−0.169**		
			(−2.51)	(−2.03)		
ω×Su_debt					−0.027**	−0.117**
					(−2.19)	(−2.13)
ω×Su_debt×fd					−0.014**	−0.099**
					(−0.27)	(−2.82)
ω×pgdp	0.204	0.294	0.098	−0.721	0.117	−0.642
	(0.58)	(0.42)	(0.24)	(−1.09)	(0.30)	(−0.97)
ω×town	0.021	0.016	0.029	0.126**	0.028	0.122*
	(0.64)	(0.22)	(0.79)	(1.96)	(0.79)	(1.86)
ω×fai	−0.407	−0.388	−0.314	−0.515	−0.333	−0.605
	(−0.99)	(−0.80)	(−0.70)	(−1.09)	(−0.76)	(−1.25)
ω×open	−3.586*	−4.678*	−2.951	−7.297***	−2.862	−6.416**
	(−1.65)	(−1.83)	(−1.37)	(−2.77)	(−1.41)	(−2.44)
ω×fdi	0.038	0.381**	0.088	0.504***	0.072	0.502***
	(0.25)	(2.18)	(0.58)	(3.10)	(0.47)	(3.04)
ρ	−0.058	−0.388**	−0.028	−0.406**	−0.032	−0.395**
	(−1.04)	(−2.31)	(−0.55)	(−2.10)	(−0.62)	(−2.14)
R-squared	0.497	0.457	0.663	0.800	0.897	0.726
Wald_spatial_lag	32.15***	19.28***	26.66***	16.42**	32.47***	29.12***
Wald_spatial_error	29.66**	32.17***	16.69***	8.76**	12.31**	25.64***
Hausman	36.45***	36.53***	24.34**	41.86***	39.63***	40.99***

从空间滞后项的回归结果来看,隐性债务与综合债务的空间滞后项系数显著为负,这与之前的结论相一致。地方政府隐性债务和综合债务与财政自主度的交互项的空间滞后项系数显著为负,说明地方政府财力弱化了隐性与综合债务对辖区间区域性金融风险的负向作用。如果地方政府有充沛的财力,便没有足够动机去通过操纵债务的利率与价格来吸引融资,辖区间区域性金融风险向辖区内转移便缺乏通道,区域性金融风险的聚集效应便被弱化,假设9-4得到验证。

表9-7展示了引入地方政府财政自主度作为调节变量后,地方政府债务对区域性金融风险的直接效应与间接效应。从回归结果可以看出,在直接效应下,地方政府显性债务、隐性债务和综合债务均显著正向影响辖区内的区域性金融风险。交互项显示3种债务风险与地方政府财力的系数均显著为负,说明地方政府财力弱化了政府债务风险对区域性金融风险的推高作用,这与之前的结论相一致。在间接效应之下,地方政府隐性债务与综合债务显著负向影响辖区间区域性金融风险,区域性金融风险具有地区集聚效应。从交互项上看,地方政府隐性债务、综合债务与地方政府财力的交互项均显著为负,假设9-3得到进一步验证。

表9-7 地方政府财力引致区域性金融风险聚集的直接效应与间接效应

变量	二元相邻 (1)	空间距离 (2)	二元相邻 (3)	空间距离 (4)	二元相邻 (5)	空间距离 (6)
Do_debt	0.147*** (2.80)	0.129** (2.14)				
Do_debt×fd	−0.306** (−2.11)	−0.225** (−1.98)				
Re_debt			0.045*** (2.81)	0.039** (2.14)		
Re_debt×fd			−0.052** (−2.25)	−0.038** (−1.94)		
Su_debt					0.038** (2.81)	0.034** (2.22)
Su_debt×fd					−0.043** (−2.12)	−0.033*** (−2.88)
pgdp	−0.271 (−1.27)	−0.259 (−1.42)	−0.207 (−0.90)	−0.189 (−0.96)	−0.204 (−0.88)	−0.205 (−1.05)
town	−0.008 (−0.36)	−0.012 (−0.56)	−0.015 (−0.70)	−0.01 (−0.54)	−0.015 (−0.71)	−0.009 (−0.49)
fai	0.218 (0.69)	0.223 (0.67)	0.237 (0.69)	0.252 (0.70)	0.23 (0.69)	0.23 (0.65)

续表 9-7

变量	二元相邻 (1)	空间距离 (2)	二元相邻 (3)	空间距离 (4)	二元相邻 (5)	空间距离 (6)
open	5.545***	6.373***	5.586***	5.605***	5.518***	5.675***
	(3.69)	(3.77)	(4.21)	(4.27)	(4.17)	(4.15)
fdi	−0.051	−0.043	−0.055	−0.074	−0.052	−0.063
	(−0.86)	(−0.90)	(−1.10)	(−1.58)	(−1.04)	(−1.44)
Do_debt	−0.030	−0.346*				
	(−0.34)	(−1.75)				
Do_debt×fd	−0.125	−0.701**				
	(−0.44)	(2.42)				
Re_debt			−0.042**	−0.178**		
			(−1.99)	(−2.34)		
Re_debt×fd			−0.035***	−0.169***		
			(4.51)	(4.03)		
Su_debt					−0.027**	−0.117**
					(−2.19)	(−2.13)
Su_debt×fd					−0.014**	−0.099***
					(2.27)	(2.82)
pgdp	0.204	0.294	0.098	−0.721	0.117	−0.642
	(0.58)	(0.42)	(0.24)	(−1.09)	(0.30)	(−0.97)
town	0.021	0.016	0.029	0.126**	0.028	0.122*
	(0.64)	(0.22)	(0.79)	(1.96)	(0.79)	(1.86)
fai	−0.407	−0.388	−0.314	−0.515	−0.333	−0.605
	(−0.99)	(−0.80)	(−0.70)	(−1.09)	(−0.76)	(−1.25)

第五节 稳健性检验

一、互为因果的内生性问题

选择地方政府国有土地"招拍挂"出让收入滞后四期与一般财政预算收入的比值作为地方政府债务的工具变量,并借助空间自变量滞后模型(SLX 模型)来一定程度地解决互为因果的内生性问题。检验结果如表 9-8 所示,可以看出回归结果并无变化。

表 9-8 稳健性检验(SLX 模型回归)

变量	二元相邻 (1)	空间距离 (2)	二元相邻 (3)	空间距离 (4)	二元相邻 (5)	空间距离 (6)
Do_debt	0.060*	0.059*				
	(1.85)	(1.83)				
Re_debt			0.020**	0.018*		
			(2.04)	(1.80)		
Su_debt					0.019**	0.017**
					(2.33)	(2.11)
pgdp	−0.059	−0.045	−0.116	−0.110	−0.093	−0.086
	(−0.26)	(−0.20)	(−0.56)	(−0.55)	(−0.45)	(−0.42)
town	−0.017	−0.012	−0.007	−0.006	−0.011	−0.010
	(−0.52)	(−0.53)	(−0.35)	(−0.29)	(−0.55)	(−0.50)
fai	0.307	0.281	0.302	0.280	0.297	0.276
	(0.98)	(0.92)	(0.91)	(0.85)	(0.92)	(0.85)
open	5.412***	5.461***	5.216***	5.259***	5.341***	5.389***
	(4.00)	(3.97)	(5.21)	(5.03)	(5.23)	(5.09)
fdi	−0.069	−0.058	−0.069	−0.058	−0.071	−0.062
	(−1.22)	(−1.07)	(−1.31)	(−1.15)	(−1.32)	(−1.18)
$\omega \times$ Do_debt	−0.006*	−0.019*				
	(−1.62)	(−1.66)				
$\omega \times$ Re_debt			−0.003	−0.006**		
			(−1.11)	(−1.97)		
$\omega \times$ Su_debt					−0.002	−0.005*
					(−1.20)	(−1.82)
ρ	−1.117	−0.464***	−0.139	−0.433***	−0.136	−0.442***
	(−1.37)	(−3.62)	(−1.34)	(−3.21)	(−1.39)	(−3.33)
R-squared	0.081	0.085	0.087	0.091	0.090	0.094
Log-likehood	−82.792	−80.483	−81.291	−79.367	−80.840	−78.838
Region	Yes	Yes	Yes	Yes	Yes	Yes
Time	Yes	Yes	Yes	Yes	Yes	Yes

二、考虑政策影响

为考虑新《预算法》带来的地方政府融资举债环境的变化影响,将 2015—2018 年的子样本重新进行回归分析,分析结果如表 9-9 和表 9-10 所示。从两个表格中可以看出,回归结果仍无变化。

表 9-9 稳健性检验[子样本回归(主回归)]

变量	一元相邻 (1)	空间距离 (2)	二元相邻 (3)	空间距离 (4)	二元相邻 (5)	空间距离 (6)
Do_debt	0.068*	0.066*				
	(1.78)	(1.66)				
Re_debt			0.023**	0.020**		
			(2.46)	(2.43)		
Su_debt					0.021***	0.019***
					(3.15)	(2.76)
pgdp	−0.300	−0.309	−0.319	−0.232	−0.301	−0.265
	(−1.03)	(−1.18)	(−1.05)	(−0.86)	(−1.01)	(−1.01)
town	−0.009	0.001	−0.008	−0.003	−0.010	0.001
	(−0.37)	(0.04)	(−0.34)	(−0.17)	(−0.43)	(0.03)
fai	0.319	0.243	0.307	0.304	0.297	0.263
	(1.02)	(0.78)	(0.90)	(0.89)	(0.90)	(0.79)
open	5.526***	5.710***	5.494***	5.355***	5.372***	5.259***
	(2.66)	(2.70)	(3.42)	(3.42)	(3.32)	(3.30)
fdi	−0.027	0.013	−0.026	−0.004	−0.026	0.004
	(−0.30)	(0.17)	(−0.32)	(−0.05)	(−0.32)	(0.06)
ω×Do_debt	−0.030	−0.251*				
	(−0.41)	(−1.83)				
ω×Re_debt			−0.019	−0.161***		
			(−1.38)	(−3.31)		
ω×Su_debt					−0.016	−0.121***
					(−1.39)	(−3.14)
ω×pgdp	0.217	−0.914	0.129	−0.899	0.134	−1.275
	(0.53)	(−0.91)	(0.26)	(−1.13)	(0.28)	(−1.41)
ω×town	0.014	0.157	0.027	0.169**	0.025	0.209
	(0.35)	(1.41)	(0.62)	(1.88)	(0.57)	(2.02)

续表 9-9

变量	二元相邻 (1)	空间距离 (2)	二元相邻 (3)	空间距离 (4)	二元相邻 (5)	空间距离 (6)
ω×fai	−0.431	−1.267**	−0.473	−0.621	−0.466	−0.991
	(−0.89)	(−1.69)	(−0.99)	(−1.09)	(−0.96)	(−1.59)
ω×open	−2.598	−2.717	−2.925	−8.140**	−2.670	−6.195*
	(−1.13)	(−0.76)	(−1.48)	(−2.49)	(−1.31)	(−1.92)

表 9-10 稳健性检验[子样本回归(交乘项)]

变量	二元相邻 (1)	空间距离 (2)	二元相邻 (3)	空间距离 (4)	二元相邻 (5)	空间距离 (6)
Do_debt	0.149***	0.089**				
	(2.80)	(2.47)				
Do_debt×fd	−0.328**	−0.159*				
	(−2.01)	(−1.81)				
Re_debt			0.056***	0.039**		
			(3.43)	(1.97)		
Re_debt×fd			−0.076**	−0.044**		
			(−2.21)	(−2.26)		
Su_debt					0.044***	0.029*
					(3.21)	(1.85)
Su_debt×fd					−0.058*	−0.031
					(−1.79)	(−0.97)
pgdp	−0.291	−0.303	−0.274	−0.264	−0.263	−0.284
	(−1.01)	(−1.27)	(−0.92)	(−1.04)	(−0.89)	(−1.16)
town	−0.004	0.002	−0.012	−0.002	−0.012	0.001
	(−0.15)	(0.08)	(−0.50)	(−0.09)	(−0.50)	(0.04)
fai	0.187	0.176	0.171	0.179	0.173	0.161
	(0.55)	(0.52)	(0.50)	(0.51)	(0.51)	(0.46)
open	6.028***	6.7***	5.722***	5.351***	5.693***	5.531***
	(3.21)	(3.34)	(3.45)	(3.46)	(3.49)	(3.53)
fdi	−0.030	0.011	−0.032	−0.012	−0.03	−0.003
	(−0.29)	(0.12)	(−0.38)	(−0.15)	(−0.34)	(−0.04)

续表 9-10

变量	二元相邻 (1)	空间距离 (2)	二元相邻 (3)	空间距离 (4)	二元相邻 (5)	空间距离 (6)
$\omega\times\text{Do\_debt}$	0.025	−0.747**				
	(0.24)	(−2.26)				
$\omega\times\text{Do\_debt}\times\text{fd}$	−0.105	−1.449*				
	(−0.22)	(−1.69)				
$\omega\times\text{Re\_debt}$			−0.054**	−0.309***		
			(−2.38)	(−2.73)		
$\omega\times\text{Re\_debt}\times\text{fd}$			−0.076**	−0.427*		
			(−1.96)	(−1.80)		
$\omega\times\text{Su\_debt}$					−0.034***	−0.231***
					(−3.94)	(−2.82)
$\omega\times\text{Su\_debt}\times\text{fd}$					−0.043*	−0.341*
					(−0.73)	(−1.95)
$\omega\times\text{pgdp}$	0.083	−0.625	0.049	−1.324	0.064	−1.401
	(0.19)	(−0.59)	(0.09)	(−1.39)	(0.13)	(−1.44)
$\omega\times\text{town}$	0.031	0.115	0.034	0.187*	0.032	0.196*
	(0.74)	(0.97)	(0.74)	(1.92)	(0.72)	(1.89)
$\omega\times\text{fai}$	−0.466	−1.026	−0.321	−0.837	−0.348	−1.062
	(−1.02)	(−1.35)	(−0.62)	(−1.34)	(−0.68)	(−1.61)
$\omega\times\text{open}$	−4.277*	−2.136	−3.257	−8.165**	−3.111	−5.977*
	(−1.86)	(−0.64)	(−1.52)	(−2.46)	(−1.51)	(−1.85)
$\omega\times\text{fdi}$	−0.016	0.747**	0.012	0.777**	−0.013	0.815**
	(−0.06)	(2.36)	(0.054)	(2.44)	(−0.05)	(2.54)
ρ	−0.073	−0.466***	−0.045	−0.453**	−0.051	−0.453**
	(−1.21)	(−2.60)	(−0.79)	(−2.29)	(−0.87)	(−2.37)
N	120	120	120	120	120	120
R-squared	0.775	0.786	0.769	0.820	0.796	0.801
Wald_spatial_lag	2.89*	4.58**	4.90***	20.18***	30.12***	29.66***
Wald_spatial_error	1.20	1.27	44.37***	12.68***	21.63***	34.01***
Hausman	18.01***	13.73***	23.01***	8.73**	10.32***	15.60***
Region	Yes	Yes	Yes	Yes	Yes	Yes
Time	Yes	Yes	Yes	Yes	Yes	Yes

第六节 研究小结

本部分实证检验了地方政府显性债务、隐性债务和综合债务对区域性金融风险的空间效应。研究发现以下5点结论。

(1)我国区域性金融风险呈现出高低聚集的空间分布格局。东部最高,西部次之,中部最低。

(2)地方政府债务显著正向促进辖区内的区域性金融风险。地方政府债务扩大产生的风险是诱发区域性金融风险,并最终导致系统性金融风险的重要原因。

(3)地方政府债务会引起区域性金融风险特定地区不断积累。引起区域性金融风险聚集的主要原因是辖区内隐性债务的不断扩张。

(4)地方财力的下降是诱发政府债务聚集区域性金融风险的重要原因。地方政府财力下降会沿着区域性金融风险的辖区内自我积累与吸引辖区间资金流入两条路径,最终导致区域性金融风险的不断聚集。

(5)我国的系统性金融风险最有可能因为东部地区的区域性金融风险不可控而爆发,并迅速演变成全局风险。

基于此,我们提出以下政策建议。

(1)抓主要矛盾,分地分类治理区域性金融风险。重点关注东部经济发达地区和西部经济脆弱地区的区域性金融风险,防止其最终演变成系统性金融风险。

(2)进一步加强对地方政府债务尤其是地方政府隐性债务的管控,逐步消化隐性债务存量。禁止地方政府的违规举债行为,防止财政风险向金融系统的进一步扩散。

(3)进一步释放地方政府财权,促进地方政府财权事权匹配,增强地方政府财力,遏制地方政府因偿债压力增大而进一步使区域性金融风险聚集的势头。

第十章 地方政府债务对区域金融资源配置效率的影响

随着中国经济进入高质量发展阶段,金融领域的主要矛盾也从总量矛盾转为金融有效供给不足,供给结构失衡的矛盾。中国金融发展陷入资金面宽裕但承担风险的资金少、融资规模大但有效引导资金的机制欠缺、注重短期投资而忽视长期投资、重视大企业大项目而忽视小企业的融资困境。因此,中国金融发展必须从关注"规模"向关注"质量"转型,使资源配置更加与经济发展的质量、效率和动力变革相适应。然而在中国,阻碍金融高质量发展的最大制度性羁绊是财政与金融的"不分家"。这种财政与金融的职能交叉表现为金融替财政融资,例如"地方融资平台"通过商业银行贷款、"影子银行"和"城投债"等渠道为政府筹措资金。金融承担财政功能引发了巨量的隐性债务,也是造成中国主权信用评级在国际上下降的重要原因。

地方政府债务直接参与金融资源配置,势必对金融资源配置效率产生影响,但这种影响效果却存在不同的争论。一种观点认为地方政府在金融发展中发挥了"扶持之手"的作用。知识产权保护、契约执行保证和法律体系存在缺陷的发展中国家政府利用其掌握的充分宏观经济运行信息,调配金融资源,运用其信息优势地位,提高资金配置效率[275-276]。一些学者认为中国确实存在上述的制度缺陷,至少在中国的经济欠发达地区,政府通过债务调配资源进行投资,可以有效促进地区金融发展[277-278]。然而,以McKinnon和Shaw为代表的学者秉承"金融深化"理论,认为政府的干预是造成金融资源浪费的重要原因[279-280],地方政府参与金融资源配置是对金融资源的野蛮掠夺,将积累金融风险,造成金融资源错配,抑制金融发展[281]。在中国,也有学者得出了类似结论,认为地方政府的债务融资行为破坏了市场规则,债务资金大规模流入非效率领域,使得金融资源配置效率不断下降[282-283]。

地方政府债务融资对金融配置效率的影响在中国尚无统一结论。目前的研究忽略了两个重要的问题。第一,是对金融资源配置效率的定义还停留在"总量效率"阶段,以可供配置的金融资源总量和金融行业产值的增加作为金融资源配置效率的评价标准。这种做法符合金融服务于实体经济的早期理论,但是忽视了经济发展必然从数量向质量转变的趋势,因此金融资源配置必须进行质量变革,以更好地与实体经济相适应。第二,中国的地方政府债务具有自身鲜明的特点,最典型的就是隐性债务问题。2015年以前,地方政府长期没有发债权,即便是在2015年以后,渐进式的财政体制改革也无法在短期内以显性债务的方式满足地方政府的资金需求。作为应对,地方政府通过设立国有"融资平台公司",吸收大量资金,这些债务资金不纳入政府预算,不受政府预算监督,甚至有大量非法债务,这些债务的积累给地方政府带来了巨大的财政风险,由此产生了一系列连锁反应。政府债务从资金的获取,到资金的使用和偿还,都参与到了金融资源的配置当中,必然对金融资源的配置效率产生影响,但是这方面的内容却少有被讨论,成为当前研究的一个不足。

第一节 理论推导与假设提出

一、地方政府债务与金融资源配置效率

1. 金融结构理论

Goldsmith 认为金融发展不能简单地用金融规模来衡量,重点应该是金融结构的变化,并认为不同的产业结构需要不同的金融结构相配合[284]。Patrick 发现经济发展的初期阶段,经济增长的主要特征是"量"的积累,此时需要金融系统广泛动员储蓄,加强风险管理,为各方交易提供便利,以配合经济规模的不断扩张[285]。在经济发展较发达的阶段,经济增长特征由注重"量"的积累转变为寻求"质"的提升,此时实体经济对金融资源的配置提出更高的质量要求,金融资源需要进一步扶持新兴产业,促进民营企业发展并推动产业结构的优化升级。林毅夫等[286]认为市场主导型的金融机构能促进新兴产业的发展,而银行主导型的金融机构则更偏向于传统行业。如果金融结构无法适应经济高质量发展的要求,将会对经济发展产生阻碍作用[287]。在中国,地方政府举债行为会阻碍金融结构向更高质量发展,从而降低金融资源的配置效率,主要可以从以下 3 个方面进行推导。

第一,地方政府债务倾向于投入到非效率的公共领域,而非向高技术领域布局,不利于产业结构的优化升级。财政与金融的本质不同,政府支出的目的并非是为了获得具体的投资收益,而是为了提高社会总体福利水平。政府投资往往回报周期长,难以产生经济效益。另外,基础设施建设涉及的往往是传统建筑行业,大量的基础设施投资不利于产业结构的优化升级。中国特有的官员晋升机制使官员在任期内的经济增长水平成为官员晋升的重要依据。由于地方官员的任期限制,地方主政官员倾向于在任期内投资能够在短期内带来大量就业和产出的公共设施项目,而不愿意投资诸如教育、医疗、高科技、环保等产业。因此,大量的资金被政府占用投入到非效率领域,使得金融资源配置效率不断降低。

第二,地方政府有义务保证辖区内国有企业存续,造成"僵尸企业"问题。中国国有资产管理体制中,政府既是企业的所有者,又是公共管理者,对金融资源配置拥有强大的影响力。因此,地方政府有义务保证地方国有企业存续,当国有企业经营不佳,面临退市时,地方政府便会出手相助,政府替国营企业担保向银行贷款,产生地方政府的隐性债务。与此同时,银行也倾向于向"僵尸企业"持续提供资金,以使自己不佳的财务状况能够被延期披露[288-290]。甚至地方政府可能利用债务资金向"僵尸企业"输血,金融资源配置效率持续被降低。

第三,过度刺激计划抑制产业结构升级,拉低生产效率并使贫富差距不断拉大。为应对金融危机,中央政府推出"四万亿"经济刺激计划,刺激计划下放到地方又被层层加码,这些资金主要靠债务筹措,基本投向了基础设施领域。强烈的刺激计划使政府投资挤出民间投资,效率低下,导致房价飞涨,产业结构固化,消费水平下降,贫富差距拉大。这些均是金融资源配置效率低下的表现。

第十章　地方政府债务对区域金融资源配置效率的影响

2. 金融深化理论

金融深化理论的核心是反对政府对金融领域的干预，实行金融自由化[291-292]。金融深化理论认为政府管制将造成实际利率难以补偿金融机构成本，国有企业和存在政治关联的公司将获得更多金融资源，那些真正有前途的企业却被排斥在金融体系之外，这将造成金融资源的盲目配置，资金使用效率低下[293]。金融深化理论认为只有减少政府干预，使市场在金融资源配置中发挥绝对作用，增加流动性，才能提高金融资源配置效率[294]。基于此，中国地方政府债务降低金融资源配置效率的依据主要有2点。

第一，中国信贷市场市场化程度较低，表内贷款利率较低[295]，由于中国地方政府天生具有的"高信用"属性和"刚性兑付"承诺，商业银行更倾向于向政府贷款而非向具有高风险级别的民营企业贷款，这产生了政府债务对民营企业贷款的第一次挤出。

第二，2010年中国银监会限制了银行对地方融资平台公司的新增贷款，使地方政府从银行获取大规模融资的难度增加，于是，运用政府控制的融资平台进行间接举债便成为地方政府普遍采取的应对措施。鉴于商业银行表外贷款利率高于表内贷款利率，商业银行更倾向于运用表外贷款的方式向政府贷款。在"影子银行"体系内，较高的贷款利率又把一部分低收益企业排除在外，地方政府为获取债务融资不断推高"影子银行"体系内的贷款利率，加之商业银行对地方政府贷款的偏好，民营企业的贷款被第二次挤出。地方政府债务对民营企业贷款的两次挤出使大量金融资源掌握在政府手中，民营企业缺乏活力和生长空间。地方政府的投资方向又具有天然的低效率属性，因此金融资源配置效率水平随着地方政府债务融资规模的扩大而不断降低。基于此，提出如下假设。

假设10-1a：地方政府显性债务与金融资源配置效率呈显著负相关关系，地方政府显性债务规模的扩大会降低金融资源配置效率。

假设10-1b：地方政府隐性债务与金融资源配置效率呈显著负相关关系，地方政府隐性债务规模的扩大会拉低金融资源配置效率。

二、银行"软约束"与市场化水平的调节作用

在中国，地方政府与辖区商业银行具有特殊的关联关系，表现为商业银行对地方政府的过度包容，我们称为银行对地方政府的"软约束"。政府债务危机将带来政府信用危机，政府持续融资空间被不断压缩，最终将导致政府破产[296]。银行对地方政府的软约束使银行无视地方政府债务扩大产生的风险，不断向地方政府投资。第一，地方商业银行隶地方政府，银行决策受到地方政府的"干扰"，当地方政府需要债务资金时，收到指示的银行便不得不向地方政府提供资金。第二，地方商业银行有持有地方债权的偏好。这主要是因为地方政府的超高信用。鉴于中央对地方政府的财政"兜底"，在实际融资过程中，地方政府会倾向于提供高利率和"刚性兑现"的承诺，使商业银行承担更小的风险并获得更大的利益。第三，商业银行的管理者政治晋升的愿望，因此会迎合地方政府的融资需求，听从地方政府的指示，不断向地方政府输送资金。地方政府也会干预银行贷款的投资方向，使银行贷款流向政府希望的方向。因此，当银行对地方政府的"软约束"越强时，地方政府会越来越有恃无恐地获取债务融资，金

融资源配置效率便会受到更严重的破坏。基于此,提出以下假设。

假设10-2a:银行"软约束"正向调节地方政府显性债务对金融资源配置效率有负向作用。银行"软约束"越强,地方政府显性债务率对金融资源配置效率的破坏力越强。

假设10-2b:银行"软约束"正向调节地方政府隐性债务对金融资源配置效率有负向作用。银行"软约束"越强,地方政府隐性债务对金融资源配置效率的破坏力越强。

金融深化理论认为金融资源配置效率低下的原因是政府粗暴地干预市场,导致利率不够市场化,难以展示市场真实的资金供需情况,也无法给其他金融资产定价。因此市场化水平越高,金融资源的流动性越大,金融资源的配置效率就越高。虽然中国的市场化进程不断推进,但是各领域仍然存在非市场化因素配置资源的情况。首先,国债利率不够市场化难以为其他金融资产提供定价标准。其次,商业银行表内贷款利率不够市场化造成严重的"影子银行"问题,商业银行通过表外贷款的方式向政府贷款,加大了地方政府的债务规模。最后,民营企业在贷款时受到了不公正对待,金融资源被诸如政府和国有企业等非市场化部门所大量占用,无效投资、重复投资问题严重,真正具有发展前景的民营企业却面临越来越艰难的生存空间。Huang等发现地方政府融资挤出了民营企业投资,但对国有企业和外资企业却没有影响[297]。Wei等发现地方政府会加大对国有企业的信贷补贴,在国有企业份额高的地区,金融资源的配置效率变得更低[298]。换言之,如果市场化水平越高,国债与银行贷款利率完全反映市场资金供需,政府也不对商业银行进行过多干预,那么投资者便会对政府和企业进行充分的风险识别,民营企业贷款便会受到公正对待,资源配置效率也会随之提高。基于此,提出如下假设。

假设10-3a:市场化水平负向调节地方政府显性债务对金融资源配置效率有负向作用,市场化水平越高,地方政府显性债务对金融资源配置效率的破坏力越弱。

假设10-3b:市场化水平负向调节地方政府隐性债务对金融资源配置效率有负向作用,市场化水平越高,地方政府隐性债务对金融资源配置效率的破坏力越弱。

第二节 研究设计

一、指标选取

本部分实证检验地方政府显性债务、隐性债务对金融资源配置效率的影响,对各变量设定如下。

(1)被解释变量:区域金融资源配置效率。以往研究往往将金融业增加值作为金融资源配置效率测算的产出指标,这显然没有将金融资源配置的质量纳入考量,实体经济数量增长关注规模和速度,而质量提高则更加关注经济结构尤其是产业结构的优化升级。基于此,我们对区域金融资源配置效率的投入产出指标设置如表10-1所示。

第十章 地方政府债务对区域金融资源配置效率的影响

表 10-1 区域金融资源配置效率的投入产出指标

指标类别	指标名称	指标含义	数据来源
投入类	地方信用债余额增长率	地方企业为筹集资金发行的债券余额增长率,指标反映了地方企业获取债务直接融资情况	Wind 数据库
	贷款余额增长率	商业银行贷款余额增长率,指标反映银行贷款金融资源分配情况	Wind 数据库
	固定资产投资完成额增长率	指标反映固定资产投资规模和增速,也反映工程进度以及投资效果	国家统计局
产出类	主营业务收入增长率	所有企业主要业务所产生的基本收入	国家统计局
	社会消费品零售总额增长率	指标反映实体经济中流通领域的情况	国家统计局
	产业结构偏离度	三大产业产值人员比与总产值人员比的偏离度,计算公式为 $-\sum_{i=1}^{n}\left|\frac{\frac{Y_I}{L_I}}{\frac{Y}{L}}-1\right|$,其中 Y 为产值,L 为就业人数,$i=\{1,2,3\}$ 指三大产业,指标数值越大代表产业结构越合理	国家统计局

本书借鉴现有研究成果中的测算方法[299],运用超效率 DEA 模型(SE-DEA)测算区域金融资源配置效率。

(2)核心解释变量:地方政府债务(Debt)。

(3)调节变量:金融信贷软约束与市场化水平。以商业银行不良贷款率作为商业银行对地方政府软约束的代理变量。市场化水平数据取自王小鲁和樊纲《中国分省份市场化指数报告》(2008—2019 年)。

(4)控制变量:借鉴现有研究,选取经济发展水平、城镇化率、金融发展水平、外商直接投资、财政自主度以及土地财政作为控制变量。相关变量符号与变量解释如表 10-2 所示。

表 10-2 变量符号与变量解释表

变量类型	变量名称	符号	变量解释
被解释变量	区域金融资源配置效率	efficiency	超效率 DEA 模型计算的金融资源配置效率
解释变量	地方政府显性债务	Do_debt	地方政府显性债务规模/地方政府综合财力
	地方政府隐性债务	Re_debt	地方政府隐性债务规模/地方政府综合财力
调节变量	金融信贷软约束	fdr	地方政府财政存款/金融机构存款
	市场化水平	mar	王小鲁和樊纲《中国分省份市场化指数报告》(2008—2019 年)中披露的数据

续表 10-2

变量类型	变量名称	符号	变量解释
控制变量	经济发展水平	pgdp	各地区各年度人均国内生产总值
	城镇化率	urban	各地区各年度年末城镇人口/总人口
	金融发展水平	fir	各地区各年度金融业增长额/GDP
	外商直接投资	fdi	各地区各年度外商直接投资额/GDP
	财政自主度	fd	地方政府一般预算收入/地方政府一般预算支出
	土地财政	land	各地区各年度土地出让金收入增长率

二、模型设定

本书运用 OLS 模型、固定效用模型、系统 GMM 模型与空间效应模型对地方政府显性债务、隐性债务与金融资源配置效率的影响关系进行回归,模型设定如下

$$Efficiency_{it} = \alpha + Efficiency_{it-1} + \alpha_1 Debt_{it} + \alpha_i Contrls_{it} + \mu_i + \lambda_i + \varepsilon_{it} \tag{10-1}$$

$$Efficiency_{it} = \alpha + \rho \sum_{j=1}^{30} \omega_{ij} Efficiency_{ij} + \alpha_1 Debt_{it} + \gamma \sum_{j=1}^{30} \omega_{ij} Debt_{ij} + \alpha_i Contrls_{it} + \mu_i + \lambda_i + \varepsilon_{it} \tag{10-2}$$

$$Efficiency_{it} = \alpha + Efficiency_{it-1} + \alpha_1 Debt_{it} + \alpha_2 Debt_{it} \times Frd_{it} + \alpha_i Contrls_{it} + \mu_i + \lambda_i + \varepsilon_{it} \tag{10-3}$$

$$Efficiency_{it} = \alpha + \rho \sum_{j=1}^{30} \omega_{ij} Efficiency_{ij} + \alpha_1 Debt_{it} + \gamma_1 \sum_{j=1}^{30} \omega_{ij} Debt_{ij} + \alpha_2 Debt_{it} \times Frd_{it} + \gamma_2 \sum_{j=1}^{30} \omega_{ij} Debt_{it} \times Frd_{it} + \alpha_i Contrls_{it} + \mu_i + \lambda_i + \varepsilon_{it} \tag{10-4}$$

$$Efficiency_{it} = \alpha + Efficiency_{it-1} + \alpha_1 Debt_{it} + \alpha_2 Debt_{it} \times Mar_{it} + \alpha_i Contrls_{it} + \mu_i + \lambda_i + \varepsilon_{it} \tag{10-5}$$

$$Efficiency_{it} = \alpha + \rho \sum_{j=1}^{30} \omega_{ij} Efficiency_{ij} + \alpha_1 Debt_{it} + \gamma_1 \sum_{j=1}^{30} \omega_{ij} Debt_{ij} + \alpha_2 Debt_{it} \times Mar_{it} + \gamma_2 \sum_{j=1}^{30} \omega_{ij} Debt_{it} \times Mar_{it} + \alpha_i Contrls_{it} + \mu_i + \lambda_i + \varepsilon_{it} \tag{10-6}$$

模型(10-1)和模型(10-2)用来检验假设 10-1a 与假设 10-1b,模型(10-1)中 $Efficiency_{it}$ 指各地区各年度区域金融资源配置效率;$Efficiency_{it-1}$ 为系统 GMM 模型中区域金融资源配置效率的滞后项;$Debt_{it}$ 为地方政府债务,分为地方政府显性债务(Do_debt)和隐性债务(Re_debt);$Contrls_{it}$ 为控制变量;μ_i 和 λ_i 分别为固定效用模型中的地区固定效用和时间固定效用;ε_{it}

为残差。模型(10-2)中 $\sum_{j=1}^{30}\omega_{ij}Efficiency_{ij}$ 为空间回归模型中区域金融资源配置效率的空间滞后项;$\sum_{j=1}^{30}\omega_{ij}Debt_{ij}$ 为空间回归模型中地方政府债务的空间滞后项,亦分为显性债务与隐性债务两部分;ω_{ij} 为空间权重矩阵,本书采用空间临近矩阵;ρ 为空间自相关系数。

模型(10-3)和模型(10-4)用来检验假设10-2a与假设10-2b,模型(10-3)中 $Debt_{it}\times Frd_{it}$ 为地方政府债务率与银行"软约束"的交互项。模型(10-4)中 $\sum_{j=1}^{30}\omega_{ij}Deb_{it}\times Frd_{it}$ 为空间回归模型中政府债务率与金融信贷"软约束"交互项的空间滞后项。模型(10-5)和模型(10-6)用来检验假设10-3a与假设10-3b,模型(10-5)中 $Debt_{it}\times Mar_{it}$ 是地方政府债务率与市场化水平的交互项。模型(10-6)中 $\sum_{j=1}^{30}\omega_{ij}Debt_{it}\times Mar_{it}$ 为空间回归模型中地方政府债务率与市场化水平交互项的空间滞后项。

第三节 实证结果分析

一、描述性统计

从表10-3中可以看出,区域金融资源配置效率的最大值为1.150,最小值为0.199,极差较大说明中国金融资源配置效率的差异较大。地方政府显性债务的最大值为5.117,最小值为0,出现这种现象的原因是地方政府很长一段时间内没有被赋予发债的权力,因此在早期某些地区的显性债务为0,而以中央"代发代还""代发自还"最终到"自发自还"的政府债券发展过程中,地方政府债券受到中央政府的严格控制,因此地方政府的显性债务率并没有出现较大的极差,这恰恰说明地方政府显性债务受到了更加严格的监管。地方政府隐性债务的最大值为18.283,最小值仅为0.191,极差巨大反映出地方政府隐性债务的无序发展。在地方政府发债权受到限制,而又有巨大的发展资金需求时,隐性债务作为应对手段便应运而生,隐性债务天然的隐蔽性使其规模迅速膨胀。然而地方政府通过隐性债务手段筹措资金的能力却受到不同地区经济发展水平的约束,经济发达的省份由于税收收入充足,金融体系发展较充分,越能够筹集巨额资金,而经济欠发达的省份由于偿债资金不充裕,相比经济发达省份所能筹集的资金变得较少,这也是地方政府隐性债务率极差巨大的原因之一。

表10-3 描述性统计表

变量名称	符号	mean	max	min	sd	variance	N
区域金融资源配置效率	efficiency	0.627	1.150	0.199	0.319	0.102	330
地方政府显性债务	Do_debt	0.583	5.117	0.000	1.001	0.583	330
地方政府隐性债务	Re_debt	4.074	18.283	0.191	4.186	4.074	330
金融信贷软约束	fdr	2.311	24.600	0.350	2.937	8.627	330

续表 10-3

变量名称	符号	mean	max	min	sd	variance	N
市场化水平	mar	6.526	11.378	2.372	1.928	3.717	330
经济发展水平	pgdp	10.551	11.851	8.841	0.562	0.316	330
城镇化率	urban	54.687	89.600	28.240	13.372	178.803	330
金融发展水平	fir	2.953	8.297	1.288	1.163	1.352	330
外商直接投资	fdi	0.408	5.385	0.054	0.526	0.277	330
财政自主度	fd	0.511	0.951	0.148	0.195	0.038	330
土地财政	land	0.279	13.175	−4.865	0.879	0.773	330

将地方政府显性债务和隐性债务按其均值 0.583 和 4.074 分为高、低两个分组，之后在不同债务类型的高、低分组内对金融资源配置效率进行独立样本的符号秩检验，检验结果如表 10-4 所示。由表 10-4 可以看出，高显性债务率分组的效率均值为 0.659，低显性债务率分组的效率均值为 0.613，但未通过秩检验，接受了高、低两个显性债务分组金融资源配置效率具有相同分布的原假设，这说明高显性债务率分组与低显性债务率分组的金融资源配置效率值并无显著差异。高隐性债务率分组的金融资源配置效率均值为 0.598，低隐性债务率分组的金融资源配置效率为 0.641，且通过了秩检验，拒绝了两个分组效率值具有相同分布的原假设，这说明高隐性债务分组的金融资源配置效率显著低于低隐性债务分组的金融资源配置效率。隐性债务率的高低是区分金融资源配置效率高低的重要依据，更高的隐性债务率意味着更低的金融资源配置效率。这初步验证了假设 10-1b 的正确性。

表 10-4 独立样本的符号秩检验

分组	效率均值	秩均值	Z 统计量	P 值	结论
高显性债务	0.659	182.67	−0.259	0.796	接受原假设
低显性债务	0.613	179.57			
高隐性债务	0.598	149.08	−4.025	0.000	拒绝原假设
低隐性债务	0.641	196.01			

二、回归结果与分析

表 10-5 为地方政府显性债务率、隐性债务率对区域金融资源配置效率的 OLS 模型、固定效用模型、系统 GMM 模型与空间效应模型的回归结果。从表 10-5 的第(1)、(2)两列可以看出，OLS 模型显示地方政府显性债务率对金融资源配置效率的系数为 0.014，但未通过显著性检验，说明地方政府显性债务率的提高并不显著影响金融资源配置效率。相比之下，地方政府隐性债务率与金融资源配置效率的系数为 −0.110，在 5% 的水平下通过了显著性检验，说明地方政府隐性债务率显著负向影响金融资源配置效率，地方政府隐性债务的扩张会拉低金融资源配置效率，使金融资源不断流向非效率领域，阻碍经济的高质量发展。

第十章 地方政府债务对区域金融资源配置效率的影响

表10-5的第(3)、(4)两列显示,在控制了地区和时间的双向固定效应之后,地方政府显性债务率仍然没有对金融资源配置效率产生显著的影响,而地方政府隐性债务率仍然显著负向影响金融资源配置效率。

表10-5的第(5)、(6)两列显示,在系统GMM模型中,地方政府显性债务率对金融资源配置效率没有发生显著的影响,而隐性债务率的升高仍然显著降低了金融资源配置效率。值得注意的是,当期金融资源配置效率受到往期金融资源配置效率水平的显著正向影响,金融资源配置效率具有"滚动效应"。换言之,当金融资源配置效率下降时,会进一步对自身造成消极影响。如果地方政府债务持续扩张,金融资源配置效率降低后配合自身的滚动效应,会对金融资源配置效率造成更大破坏。

表10-5的第(7)、(8)两列显示空间杜宾模型(SDM模型)具有更好的有效性。从回归结果可以看出,在考虑了金融资源配置效率自身的空间关联性以及地方政府债务对金融资源配置效率的空间关联性之后,地方政府显性债务率对金融资源配置效率仍未发生显著影响,而地方政府隐性债务率的扩大则会显著降低金融资源配置效率水平。除此之外,值得注意的是空间自相关系数 ρ 显著为正,说明中国的金融资源配置效率水平呈高低聚集特点。综上所述,OLS模型、固定效用模型、系统GMM模型和空间效应模型均显示地方政府显性债务率对金融资源配置效率不发生显著的影响,而隐性债务率的提高会拉低金融资源配置效率,假设10-1a未得到验证,假设10-1b得到验证。

表10-5 地方政府债务与金融资源配置效率回归结果

变量	OLS模型		固定效用模型		系统GMM模型		空间效应模型	
	(1)	(2)	(3)	(4)	(5)	(6)	(7)	(8)
	Do_debt	Re_debt	Do_debt	Re_debt	Do_debt	Re_debt	Do_debt	Re_debt
Lefficiency					0.121***	0.116***		
					(3.40)	(3.30)		
Do_debt	0.014		−0.017		−0.019		−0.012	
	(0.09)		(−0.29)		(−0.32)		(−1.27)	
Re_debt		−0.110**		−0.112**		−0.112**		−0.110**
		(−2.27)		(−2.47)		(−2.03)		(−2.27)
pgdp	0.129*	0.133*	0.066	0.078	0.115	0.119	0.050	0.050
	(1.75)	(1.93)	(0.88)	(1.11)	(1.35)	(1.48)	(0.75)	(0.74)
urban	−0.009**	−0.008*	−0.004*	−0.004*	−0.005*	−0.004*	−0.002**	−0.001**
	(−2.26)	(−2.09)	(−1.97)	(−1.93)	(−1.95)	(−1.93)	(−2.58)	(−2.49)
fir	−0.017	−0.002	0.011	0.027	−0.029	−0.002	0.011	0.019
	(−0.76)	(−0.11)	(0.49)	(−1.27)	(−0.99)	(−0.06)	(0.55)	(0.87)

续表 10-5

变量	OLS模型		固定效用模型		系统GMM模型		空间效应模型	
	(1)	(2)	(3)	(4)	(5)	(6)	(7)	(8)
	Do_debt	Re_debt	Do_debt	Re_debt	Do_debt	Re_debt	Do_debt	Re_debt
fdi	−0.005	−0.009	−0.007	−0.005	0.040	0.027	−0.018*	−0.027*
	(−0.13)	(−0.24)	(−0.16)	(−0.13)	(0.80)	(0.55)	(−1.68)	(−1.96)
fd	−0.413**	−0.405**	−0.049	−0.112	−0.143	−0.157	−0.099	−0.161
	(−2.13)	(−2.18)	(−0.31)	(−0.76)	(−0.80)	(−0.99)	(−0.99)	(−1.06)
land	−0.021**	−0.020**	−0.022**	−0.021**	−0.047*	−0.044*	−0.015**	−0.015*
	(−2.06)	(−2.01)	(−2.05)	(−2.00)	(−2.80)	(−2.71)	(−2.35)	(−1.92)
ω×Do_debt							0.022	
							(1.17)	
ω×Re_debt								−0.006
								(−0.48)
ω×pgdp							−0.089	−0.020
							(−1.33)	(−0.31)
ω×urban							−0.002	−0.006*
							(−0.59)	(−1.84)
ω×fir							0.006	0.032
							(0.45)	(1.24)
ω×fdi							0.042*	0.033
							(1.66)	(1.17)
ω×fd							0.132	0.161
							(1.12)	(1.08)
ω×land							−0.061***	−0.062***
							(−2.70)	(−2.94)
ρ							0.257***	0.240***
Wald_spatial_lag							3.62*	5.56**
Wald_spatial_error							3.88**	6.99***
R-squared	0.471	0.530	0.345	0.297	—	—	0.509	0.647
Region	No	No	Yes	Yes	No	No	Yes	Yes
Time	No	No	Yes	Yes	No	No	Yes	Yes

第十章　地方政府债务对区域金融资源配置效率的影响

从控制变量上看,城镇化率与土地财政均显著负向影响金融资源配置效率,说明中国城市化的推进与土地出让金收入的增加会降低金融资源配置效率。中国城市化的推进往往是由政府主导的,大规模资金投入带动传统生产制造业发展,项目收益率低,投资回报周期长。而土地财政对金融资源配置效率的破坏呈现出鲜明的中国特色。土地财政收入是地方政府获取债务融资,偿还债务的重要保障。地方政府偿债资金高度依赖土地财政,并在最终获得土地出让金时清偿债务。这种"土地财政+平台贷款"的模式是政府获取债务资金的主要方式,但也带来了地价高昂,房价泡沫的问题,大量金融资源涌入房地产市场,房市无序扩张,泡沫严重,金融资源配置效率低下。

第四节　进一步研究

一、银行"软约束"的调节作用

为了验证银行"软约束"对地方政府债务率与金融资源配置效率之间负向作用的调节作用,构建地方政府显性债务率与金融资源配置效率的交互项 Do_debt×fdr 和地方政府隐性债务率与金融资源配置效率的交互项 Re_debt×fdr,分别对其进行 OLS 模型、固定效用模型、系统 GMM 模型以及空间杜宾模型的回归分析,结果如表10-6所示。由表可知,无论是在哪种模型中,地方政府隐性债务率与金融资源配置效率仍然呈现显著的负相关关系,隐性债务率的提高会降低金融资源配置效率,这与之前的结论相一致。交互项显示地方政府隐性债务率与金融资源配置效率的交互项 Re_debt×fdr 系数显著为正,说明银行对地方政府的"软约束"强化了地方政府隐性债务率对金融资源配置效率的负向作用,商业银行对地方的过度包容使隐性债务对金融资源配置效率的破坏性更大。此外,地方政府显性债务率与金融资源配置效率的回归系数不显著,说明显性债务对金融资源配置效率的影响不大,地方政府显性债务率与金融资源配置效率的交互项 Do_debt×fdr 系数不显著,亦未发现银行软约束对显性债务与金融资源配置效率有调节效应。假设10-2a 未得到验证,假设10-2b 得到验证。

表10-6　银行"软约束"的调节作用

变量	OLS 模型		固定效用模型		系统 GMM 模型		空间杜宾模型	
	(1)	(2)	(3)	(4)	(5)	(6)	(7)	(8)
Lefficiency					0.121***	0.117***		
					(3.38)	(3.32)		
Do_debt	−0.015		−0.019		−0.041		−0.013	
	(−0.60)		(−0.71)		(−0.92)		(−0.90)	
Re_debt		−0.115***		−0.115***		−0.128**		−0.120**
		(−2.89)		(−2.94)		(−2.47)		(−2.38)
Do_debt×fdr	0.006		0.006		0.023		0.004	
	(1.09)		(1.13)		(0.92)		(1.40)	

续表 10-6

变量	OLS 模型		固定效用模型		系统 GMM 模型		空间杜宾模型	
	(1)	(2)	(3)	(4)	(5)	(6)	(7)	(8)
Re_debt×fdr		0.052**		0.052**		0.049*		0.042**
		(1.99)		(1.97)		(1.68)		(1.92)
pgdp	0.050	0.068	0.069	0.079	0.112	0.126	−0.014	−0.038
	(0.71)	(1.06)	(0.93)	(1.13)	(1.30)	(1.57)	(−0.25)	(−0.70)
urban	−0.004*	−0.004*	−0.004**	−0.003*	−0.004**	−0.004**	0.002**	0.003**
	(−1.94)	(−1.92)	(−2.02)	(−1.90)	(−1.99)	(−1.97)	(2.52)	(2.60)
fir	0.007	0.015	0.001	0.012	−0.037	−0.012	−0.010	−0.014
	(0.34)	(0.69)	(0.04)	(0.52)	(−1.21)	(−0.37)	(−0.53)	(−0.78)
fdi	0.003	−0.002	0.013	0.002	0.040	0.029	−0.015	−0.006
	(0.08)	(−0.04)	(0.31)	(0.05)	(0.81)	(0.59)	(−0.74)	(−0.30)
fd	−0.035	−0.106	−0.075	−0.144	−0.161	−0.220	−0.038	−0.010
	(−0.23)	(−0.75)	(−0.47)	(−0.98)	(−0.90)	(−1.34)	(−0.17)	(−0.05)
land	−0.019**	−0.019**	−0.023**	−0.022**	−0.047*	−0.042*	−0.014*	−0.012**
	(−1.99)	(−1.98)	(−2.09)	(−1.96)	(−1.81)	(−1.83)	(−1.92)	(−1.99)
ω×Do_debt							−0.001	−0.001
							(−0.05)	(−0.18)
ω×Do_debt×fdr							0.005	
							(0.80)	
ω×Re_deb×fdr								0.051
								(0.75)
ω×pgdp							0.087	0.145
							(1.02)	(1.38)
ω×urban							−0.007	−0.009
							(−0.85)	(−0.94)
ω×fir							0.0127	0.037
							(0.30)	(0.73)
ω×fdi							0.023	0.016
							(0.87)	(0.56)
ω×fd							−0.029	−0.146
							(−0.13)	(−0.81)
ω×and							−0.003	−0.008
							(−0.04)	(−0.11)

续表 10-6

变量	OLS模型		固定效用模型		系统GMM模型		空间杜宾模型	
	(1)	(2)	(3)	(4)	(5)	(6)	(7)	(8)
ρ							0.261***	0.223***
Wald_spatial_lag							4.83**	3.65*
Wald_spatial_error							4.99**	4.64**
R-squared	0.148	0.372	0.156	0.380	—	—	0.318	0.217
Region	No	No	Yes	Yes	No	No	Yes	Yes
Time	No	No	Yes	Yes	No	No	Yes	Yes

二、市场化水平的调节作用

为了验证市场化水平对地方政府债务率与金融资源配置效率之间负向作用的调节作用，构建地方政府显性债务率与市场化水平的交互项 Do_debt×mar 和地方政府隐性债务率与市场化水平的交互项 Re_debt×mar，纳入模型，回归结果如表10-7所示，无论是在哪种模型中，地方政府隐性债务率与金融资源配置效率仍然呈现显著的负相关关系。隐性债务率的提高会降低金融资源配置效率，这与之前的结论相一致。从交互项上看，地方政府隐性债务率与市场化水平的交互项 Re_debt×mar 系数显著为负，说明市场化水平弱化了地方政府隐性债务率对金融资源配置效率的负向作用，市场化水平越高，越能约束地方政府对金融资源配置效率的破坏性。另外，表10-7中显示地方政府显性债务率与金融资源配置效率的系数显著为负，显性债务率与市场化水平的交互项 Do_debt×mar 系数也显著为负，但是基于之前的所有研究都未发现地方政府显性债务率对金融资源配置效率的显著影响，因此我们认为表10-7中给出的关于显性债务率的回归结果不具有足够的科学性，这一点我们在稳健性检验中也会做进一步验证。综上所述，假设10-3a 未得到验证，假设10-3b 得到验证。

表10-7 市场化水平的调节作用

变量	OLS模型		固定效用模型		系统GMM模型		空间杜宾模型	
	(1)	(2)	(3)	(4)	(5)	(6)	(7)	(8)
Lefficiency					0.126***	0.121***		
					(3.48)	(3.39)		
Do_debt	−0.050*		−0.442*		−0.668**		−0.937***	
	(−1.75)		(−1.83)		(−2.02)		(4.49)	
Re_debt		−0.125**		−0.121**		−0.206***		−0.187***
		(−2.34)		(−2.21)		(−2.93)		(−3.22)
Do_debt×mar	−0.163*		−0.175*		−0.267*		−0.378***	
	(−1.67)		(1.71)		(−1.91)		(−4.66)	

续表 10-7

变量	OLS 模型		固定效用模型		系统 GMM 模型		空间杜宾模型	
	(1)	(2)	(3)	(4)	(5)	(6)	(7)	(8)
Re_debt×mar		−0.045*		−0.042*		−0.079**		−0.079**
		(−1.86)		(−1.70)		(−2.51)		(−2.22)
pgdp	0.069	0.055	0.091	0.073	0.135	0.096	0.167*	0.002
	(0.97)	(0.86)	(1.21)	(1.04)	(1.58)	(1.20)	(1.65)	(0.04)
urban	−0.004*	−0.003*	−0.005*	−0.003*	−0.005*	−0.002*	−0.011**	−0.005**
	(−1.93)	(−1.86)	(−1.95)	(−1.81)	(−1.95)	(−1.92)	(−2.21)	(−2.51)
fir	0.001	−0.002	−0.007	−0.003	−0.032	−0.020	0.001	0.009
	(0.03)	(−0.08)	(−0.29)	(−0.11)	(−1.12)	(−0.63)	(0.02)	(0.27)
fdi	−0.001	−0.019	0.010	−0.016	0.030	−0.011	0.025	0.015
	(−0.02)	(−0.50)	(0.24)	(−0.38)	(0.61)	(−0.21)	(1.19)	(0.58)
fd	−0.019	−0.050	−0.056	−0.097	−0.136	−0.099	−0.006	−0.188
	(−0.13)	(−0.36)	(−0.35)	(−0.66)	(−0.76)	(−0.62)	(−0.03)	(−1.40)
land	−0.015**	−0.014*	−0.018*	−0.017*	−0.039**	−0.032**	−0.006**	−0.050**
	(−1.96)	(−1.93)	(−1.88)	(−1.82)	(−1.99)	(−2.21)	(2.10)	(−2.06)
W×Do_debt							−0.039	
							(−0.54)	
W×Re_debt								−0.048
								(−1.19)
W×Do_debt×mar							0.088	
							(0.50)	
W×Re_debt×mar								0.012
								(0.77)
W×pgdp							0.032	0.056
							(0.54)	(0.87)
W×urban							0.004	−0.001
							(0.84)	(−0.50)
W×fir							0.004	0.009
							(0.24)	(0.50)
W×fdi							−0.020	−0.031**
							(−1.06)	(−2.06)
W×fd							−0.076	−0.164
							(−0.350)	(−1.09)

续表 10-7

变量	OLS 模型		固定效用模型		系统 GMM 模型		空间杜宾模型	
	(1)	(2)	(3)	(4)	(5)	(6)	(7)	(8)
W×land							−0.011	−0.014*
							(−1.32)	(−1.74)
ρ							0.237***	0.212***
Wald_spatial_lag							6.51**	5.50**
Wald_spatial_error							6.63***	6.95***
R-squared	0.210	0.436	0.218	0.429	—	—	0.618	0.916
Region	No	No	Yes	Yes	No	No	Yes	Yes
Time	No	No	Yes	Yes	No	No	Yes	Yes

第五节 稳健性检验

一、内生性的影响

鉴于模型可能存在互为因果的内生性问题,构建金融资源配置效率、地方政府显性债务率、地方政府隐性债务率 3 个变量的面板向量自回归模型(PVAR 模型),运用 PVAR 模型中的格兰杰因果检验和脉冲响应函数验证变量间的相互影响关系。PVAR 模型能有效识别变量间的相互影响,并通过可视化的方式呈现出来。根据我们的研究,首先对 3 个变量进行平稳性检验,确定变量均为平稳变量后,选择最优滞后期为 2,构建 PVAR 模型。图 10-1 显示 PVAR 模型的特征根均在单位元以内,证明我们的模型是有效的。

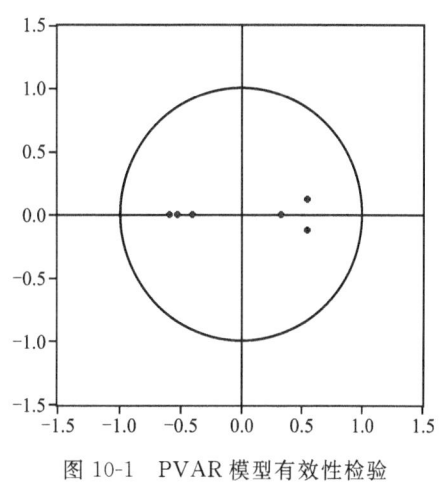

图 10-1 PVAR 模型有效性检验

表 10-8 给出了 3 个变量的格兰杰因果检验结果。表 10-8 显示金融资源配置效率既不是地方政府显性债务率的格兰杰原因,也不是地方政府隐性债务率的格兰杰原因。地方政府显性债务率是地方政府隐性债务率的格兰杰原因,但不是金融资源配置效率的格兰杰原因。地方政府隐性债务率是金融资源配置效率的格兰杰原因,却不是地方政府显性债务率的格兰杰原因。这说明本部分研究不存在足以影响结果科学性的互为因果的内生性问题。

表 10-8　格兰杰因果检验结果

变量	efficiency	Do_debt	Re_debt
efficiency		0.313	0.613
		(0.832)	(0.731)
Do_debt	0.523		39.388***
	(0.841)		0.000
Re_debt	33.000***	4.600	
	(0.000)	(0.100)	

图 10-2 为 3 个变量间的脉冲响应函数图。图 10-2(a)显示金融资源配置效率一个正向单位的冲击并没有带来显性债务率的显著变化,显性债务率一直在 0 附近停留。图 10-2(b)显示金融资源配置效率一个单位的正向变化只带来了隐性债务率的微弱上升,这种影响力在第 7 期又重现回到 0 附近。图 10-2(c)显示地方政府显性债务率一个单位的正向冲击也没对金融资源配置效率造成明显影响。金融资源配置效率在 0 附近不断徘徊,并最终归于 0。图 10-2(d)显示隐性债务率一个单位的正向冲击带来了金融资源配置效率的下降,并在第 3 期达到最小,之后开始缓慢回升并在第 4 期重新回到 0 附近。可以发现地方政府隐性债务率对金融资源配置效率的影响一直处于第四象限,说明地方政府隐性债务对金融资源配置效率的影响一直都是负向的。以上分析亦说明我们的研究不存在严重的互为因果的内生性问题。

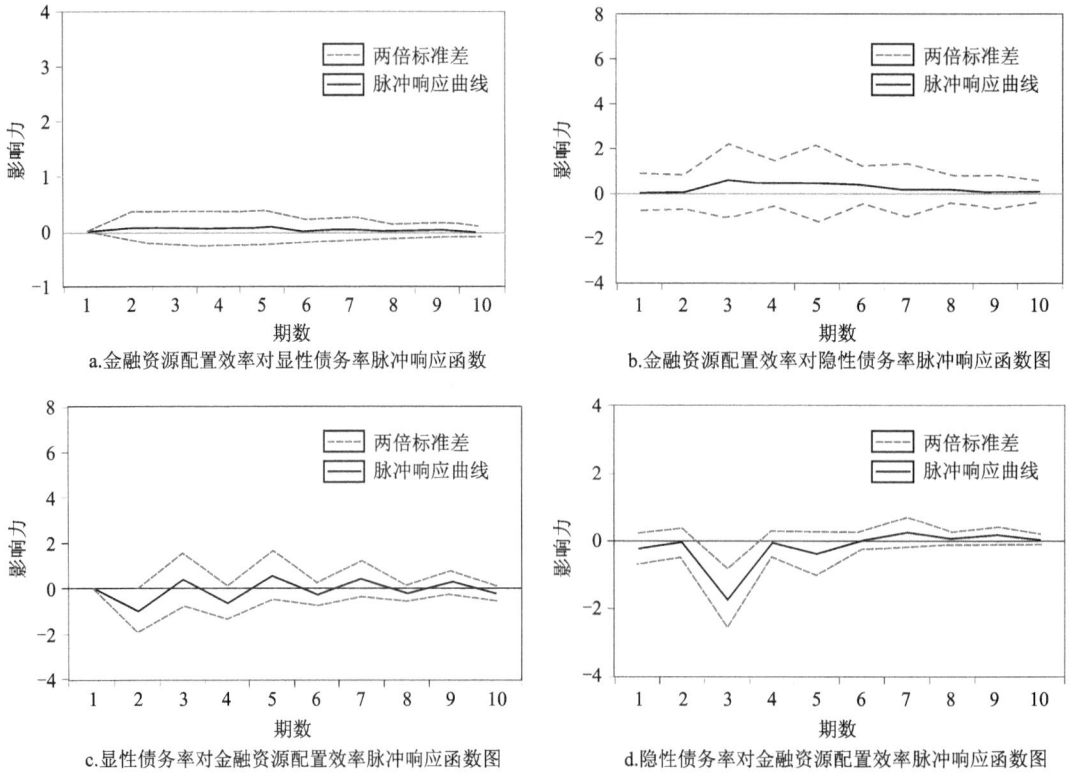

图 10-2　3 个变量间的脉冲响应函数图

二、考虑政策影响

在前面的论述中,忽视了新《预算法》的实施对地方财权的释放作用和对地方政府债务的影响。2015年1月1日,新《预算法》正式施行释放了地方政府的发债权,治理了地方政府隐性债务问题,关闭或转型了国有地方融资平台公司,地方政府通过隐性手段举债的能力被极大限制,这有可能会弱化掉我们的研究结论。因此,对2015—2018年的子样本进行回归,分析结果如表10-9和表10-10所示。可知在剔除了政策影响之后,地方政府隐性债务率仍然显著负向影响金融资源配置效率,银行"软约束"仍正向调节隐性债务率与金融资源配置效率之间的负向关系,市场化水平仍负向调节隐性债务率与金融资源配置效率之间的负向关系,这说明我们的研究在考虑了政策影响之后仍然具有稳健性。

表 10-9 稳健性检验[2015—2018 年子样本回归(主回归)]

变量	OLS模型		固定效用模型		系统 GMM 模型		空间杜宾模型	
	(1)	(2)	(3)	(4)	(5)	(6)	(7)	(8)
Lefficiency					0.140**	0.685**		
					(1.99)	(1.93)		
Do_debt	−0.005		−0.05		−0.227		−0.006	
	(1.42)		(−1.36)		(−1.32)		(−0.87)	
Re_debt		−0.119**		−0.121**		−0.121***		−0.140**
		(−1.98)		(−1.97)		(−3.50)		(−1.91)
ω×Do_debt							−0.034**	
							(−2.45)	
ω×Re_debt								−0.001
								(−0.38)
Contrls	Yes	Yes	Yes	Yes	Yes	Yes	Yes	Yes
ρ							0.653***	0.744***
Wald_spatial_lag							32.15***	19.28***
Wald_spatial_error							29.66**	32.17***
R-squared	0.129	0.106	0.088	0.147	—	—	0.428	0.399
Region	No	No	Yes	Yes	No	No	Yes	Yes

表 10-10 稳健性检验[2015—2018 年子样本回归(调节效应)]

变量	OLS 模型		固定效用模型		系统 GMM 模型		空间杜宾模型	
	(1)	(2)	(3)	(4)	(5)	(6)	(7)	(8)
Lefficiency					0.169***	0.183**		
					(2.93)	(2.42)		
Do_debt	0.383		0.055		−0.23		−0.001	
	(0.73)		(1.02)		(−1.32)		(−0.87)	
Re_debt		−0.087***		−0.072***		−0.114***		−0.063**
		(−2.53)		(2.84)		(−2.39)		(−2.52)
Do_debt×fdr	0.011		0.002		0.029*		0.001	
	(0.41)		(0.71)		(1.84)		(0.50)	
Re_debt×fdr		0.051**		0.091**		0.076***		0.054**
		(1.94)		(1.99)		(4.74)		(2.14)
Do_debt×mar	−0.151		−0.203		−0.542***		−0.045	
	(−1.23)		(−1.61)		(−2.98)		(−0.53)	
Re_debt×mar		−0.41**		−0.053**		−0.082**		−0.200**
		(−1.96)		(−1.91)		(−2.33)		(−2.11)
ω×Do_debt							0.127	
							(1.52)	
ω×Re_debt								−0.139
								(−0.82)
ω×Do_debt×fdr							0.001	
							(0.43)	
ω×Re_debt×fdr								0.001
								(0.85)
ω×Do_debt×mar							−0.374**	
							(−2.07)	
ω×Re_debt×mar								−0.063
								(1.00)
Contrls	Yes	Yes	Yes	Yes	Yes	Yes	Yes	Yes
ρ							0.639***	0.653***
Wald_spatial_lag							26.66***	16.42**

第十章 地方政府债务对区域金融资源配置效率的影响

续表 10-10

变量	OLS模型		固定效用模型		系统GMM模型		空间杜宾模型	
	(1)	(2)	(3)	(4)	(5)	(6)	(7)	(8)
Wald_spatial_error							16.69***	8.76**
R-squared	0.354	0.558	0.561	0.564	—	—	0.458	0.388
Region	No	No	Yes	Yes	No	No	Yes	Yes
Time	No	No	Yes	Yes	No	No	Yes	Yes

三、地区异质性

中国幅员辽阔,各地区经济社会发展情况并不相同,东部、中部、西部地区存在着显著的域情差异,不同地区的经济社会差异可能会影响地方政府债务对金融资源配置效率的影响。因此我们按照东部、中部、西部的区域划分原则,将30个省(自治区、直辖市)进行分组,并对三大区域分别进行回归,回归结果如表10-11所示。回归结果显示在考虑了地区的异质性之后,地方政府隐性债务率仍然显著负向影响金融资源配置效率,银行"软约束"仍正向调节隐性债务率与金融资源配置效率之间的负向关系,市场化水平仍负向调节隐性债务率与金融资源配置效率之间的负向关系,这说明我们的研究再考虑了地区异质性后仍然具有稳健性。

表 10-11 稳健性检验(地区异质性)

变量	东部地区		中部地区		西部地区	
	(1)	(2)	(3)	(4)	(5)	(6)
Do_debt	−0.034		0.057		0.125	
	(−0.15)		(0.59)		(1.12)	
Re_debt		−0.180**		−0.106**		−0.117***
		(−1.91)		(−2.32)		(−3.78)
Do_debt×fdr	0.005		0.025		0.005	
	(0.33)		(0.12)		(1.08)	
Re_debt×fdr		0.039**		0.041**		0.052*
		(2.15)		(2.25)		(1.95)
Do_debt×mar	−0.572		0.018		−0.327*	
	(−0.99)		(0.02)		(−1.74)	
Re_debt×mar		−0.673**		−0.200**		−0.784**
		(−2.52)		(−2.19)		(−2.06)
Contrls	Yes	Yes	Yes	Yes	Yes	Yes

续表 10-11

变量	东部地区		中部地区		西部地区	
	(1)	(2)	(3)	(4)	(5)	(6)
R-squared	0.331	0.527	0.156	0.140	0.148	0.107
Region	Yes	Yes	Yes	Yes	Yes	Yes
Time	Yes	Yes	Yes	Yes	Yes	Yes

第六节 研究小结

本部分构建了一个全新的评价金融资源配置效率的指标体系,让金融资源配置效率更好地与经济高质量发展相适应。在测度了中国各地区金融资源配置效率的基础上实证检验了地方政府显性债务率、隐性债务率对金融资源配置效率的影响,主要研究发现有以下 3 点。

(1)地方政府隐性债务能够显著降低金融资源配置效率,隐性债务规模越大,金融资源配置效率越低,但这种破坏力却没有在显性债务中被发现。

(2)银行对地方政府的"软约束"能够强化隐性债务对金融资源配置效率的破坏力。银行对地方政府举债行为的无限"容忍"会助长地方政府的举债动机,金融资源配置效率会更低。

(3)市场化水平能够弱化隐性债务对金融资源配置效率的破坏力。市场在资源配置中发挥决定性作用能够约束政府的举债行为,减少政府隐性债务对金融资源配置效率的消极影响。

基于以上结论,提出以下 4 条政策建议。

第一,转变思想观点,意识到当前中国经济已从数量发展向高质量发展转变,金融发展必须紧跟经济发展步伐,服务实体经济。资源配置应更加关注对民营企业、高新技术企业以及未来产业的扶持力度,促进产业结构优化升级,提高经济运行质量作为金融资源配置效率评价的重要指标,着力提高金融与实体经济的适配性。

第二,深入推进预算体制改革,进一步约束地方政府举债行为。一方面应赋予地方政府更多举债权,扩大地方政府税基,拓宽政府财权,使地方政府财权与事权进一步匹配。另一方面要严格限制地方政府隐性债务规模,杜绝地方政府的违规违法举债行为,减少隐性债务对金融资源配置效率的破坏力。

第三,硬化银行"软约束",制止银行对地方政府的过度"包容",减少政府对商业银行的行政性指示,给予商业银行充分的经营自主权。商业银行既要充分评估地方政府的偿债能力,根据实际情况对地方政府贷款,又要逐渐拒绝地方政府对银行指示的非效率投资方向。

第四,处理好政府与市场的关系。深入推进市场化进程,提高市场化水平。银行利率应逐渐市场化,给予民营企业与国营企业同样的贷款待遇,治理"影子银行"问题,减小"影子银行"规模,加强对银行业务的监管,切断地方政府从银行表外贷款的途径。

第五篇

经济发展篇

本篇主要从经济高质量发展与经济双循环发展两个方面探讨地方政府债务对经济发展的影响。

第十一章 地方政府债务对经济高质量发展的影响

改革开放 40 年来,党和政府在经济发展的速度与质量上倾向于选择前者,辉煌的发展成绩背后,隐含着生产效率偏低,产业结构不够优化,资源浪费,环境污染,以及产品仍然处于全球价值链中低端的问题。高质量发展是发展速度、发展效率、资源环境和社会效益有机统一的发展,是中国经济发展的升级版,能不断提高我国经济的创新能力和竞争力[300-301]。党的十八大以来,中国逐渐意识到经济发展动能更新换挡的重要性,不断推进经济高质量发展的理论创新与实践创新。经济高质量发展是新时期中国经济发展模式转型的必由之路,也是当前学术界讨论的重要话题之一。

经济高质量发展需要注意防范和化解重大金融风险,其中加强地方政府债务管理是经济高质量发展的内在要求[302]。随着地方政府债务尤其是隐性债务规模的不断膨胀,因债务风险所导致的经济社会发展潜在威胁引起了中央的注意。近年来,随着地方政府债务治理相关法律、政策与法规的颁布实施。地方政府显性举债权被不断拓宽,隐性债务被按步骤甄别与处理。然而多年以来地方政府积累的隐性债务问题并不能在朝夕之间解决,地方债务风险敞口仍然巨大。因此,重视地方政府隐性债务,挖掘政府债务对经济高质量增长的深层次影响机理,是目前管控地方政府债务风险,促进经济高质量发展的重要内容。

关于地方政府债务影响经济高质量的讨论离不开债务的经济效应争论。不管是在理论分析还是在实证研究中,地方政府债务对经济发展的影响相关研究结论并不统一。秉承古典主义公债观点的学者积极倡导政府债务的举债行为[303-304],越来越多的学者认为对政府债务经济效应的判断并不可一概而论,即使在短期内政府债务对经济增长发挥积极作用,但长远来看地方政府债务的扩张仍然会挤出私人资本,抑制经济增长[305]。此外也有学者认为地方政府债务在某个阈值之前,能发挥对经济增长的积极作用,而在这个阈值之后,地方政府债务则会破坏经济增长的持续性。从以上这些观点出发,地方政府债务对经济高质量发展的影响也可能具有不确定性,事实上更为复杂的是,不同于经济数量增长的内涵,高质量增长不但包含着量的积累,还兼顾了效率、结构、环境以及社会福利等多个层次的内容。因此,地方政府债务如何对经济高质量发展发挥作用,对经济高质量发展的哪些内涵发生了作用,成为一个非常具有研究价值的课题。在实际的研究中,由于地方政府隐性债务的隐蔽性,对隐性负债的研究具有天然的数据可得性缺陷。此外,如何准确地界定和测量经济高质量发展也成为研究的难题。

第一节 理论推导与假设提出

早期古典学派公债理论对地方政府举债持悲观态度,认为地方政府举债会抑制经济增长,主要是因为地方政府举债会将私人生产资金投向金融领域,抑制实体经济发展。这不仅会阻碍企业扩张,也会带来市场利率上涨。同时,用政府的举债行为来填补收支赤字,会降低市场经济配置效率,减弱政府公信力[306]。反对公债的学者从地方政府债务干扰市场利率,基础私人投资,抑制社会创新方面寻找公债有害观的论据。显然,对创新与福利等维度的讨论已经在一定程度上显示了经济高质量发展的部分内涵[307-308]。此外,扩张的地方政府债务会迫地方使政府印钞还债,带来严重的通货膨胀,损害地区经济增长速率[309]。地方政府债务会带来长期破坏性,对下一代的经济发展带来损害[310]。部分国内学者基于中国的实际情况验证了这些观点的正确性,认为当前地方政府融资平台承担了过多替政府融资的任务,财政与金融不分家对经济高质量发展无所裨益[311-312]。尹恒基于国际数据,验证了政府债务对经济发展的消极作用在全球存在异质性。

与早期古典学派观点针锋相对的是,凯恩斯学派公债理论积极推进政府的举债行为,认为政府举债,是刺激经济运行的必需条件之一。凯恩斯认为单纯依靠市场调节将带来经济发展灾难。政府实施经济刺激计划有助于扩大社会总需求,帮助解决失业问题,对抗经济衰退,促使经济朝着可控的方向发展[314]。政府代替市场投资的另一个优势是政府的投资方向可控,如果对政府进行有效监管,一个负责任的政府将加大对教育医疗等民生领域的投入并促进人民福利水平和经济发展质量的提高[315]。在经济生产效率、产业结构、要素配置以及科技水平等资源禀赋较好的地区,地方政府债务会进一步提高地区的经济发展质量[316]。

在综合了上述两种理论观点之后出现了对地方政府债务影响经济发展水平的新观点,大量研究并不否认地方政府债务在弥补市场缺陷,发挥政府宏观调控能力的积极性,但认为地方政府债务应当被控制在一个合理边界内,债务的无序扩张才是产生风险的根源[317]。过分增长的地方政府债务通过"挤出效应"降低了地区经济发展的质量。在长期情境下,高负债率导致国民储蓄下降,进而使区域投资萎缩,政府负债对经济发展的影响便会出现拐点[318]。在国内学者的研究中,将"城投债"这一指标作为地方政府债务的代理变量,发现"城投债地方与区域经济发展之间呈先促进后抑制的倒"U"形关系,这种倒"U"形关系在不同省份具有显著的异质性[319-322]。基于以上分析,提出以下假设。

假设11-1:地方政府债务抑制经济高质量发展,两者呈显著负相关。

假设11-2:地方政府债务促进经济高质量发展,两者呈显著正相关。

假设11-3:地方政府债务对经济高质量发展的影响呈倒"U"形,在某个阈值之前,地方政府债务促进经济高质量发展的提高,超过阈值,则发挥抑制作用。

第十一章 地方政府债务对经济高质量发展的影响

第二节 研究设计

一、变量选取

(1)被解释变量:经济高质量发展。参考任保平教授的《中国经济增长高质量发展研究》获得各个省份年度经济高质量发展指数。

(2)解释变量:地方政府债务(Debt)。

(3)控制变量:基于现有文献,为尽量解决遗漏变量带来的内生性问题,选取了经济发展水平、人口规模、固定资产投资、财政自主度、转移支付、外商直接投资、国内专利申请受理量和普通高中在校学生数作为控制变量。具体变量定义如表 11-1 所示,变量的描述性统计如表 11-2 所示。

表 11-1 变量定义

变量名称	符号	变量解释
经济高质量发展	Quality	《中国经济增长高质量发展研究》提供的数据
地方政府显性债务	Do_debt	地方政府显性债务规模/一般公共预算收入
地方政府隐性债务	Re_debt	地方政府隐性债务规模/一般公共预算收入
地方政府综合债务	Su_debt	地方政府综合债务规模/一般公共预算收入
经济发展水平	pgdp	各地区本年人均国内生产总值的对数
人口规模	pop	各地区年末常住人口数的对数
固定资产投资	fai	各地区本年新开工项目计划总投资额的自然对数
财政自主度	fd	人均预算内财政收入/人均预算内财政总支出
转移支付	tp	各地区各年度转移支付金额的自然对数
外商直接投资	fdi	各地区外商直接投资额/地区生产总值
国内专利申请受理量	Lnpatent	各地区国内专利申请受理量的自然对数
普通高中在校学生数	education	各普通高中在校人数的自然对数

表 11-2 变量的描述性统计

变量名称	符号	均值	标准差	最小值	最大值	N
经济高质量发展	Quality	1.361	2.505	−8.323	23.986	330
地方政府显性债务	Do_debt	0.583	5.117	0.000	1.001	330
地方政府隐性债务	Re_debt	4.074	18.283	0.191	4.186	330
地方政府综合债务	Su_debt	5.143	5.094	0.191	25.740	330
经济发展水平	pgdp	10.551	0.562	8.841	11.851	330

续表 11-2

变量名称	符号	均值	标准差	最小值	最大值	N
人口规模	pop	54.687	13.372	28.24	89.6	330
固定资产投资	fai	0.395	0.038	0.054	4.366	330
财政自主度	fd	0.511	0.195	0.148	0.951	330
转移支付	tp	15.557	1.214	9.705	18.105	330
外商直接投资	fdi	0.408	0.526	0.054	5.385	330
国内专利申请受理量	Lnpatent	10.490	1.419	6.596	13.350	330
普通高中在校学生数	education	80.174	51.016	10.600	225.930	330

二、模型设定

本部分通过平方项和门槛效应回归两种方法来检验地方政府债务对经济高质量发展的非线性影响。其中平方项模型为

$$Quality_{i,t} = \beta_0 + \beta_1 Debt_{i,t} + \beta_2 Debt_{i,t}2 + \beta_i X_{it} + \varepsilon_{i,t} \tag{11-1}$$

门槛效应模型中,模型(11-2)、模型(11-3)、模型(11-4)分别为单门槛、双门槛和三门槛模型,具体如下

$$Quality_{i,t} = \alpha_0 + \alpha_1 Debt_{it} \cdot I(Debt_{it} \leqslant q) + \alpha_2 Debt_{it} \cdot I(Debt_{it} > q) + \alpha_i X_{it} + \varepsilon_{it} \tag{11-2}$$

$$Quality_{i,t} = \alpha_0 + \alpha_1 Debt_{it} \cdot I(Debt_{it} \leqslant q_1) + \alpha_2 Debt_{it} \cdot I(q_1 Debt_{it} \leqslant q_2) + \alpha_3 Debt_{it} \cdot I(Debt_{it} > q_2) X_{it} + \alpha i X_{it} + \varepsilon_{it} \tag{11-3}$$

$$Quality_{i,t} = \alpha_0 + \alpha_1 Debt_{it} \cdot I(Debt_{it} \leqslant q_1) + \alpha_2 Debt_{it} \cdot I(q_1 Debt_{it} \leqslant q_2) + \alpha_3 Debt_{it} \cdot I(q_2 < Debt_{it} \leqslant q_3) + \alpha_4 Debt_{it} \cdot I(Debt_{it} > q_3) + \alpha_i X_{it} + \varepsilon_{it} \tag{11-4}$$

以上所有变量的数据均来自 2010—2019 年《中国统计年鉴》《中国财政年鉴》《中国金融年鉴》《中国科技年鉴》《中国教育年鉴》以及任保平教授的《中国经济增长高质量发展报告》(2010—2019 年)。

第三节 实证结果分析

一、平方项模型的初步检验

由表 11-3 可知,在加入控制变量前后,地方政府显性债务和地方政府综合债务的一次项对经济高质量发展的回归系数均显著为正,两者的二次项系数均显著为负。因此,从二次项模型上看,地方政府显性债务与综合债务对经济高质量发展发挥显著的先促进后抑制的倒"U"形影响。从地方政府隐性债务的回归结果上看,地方政府隐性债务的一次项为正但不显著,二次项显著为负。出现这种现象的原因可能是地方政府隐性债务对经济高质量发展更多

第十一章 地方政府债务对经济高质量发展的影响

地发挥抑制作用,其先促进后抑制的倒"U"形中,发挥正向积极作用的空间更小,这与隐性债务违法违规的属性和隐蔽的破坏性不无关系。总而言之,以上结果表明,3类地方政府债务对经济高质量发展的影响均呈非线性关系。随着地方政府债务规模的扩大,对经济高质量发展的影响将由正转负,假设11-3得到初步验证。

表 11-3 平方项模型回归结果

变量	Quality		Quality		Quality	
	FE	FE	FE	FE	FE	FE
	(1)	(2)	(3)	(4)	(5)	(6)
Do_debt	2.710***	1.762**				
	(3.08)	(2.22)				
Do_debt2	−0.335**	−0.2024*				
	(−2.35)	(−1.93)				
Re_debt			0.993	0.717		
			(1.66)	(1.57)		
Re_debt2			−0.027***	−0.019**		
			(−4.20)	(−2.33)		
Su_debt					0.861***	0.674***
					(3.98)	(3.05)
Su_debt2					−0.019***	−0.015**
					(−2.97)	(−1.99)
pgdp		0.938		0.134		0.748
		(1.90)		(1.91)		(1.91)
pop		−0.393		−0.415*		−0.421**
		(−1.77)		(−1.97)		(−1.97)
fai		−0.988		−1.185		−1.260
		(−0.01)		(−0.01)		(−0.01)
fd		−6.541		−7.307		−5.441
		(−1.12)		(−1.17)		(−1.15)
tp		0.030		0.027		0.033
		(1.66)		(1.58)		(1.44)
fdi		−306.827**		−317.647**		−283.818**
		(−2.35)		(−2.44)		(−2.43)

续表 11-3

变量	Quality		Quality		Quality	
	FE	FE	FE	FE	FE	FE
	(1)	(2)	(3)	(4)	(5)	(6)
lnpatent		3.028***		2.974***		2.833***
		(2.98)		(2.97)		(2.66)
education		−0.041		−0.039		−0.041
		(−1.03)		(−1.34)		(−0.17)
Redion	Yes	Yes	Yes	Yes	Yes	Yes
Year	Yes	Yes	Yes	Yes	Yes	Yes
_cons	1.717***	−28.200	−0.556	−19.891	−0.331	−25.593

二、门槛模型的再次检验

二次项回归中初步验证了地方政府显性债务、隐性债务与综合债务对经济高质量发展先促进后抑制的倒"U"形关系。为了进一步检视这种非线性影响关系，采用门槛效应回归模型重新进行回归。表 11-4 为门槛存在性检验表。3 类地方政府债务对经济高质量发展的门槛效应模型均显示存在单门槛效应。图 11-1 显示的似然比曲线图也说明了存在单门槛的可能性最大。因此，需要对 3 个模型进行单门槛的门槛效应回归。

表 11-4 门槛存在性检验

地方政府债务类型	门槛模型	F 值	P 值	临界值		
				1%显著性水平	5%显著性水平	10%显著性水平
显性债务与经济高质量发展	单重门槛	29.736***	0.000	16.022	8.249	4.213
	双重门槛	11.104**	0.047	16.218	10.721	8.851
	三重门槛	2.772*	0.063	4.837	2.976	2.976
隐性债务与经济高质量发展	单重门槛	13.519**	0.013	16.554	6.098	3.272
	双重门槛	3.291	0.140	21.458	8.454	4.809
	三重门槛	0.005	0.917	11.975	5.631	3.409
综合债务与经济高质量发展	单重门槛	10.599***	0.010	10.412	6.704	4.442
	双重门槛	7.205**	0.043	11.928	6.832	4.693
	三重门槛	10.023**	0.017	10.671	6.375	4.180

图 11-1 为似然比与门槛值之间的曲线图，从中我们可以看到门槛值存在的大致范围。结合报告的门槛值检验结果，确定显性债务、隐性债务和综合债务的单门槛值分别为 6.512、11.072 和 10.370。

第十一章 地方政府债务对经济高质量发展的影响

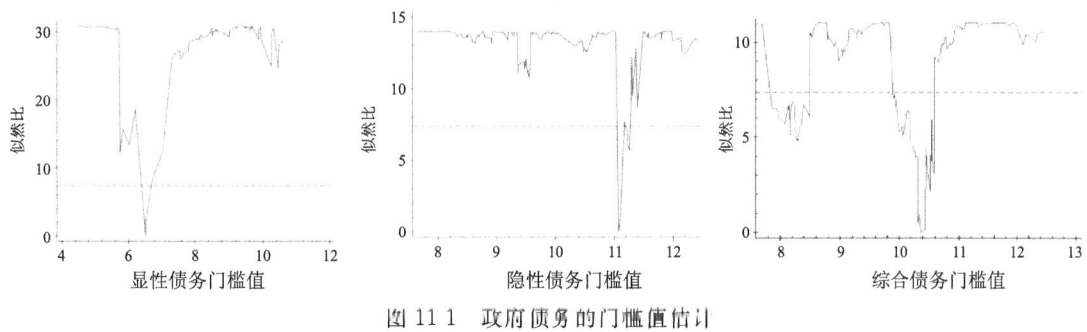

图 11-1 政府债务的门槛值估计

表 11-5 表明地方政府显性债务、隐性债务、综合债务与经济高质量发展均在先促进后抑制的倒"U"形影响关系。在 3 类债务发展初期,其能发挥对经济高质量发展积极的促进作用,但随着债务规模的持续扩大,债务压力增大后地方政府存在债务资金流向偏差,"举新债还旧债"的问题使得地方政府债务抑制了经济高质量发展的进程,假设 11-3 得到较充分验证。

表 11-5 门槛效应回归结果

变量	Quality fe (1)	Quality fe_robust (2)	Quality fe (3)	Quality fe_robust (4)	Quality fe (5)	Quality fe_robust (6)
Do_debt_1	0.594***	0.594**				
	(4.86)	(2.43)				
Do_debt	−0.147***	−0.147***				
	(−3.08)	(−3.74)				
Re_debt_1			0.074	0.074**		
			(1.66)	(2.33)		
Re_debt			−1.145**	−1.144***		
			(2.03)	(3.71)		
Su_debt_1					0.386***	0.374***
					(3.22)	(3.23)
Su_debt					−0.016**	−0.017**
					(−1.99)	(−2.43)
pgdp	0.861	1.097	0.122	0.708	0.635	0.691
	(1.52)	(1.51)	(1.69)	(1.53)	(1.01)	(0.99)
pop	−0.386	−0.150	−0.425	−0.535	−0.458*	−0.402*
	(−1.17)	(−1.17)	(−1.26)	(−1.25)	(−1.81)	(−1.80)

续表 11-5

变量	Quality fe (1)	Quality fe_robust (2)	Quality fe (3)	Quality fe_robust (4)	Quality fe (5)	Quality fe_robust (6)
fai	−0.887	−0.651	−1.234	−0.913	−0.682	−0.625
	(−0.70)	(−0.66)	(−1.01)	(−1.02)	(−0.65)	(−0.64)
fd	−5.530	−5.295	−7.486	−7.165	−6.853	−6.797
	(−0.78)	(−0.78)	(−1.22)	(−1.22)	(−1.67)	(−1.67)
tp	0.020	0.256	0.029	0.350	0.003	0.059
	(0.05)	(0.05)	(0.72)	(0.72)	(0.13)	(0.13)
fdi	−323.846**	−4.339***	−5.950***	−5.950***	−3.554***	−3.497***
	(−6.63)	(−6.63)	(−4.85)	(−4.85)	(−5.12)	(−5.12)
lnpatent	3.031***	−0.118	0.552	0.552	0.339	0.395
	(3.98)	(1.66)	(0.65)	(0.59)	(1.23)	(1.12)
education	−0.041	−0.006	0.012	0.012	0.026	0.082
	(−0.90)	(−0.96)	(0.01)	(0.01)	(0.68)	(0.68)
Redion	Yes	Yes	Yes	Yes	Yes	Yes
Year	Yes	Yes	Yes	Yes	Yes	Yes
_cons	−0.868	−0.867	0.988**	0.990**	0.636*	0.692*
R^2	0.339	0.339	0.255	0.255	0.323	0.323

第四节 进一步研究

为了获取地方政府债务影响经济高质量发展的具体内涵,以任保平教授团队《中国经济增长高质量发展报告》所披露的经济高质量发展的 6 个具体维度为依据,通过门槛效应模型,检视地方政府债务对经济高质量发展发挥非线性作用的具体内涵。在表 11-6 展示的回归结果中,3 类地方政府债务在经济增长效率、经济增长结构与福利和成果分配 3 个维度发挥显著的先促进后抑制的倒"U"形影响。这说明地方政府债务对经济高质量发展产生影响的途径主要是在债务发展的前期可控阶段。地方政府债务可以提高经济增长效率,改善经济增长结构,促进产业结构优化升级,同时改善人民福祉,将债务资金投入到人民群众最关心的公益事业领域。然而在地方政府债务持续扩张之后,也会降低经济增长效率,阻碍产业结构优化升级,损害人民利益,最终对经济高质量发展产生不利影响。

第十一章 地方政府债务对经济高质量发展的影响

表 11-6 不同类型债务规模与经济高质量发展的 6 个维度的回归结果

债务类型	变量	增长效率	增长结构	增长稳定性	福利与分配	资源与环境	国民经济素质
显性债务	Do_debt	0.075**	0.422*	0.014	0.050**	0.193	6.713
		(2.41)	(1.89)	(0.54)	(1.99)	(1.12)	(0.89)
	Do_debt_2	−0.010**	−0.073**	−0.013	−0.008***	−0.033**	−0.961
		(−2.01)	(−2.33)	(−1.78)	(−4.23)	(−2.20)	(−1.56)
	Redion	Yes	Yes	Yes	Yes	Yes	Yes
	Year	Yes	Yes	Yes	Yes	Yes	Yes
	Contrls	Yes	Yes	Yes	Yes	Yes	Yes
	_cons	0.157**	1.721***	0.030	0.260	0.036	0.073
隐性债务	Re_debt	0.004**	0.238*	−0.119	0.004***	0.010	0.422
		(2.46)	(1.85)	(−0.01)	(5.54)	(1.11)	(0.20)
	Re_debt_2	−0.001***	−0.001*	0.001	−0.001***	−0.001**	−0.007
		(−2.98)	(−1.99)	(0.82)	(−4.43)	(−2.17)	(−1.24)
	Redion	Yes	Yes	Yes	Yes	Yes	Yes
	Year	Yes	Yes	Yes	Yes	Yes	Yes
	Contrls	Yes	Yes	Yes	Yes	Yes	Yes
	_cons	0.163***	1.758***	0.031	0.108	0.053	0.616
综合债务	Su_debt	0.048**	0.356**	−0.044	0.123***	0.300	16.694
		(2.25)	(2.36)	(1.11)	(4.31)	(0.22)	(0.17)
	Su_debt_2	−0.001**	−0.010**	0.001	−0.003***	−0.007	−0.362
		(−2.41)	(−1.90)	(0.65)	(−3.32)	(−0.78)	(−1.24)
	Redion	Yes	Yes	Yes	Yes	Yes	Yes
	Year	Yes	Yes	Yes	Yes	Yes	Yes
	Contrls	Yes	Yes	Yes	Yes	Yes	Yes
	_cons	0.101**	1.200***	0.019	0.103	−0.381*	−21.372

第五节 稳健性检验

一、互为因果的内生性问题

选择地方政府国有土地"招拍挂"出让收入滞后四期与一般财政预算收入的比值作为地方政府债务的工具变量,模型回归结果如表 11-7 所示。可以看出非线性关系没有发生变化。

表 11-7 内生性问题回归结果

变量	FE (1)	FE (2)	FE (3)
Do_debt	0.885** (2.23)		
Do_debt_2	−0.303*** (−3.15)		
Re_debt		1.309 (1.21)	
Re_debt_2		−0.037** (−1.98)	
Su_debt			1.128*** (4.32)
Su_debt_2			−0.027*** (−4.53)
Cntrols	Yes	Yes	Yes
Redion	Yes	Yes	Yes
Year	Yes	Yes	Yes
_cons	9.606***	−1.512*	−1.192*

二、更换回归方法

鉴于经济发展存在事件前后积累的时间惯性,采用系统 GMM 模型对二次项模型重新回归。回归结果如表 11-8 所示,可知非线性关系仍然没有发生变化。

表 11-8 系统 GMM 模型估计结果

变量	(1)	变量	(2)	变量	(3)
Ldo_debt	0.098 (1.12)	Lre_debt	−0.017 (−1.45)	Lsu_debt	−0.038 (−0.89)
Do_debt	3.482*** (4.45)	Re_debt	0.542 (0.10)	Su_debt	0.651 (0.33)
Do_debt_2	−1.176*** (−3.18)	Re_debt_2	−0.015** (−2.21)	Su_debt_2	−0.014 (0.10)
Cntrols	Yes	Cntrols	Yes	Cntrols	Yes
_cons	2.2164***	_cons	1.599***	_cons	−0.232

第十一章 地方政府债务对经济高质量发展的影响

第六节 研究小结

本部分运用二次项回归与门槛效应模型,研究了3类地方政府债务对经济高质量发展的非线性影响。

(1)显性债务、隐性债务与综合债务均与经济高质量发展呈倒"U"形关系。在地方政府前期发展时期,由于债务规模可控,风险可控,能促进经济高质量的发展,然而随着地方政府债务的持续扩张,地方政府债务对经济高质量发展的影响也会转为消极。

(2)地方政府债务主要是通过提高经济发展效率,促进产业结构优化升级以及增加人民福利,促进公平分配的方式影响经济高质量发展。

(3)地方政府债务具有长期动态性,其中在政府债务的正向影响阶段,显性债务的积极影响具有较好的持续性,而隐性债务抑制了经济高质量发展,这说明了隐性债务隐蔽的破坏性。

基于以上研究结论,提出以下4条政策建议。

第一,重视并发挥地方政府债务对经济发展质量的非线性作用,对于政府债务不能"一棒子打死",同时应该在合理限度之内发挥政府债务扩大基础设施投资,提高民生福利的积极作用。

第二,严格控制债务规模尤其是隐性债务规模,加快财政体制改革,将政府债务真正置于预算的全面管理之下。

第三,重视在促进经济增长稳定性、环境保护与资源利用和提高国民经济整体素质上的投资。优化政府债务融资支出结构,发挥政府债务更加全面的作用。

第四,隐性债务具有隐蔽性和时间上的破坏性,应该更加注重当前政府融资机制的改革。不仅仅是放开地方政府的举债权,更应该进行顶层设计,设置地方政府事权与财权相统一的体制结构,标本兼治,彻底根除地方政府隐性债务的"隐疾"。

第十二章　地方政府债务对经济双循环发展的影响

当前,我国正处于"百年未有之大变局",国际贸易争端与全球公共卫生事件考验着全世界各个国家的应对能力,为应对危机,中央政府提出构建"以内循环为主,内外双循环协调发展"的经济双循环新发展格局。与此同时,为应对新冠疫情带来的经济下行压力,我国开始实施新一轮的积极财政政策。新一轮的积极财政政策是在债务规模已经高位运行的背景下出台的。当前,我国地方债问题尤其是隐性债务问题凸显,过快膨胀的地方政府债务问题成为影响我国经济平稳运行的一颗"潜在炸弹"。2017年,供给侧结构性改革的重点转移到金融领域,其中重要的一项内容就是化解政府债务尤其是隐性债务存量问题。基于此,中国经济面临着在债务规模较高的背景下,又不得不持续实施积极的财政政策,扩大政府支出以保障经济平稳运行并推动建立经济双循环新发展格局的问题。因此,明确地方政府债务对经济双循环的影响及其影响路径,是在新一轮积极财政政策实施过程中坚持审慎原则,有的放矢提出地方政府举债方案,严防债务规模逾越边界的重要前提。

地方政府债务将如何影响经济双循环发展?回答这一问题应首先解决地方政府债务的划分以及经济双循环发展质量的量化问题。对于第一个问题来说,地方政府显性债务与隐性债务对经济双循环的影响可能并不是一致的。地方政府显性债务受到中央政府与社会公众的严格监督,其发行限额、发行程序以及偿付时限与方式都有明确规定,是在阳光下运行的地方政府融资手段;相比之下地方政府的隐性债务则产生于旧预算体制下中央政府对地方政府严格的财权限制下,在与地方政府的经济增长激励产生矛盾时,大量游离于预算之外的隐性债务便随之产生,隐性债务身处"幽暗"之中,缺乏监管的天然属性使其规模迅速膨胀,是债务规模扩大的主要部分。因此,区分地方政府的显性债务与隐性债务类型,探究其对经济双循环发展的不同影响,将为地方政府如何选择债务融资手段,中央政府如何规范债务融资行为提供有益借鉴。对于第二个问题而言,对经济双循环发展的量化需要综合考虑经济双循环各自的循环质量与两个循环的协调发展问题。循环质量是针对单个的经济循环而言的,揭示了内外两个循环各自的发展状态。然而,对经济双循环的研究最重要的环节是对两者协调发展程度的测度,两个循环从来都不是一个互相割裂的个体,而是一个相互促进,相互融合,协调发展的有机整体[323]。以内循环为主、外循环赋能,两个循环相互影响,相得益彰,才是我们当前倡导的更高质量的双循环[205]。因此,对经济双循环发展的考察,不仅要考察其发展质量,更要考察内外两个循环协调发展的程度。

地方政府债务将借助哪种媒介影响经济双循环发展?不少学者认为地方政府的债务风

第十二章 地方政府债务对经济双循环发展的影响

险可以向金融领域溢出,并对此进行了一系列的实证检验[322-325]。理论上,地方政府将债务规模扩大后产生的债务风险向其他领域转移是存在现实利益动机的。首先,在现实政绩利益驱动下,地方政府主政官员倾向于将债务风险转移到其他领域,以掩盖自身不佳的财政状况[326];其次,地方金融机构往往存在对地方政府的"软约束"机制,更愿意通过持续借贷的方式承接地方政府的债务风险[327];最后,地方政府融资平台为地方政府转移债务风险提供了优良的溢出媒介,因此地方政府债务风险很有可能首先进行金融风险的溢出,最终影响到经济双循环耦合协调度。如果上述现象真的存在,那对地方政府债务消极作用的调控便不能回避金融风险这一维度。减小政府债务风险向金融领域的扩散作用,将成为促进新型双循环发展格局构建的重要内容。

对于构建经济双循环新发展格局而言,地方政府债务是一无是处的吗?随着中国地方政府债务的膨胀,在党和国家"守住不发生系统性金融风险"的政策号召下,学术界一直热衷于讨论地方政府债务尤其是隐性债务的破坏力,但事实上,地方政府债务作为宏观调控的手段,在平衡财政收支,填补赤字,促进经济增长与社会发展方面发挥了积极的作用[328]。地方政府债务对经济增长的具体作用,在学术界也一直没有定论,但地方政府债务的破坏力主要产生于政府债务规模的过度扩张以及融资手段的非法性,而债务本身并不是产生破坏力的原罪。因此,探讨地方政府债务在恰当边界内对经济双循环是否发挥积极作用,能为我们加速构建双循环新发展格局提供政策工具。在地方政府债务规模不断扩大的过程中,地方政府债务对经济双循环的影响力发生了什么变化?我们应将政府债务规模控制在什么合理范围内?对这些问题的回答都有助于我们进一步掌握地方政府债务影响经济双循环耦合协调度的作用机理,合理规划债务规模,充分发挥地方政府债务的正面效应。

第一节 理论推导与假设提出

地方政府债务的扩张整体上降低了经济双循环循环耦合协调性,可以从以下4点加以解释。

第一,地方政府债务膨胀会对居民消费产生"挤出效应",不利于双循环新发展格局的构建。"负财富效应说"认为存在预算约束的政府扩大支出会产生税收效应,而遵循李嘉图规则的消费者会选择减少消费[329]。相比于其他主体,政府通过信贷获取资金本身是政府参与金融资源再分配的过程,这造成了金融市场的扭曲,在此情况下政府扩大债务融资,实施积极的财政政策会显著降低居民消费[330]。陈志刚等也在Ramsey-Cass-Koopmans模型的基础上验证了地方政府的投资冲动会显著降低居民消费[331]。

第二,地方政府债务扩张会扩大收入差距,降低居民消费能力,阻碍消费结构优化升级,不利于双循环新发展格局的构建。挖掘内需潜力的根本措施在于扩大居民收入,缩小收入差距,而政府债务的扩张会对收入分配产生类似经济增长负效应的"累退效应"[332]。Salti认为国内债务存在再分配效应,持有国内公债是造成收入不平等的重要原因[333]。在中国,学者也认为政府债务发行会扩大收入分配差距,不利于收入结构改善[334]。

第三,地方政府债务扩张不利于产业结构优化升级,不利于双循环新发展格局构建。由于政府偿债资金来源主要是土地出让金,地方政府会采取高价出让商服住宅用地的策略,导致房价高涨,压缩制造业与配套服务业利润[335]。此外,地方政府举债挤出企业贷款,企业发展资金供贷难,生产结构难以优化升级[324]。政府债务的扩张也严重阻碍了企业创新能力的提升,让企业难以改进生产技术,进行新的产业布局,以上因素将最终阻碍生产结构优化升级,对双循环新发展格局的构建产生不利影响。

第四,地方政府债务扩张以后阻碍了经济外循环的发展并进一步割裂了内外两个循环的协调发展状态。地方政府债务风险膨胀之后,地方政府面临着巨大的还本付息压力,为了按时偿还本息,避免自身公信力受损并获取持续债务融资的空间,地方政府会利用自身对辖区内金融机构的管辖作用,进一步扩大债务尤其是隐性债务的规模,从而不断挤出企业贷款。企业缺乏发展资金支持更无法投入到基础科技研发和引进国外先进技术中去,企业难以形成参与国际竞争的竞争力,难以突破在国际产业链分工中的低端锁定地位。中国对外经济便一直处于低效循环的状态,这也进一步造成了内外两个循环的割裂。基于此提出以下假设。

假设12-1:地方政府债务与经济双循环耦合协调度整体上呈显著的负相关关系,地方政府显性债务、隐性债务与综合债务膨胀在整体上抑制了经济双循环耦合协调质量的提高。

区域性金融风险能否在地方政府债务与经济双循环耦合协调度之间产生中介效应?现有研究已经证实,地方政府债务风险是完全有可能向金融系统扩散并最终引发金融风险的,这为区域性金融风险在地方政府债务与经济双循环之间发挥中介作用提供了现实基础。

区域性金融风险能否影响经济双循环新发展格局的构建,是其发挥中介作用的关键。当前金融发展"脱实向虚"问题明显,经济泡沫呈膨胀趋势,金融风险问题凸显,而实体经济部门特别是中小企业融资难问题长期得不到有效解决。此外,战略性新兴行业本身就存在高风险,区域性金融风险的高企更加不利于战略性新兴行业的投资布局。区域性金融风险对经济双循环潜在的阻挠作用成为双循环新发展格局的一个"堵点",打通"堵点"必须大力发展资本市场,促使金融发展"脱虚向实",发展多层次资本交易[336]。基于此提出如下假设。

假设12-2:区域性金融风险在地方政府债务与经济双循环耦合协调度间发挥中介作用,地方政府显性债务、隐性债务与综合债务规模增大后,会先向金融系统扩散,之后对经济双循环耦合协调质量发挥显著的负向作用。

政府债务究竟对经济发展产生何种作用历来都存在争论,从凯恩斯主义学派的"促进论"[337-339],到新古典主义学派的"抑制论"[340],到最后的"非线性论"[341-343],学界逐渐认识到,绝对化的"促进论"与"抑制论"可能仅仅需要某些特殊条件才能适用,诸如在大萧条与经济滞胀的影响下,强调单一方向的债务影响是有意义的。然而研究地方政府债务在不同规模区间内的不同影响,可能具有更好的普适性,因为政府债务对经济社会的积极作用证明了其存在的合理性,我们既不能全盘否定政府债务的作用,也不能对其不加上限。在政府债务规模与经济双循环的研究中,一些基于双循环具体内涵的研究揭示了两者之间存在的非线性关系,李红权和尹盼盼通过面板PVAR模型发现地方政府债务对城乡收入分配的影响是非线性的,当地方政府债务处于可控范围内时,能缩小城乡收入差距,这显然对扩大消费,促进双循环格局构建是有利的,但如果债务规模超过阈值,便会发挥消极作用[344];曹光远和张曾莲则发现了地方政府债务与经济高质量增长之间的非线性关系,认为政府债务存在一个适度的规

第十二章 地方政府债务对经济双循环发展的影响

模[328];王亚章通过面板分位数模型研究了政府融资对城乡居民消费的影响,发现政府债务在低消费水平的村镇居民中具有财富效应,而在高消费人群中却存在税债等价成立的情况,这表明政府债务对居民消费的影响是异质的[345];张国建等发现地方政府债务如果整体可控,则能够促进产业结构优化升级,从而促进新型经济双循环格局的建立[219];周程研究发现地方政府债务能够通过"环境污染效应"与"净收入效应"首先促进居民福利提高,而后发挥抑制作用[346]。事实上,地方政府债务的破坏性源自政府债务融资行为的无序扩大和监管缺失,政府债务本身并不是产生破坏性的原罪,如果能够将政府债务规模控制在一个合理区间,政府债务在扩大收入和消费、促进生产结构转型以及提升创新能力等方面发挥积极作用,从而推动双循环新发展格局的构建。基于此,提出如下假设。

假设12-3:地方政府债务规模与经济双循环耦合协调度之间存在非线性关系,在某一阈值之前,地方债务能够促进经济双循环耦合协调质量提高,超过阈值则会阻碍经济双循环耦合协调质量提高。

第二节 研究设计

一、变量与指标

本部分实证检验地方政府显性债务、隐性债务和综合债务对经济双循环耦合协调度的影响,主要变量的计算过程如下。

核心被解释变量:经济双循环发展,用经济双循环耦合协调度(CCD)作为其代理变量。首先运用熵权TOPSIS法测算经济"内循环"与"外循环"的发展质量,然后构建耦合质量模型与耦合协调质量模型计算经济双循环耦合协调质量。在进行双循环质量与耦合质量测度之前,最重要的是确定经济"内循环"与"外循环"两个子系统的测度指标。鉴于目前尚无研究直接测算经济双循环发展质量,本部分认为内循环和外循环两个子系统的指标选择必须充分立足于政策文件,在深入分析现有研究对双循环概念界定的基础上才能确定。

就经济"内循环"而言,《中华人民共和国国民经济和社会发展第十四个五年规划和2035年远景目标纲要》(后文简称为"十四五"规划纲要)指出,畅通国内大循环,要形成需求牵引供给,供给创造需求的更高水平动态平衡。由此可知,构建新型国内大循环的关键在于形成需求端与生产端的良性循环。詹花秀认为,生产与消费的有效对接是畅通经济双循环的首要条件,此外应提高居民消费水平,扩大内需市场;生产端即是要将国外需求转变为国内需求,以符合市场需求的商品和服务占领市场,提高供给水平,此外要进一步扩大投资与生产,提高生产效率[347]。龙少波等认为当前我国经济双循环的"堵点"在消费端表现为居民消费能力不足、消费意愿低下、消费结构有待改善;生产端的"堵点"在于生产结构不够高级、生产效率偏低等[348]。王维平和牛新星认为一个社会中生产是必需的,消费也是必需的,生产和消费互为目的,两者是相互统一的整体[349]。生产到消费再到生产闭环回路的完成是扩大再生产的基础,内循环指标体系也应该在生产与消费两端之间展开[218]。基于以上讨论,将经济内循环子系统中需求端测度指标设置为消费基础、消费意愿和消费结构;生产端的测度指标设置为生产规模、生产结构与生产效率。

就经济"外循环"而言,"十四五"规划纲要指出,促进国内国际双循环,就是要促进内需与外需、进口与出口、引进外资与对外投资协调发展。可见,构建新型国际大循环的关键环节是立足国内,充分利用国际资源,推动解除中国参与全球价值链的低端位置锁定。"引进来"与"走出去"是外循环两个主要内容。在"引进来"战略中包括商品进口、外商投资以及技术引进3个方面。在"走出去"战略中,包括商品出口与国内资本走向世界两大内容。江小涓与孟丽君认为构建新型双循环格局不是要放弃外循环,而是要发展更高水平的外循环,应继续坚持大力引进外资、技术和进口自然资源的方针,与此同时扩大商品出口,推动国内资本走向世界以提高资金收益率、缓解国内产能过剩和贴近用户与市场[205]。魏婕和任保平认为新时期外循环战略即是通过企业间合作互动实现"引进来"与"走出去"的更高水平的和谐互动,更高效地利用"两个市场",促进"两个循环"[350]。详细变量选择如表12-1所示。

表12-1 新型经济"内循环"系统与"外循环"系统指标体系

系统体系	子系统	准则层	指标层
新型经济"内循环"系统与"外循环"系统的耦合协调系统	"内循环"系统	消费基础	居民人均可支配收入(元/人)
		消费意愿	居民人均消费支出(元/人)
		消费结构	居民人均家庭设备及服务、交通与通讯、文教娱乐用品及服务、医疗保健、奢侈品与其他用品及服务占消费总支出的比重(%)
		生产规模	全社会固定资产投资额增长率(%)
		生产结构	三大产业部门产出占比与劳动生产率乘积之和
		生产效率	三大产业部门增加值占各产业就业人数的比重均值(%)
	"外循环"系统	外商直接投资	外商直接投资额增长率(%)
		直接对外投资	非金融类直接对外投资额增长率(%)
		进口贸易	进口贸易额占GDP的比重(%)
		出口贸易	出口贸易额占GDP的比重(%)
		技术引进	规模以上高技术产业企业技术引进支出增长率(%)

发展是指事物的质量变化过程,协调则是指两个系统之间的相互配合,和谐共生关系。经济"内循环"与"外循环"的耦合协调度,不仅能够刻画内外循环两个子系统的发展质量,也能够刻画两个子系统相互融合,相互促进的协调关系。本书借鉴逯进和周惠民、葛鹏飞等的研究成果[351-352],按如下程序计算经济双循环发展质量与耦合协调质量。

(1)对指标进行标准化处理:

$$Y_{ij} = \begin{cases} \dfrac{X_{ij} - \min(X_{ij})}{\max(X_{ij}) - \min(X_{ij})}, X_{ij} \text{为正向指标} \\ \dfrac{\max(X_{ij}) - X_{ij}}{\max(X_{ij}) - \min(X_{ij})}, X_{ij} \text{为逆向指标} \end{cases} \quad (12\text{-}1)$$

式中,j 为测度指标;i 为省份;X_{ij} 和 Y_{ij} 分别为原始测度指标和标准化后的测度指标;$\min(X_{ij})$

和 $\max(X_{ij})$ 分别为 X_{ij} 的最小值与最大值。

(2)计算 Y_{ij} 的信息熵 E_j 和权重 W_j：

$$E_j = \ln\frac{1}{n}\sum_{i=1}^{n}\left[(Y_{ij}/\sum_{i=1}^{n}Y_{ij})\ln(Y_{ij}/\sum_{i=1}^{n}Y_{ij})\right] \tag{12-2}$$

$$W_j = (1-E_j)/\sum_{j=1}^{m}(1-E_j) \tag{12-3}$$

(3)构建加权矩阵 $\boldsymbol{R}$：

$$\boldsymbol{R} = (r_{ij})_{n\times m} \tag{12-4}$$

式中，$r_{ij} = W_j \times Y_{ij}$。

(4)根据加权矩阵 $\boldsymbol{R}$ 确定最优方案 Q_j^+ 与最劣方案 Q_j^-：

$$\begin{aligned}Q_j^+ &= (\max r_{i1}, \max r_{i2}, \cdots, \max r_{im}) \\ Q_j^- &= (\min r_{i1}, \min r_{i2}, \cdots, \min r_{im})\end{aligned} \tag{12-5}$$

(5)计算各测度方案和最优方案 Q_j^+ 与最劣方案 Q_j^- 的欧氏距离 d_i^+ 和 d_i^-：

$$\begin{aligned}d_i^+ &= \sqrt{\sum_{j=1}^{m}(Q_j^+ - r_{ij})^2} \\ d_i^- &= \sqrt{\sum_{j=1}^{m}(Q_j^- - r_{ij})^2}\end{aligned} \tag{12-6}$$

(6)计算理想方案与测度方案的相对接近质量 Z_i：

$$Z_i = \frac{d_i^-}{d_i^+ + d_i^-} \tag{12-7}$$

式中，Z_i 介于 0～1 之间，Z_i 值越大表示省份 i 的经济"内循环"与"外循环"发展质量越优。

(7)耦合质量模型，多个系统间的耦合质量模型如式(12-8)所示：

$$C(Z_1, Z_2, \cdots, Z_L) = n \times [Z_1 Z_2 \cdots Z_L / (Z_1 + Z_2 + \cdots + Z_L)^L]^{1/L} \tag{12-8}$$

式中，$L = 1, 2, \cdots, M$ 代表的是系统个数。

两个系统间的耦合质量模型如式(12-9)所示：

$$C_{ab} = 2 \times [Z_a Z_b / (Z_a + Z_b)^2]^{1/2} \tag{12-9}$$

式中，C_{ab} 为经济内循环系统与经济外循环系统的耦合值，取值范围在 0～1 之间。

(8)耦合协调质量模型。耦合协调质量模型用以解决伪评价问题，揭示经济内循环与外循环两个经济系统之间的互动协调关系，模型如下：

$$\begin{aligned}D_{ab} &= \sqrt{C_{ab} \times T_{ab}} \\ T_{ab} &= \alpha Z_a + \beta Z_b\end{aligned} \tag{12-10}$$

式中，D_{ab} 为经济内循环系统与经济外循环系统的耦合协调质量值，取值范围在 0～1 之间；T_{ab} 为经济内循环系统与经济外循环系统的综合评价指标；α 和 β 分别为待定权重系数，且 $\alpha + \beta = 1$。α 和 β 的取值需要考虑两个经济循环的重要质量。

如前所述，我们现在倡导的经济双循环新发展格局，就是要从低质量的"外主内次"经济发展格局向"内主外次"的内外循环相互促进、相互交融、相得益彰的更高质量经济发展格局转变。因此需要以国内大循环发展带动国际大循环,以内循环为主,外循环赋能,内外循环协调发展,内循环的重要性势必要高于外循环。据世界银行数据,2001年以来,中国的外贸依存度呈现先升后降的变化趋势,从2001年的38.05%上涨到2006年的63.97%,之后开始下降,2019年达31.91%。相比之下,中国的外贸依存度与世界主要经济体相比一直处于较高质量。2011年美国的外贸依存度仅为18.03%,日本为17.49%;2006年美国外贸依存度为21.31%,日本为27.06%;2019年美国外贸依存度为19.72%,日本为28.07%。过度依赖对外经济势必会导致经济体系的脆弱。结合中国现状,参考世界主要发达国家的外贸依存度,确定中国经济双循环协调发展的内循环权重为0.7,外循环权重为0.3,即 $\alpha=0.7, \beta=0.3$。

核心解释变量与门槛变量:地方政府债务(Debt)。

中介变量:区域性金融风险。按前文的计算方法,计算获得全国30个省(区、市)2008—2018年的区域性金融风险指数(Risk)。

控制变量:参考现有文献,将控制变量区分为"宏观经济层面""金融发展层面"和"政府财政层面"3个维度,"宏观经济层面"选取经济发展质量(pgdp)、城镇化率(urban)和市场化质量(mar)3个指标;"金融发展层面"选取金融发展质量(fir)、金融资源配置效率(efficiency)和银行不良贷款(npl)3个指标;"公共财政层面"选取财政自主度(fd)、土地财政(land)与转移支付水平(tpay)3个指标,主要变量含义如表12-2所示。

表12-2 主要变量解释表

变量类型	变量名称	符号	变量解释
被解释变量	双循环耦合协调度	CCD	耦合协调质量模型计算出的经济双循环耦合协调质量指数
解释变量	地方政府显性债务	Do_debt	显性债务率=地方政府显性债务/一般公共预算收入
	地方政府隐性债务	Re_debt	隐性债务率=地方政府隐性债务/一般公共预算收入
	地方政府综合债务	Su_debt	综合债务率=地方政府综合债务/一般公共预算收入
中介变量	区域性金融风险	Risk	主成分分析法提取的区域性金融风险指数
控制变量	经济发展水平	pgdp	各地区本年人均国内生产总值的自然对数
	城镇化率	urban	各地区本年城镇人口占总人口比重
	市场化水平	mar	王小鲁和樊纲《中国分省份市场化指数报告》(2008—2019年)中披露的数据
	金融发展水平	fir	各地区本年金融业增长额/GDP
	金融资源配置效率	efficiency	超效率DEA模型计算出的金融资源配置效率指数
	银行不良贷款	npl	银行业金融机构不良贷款金额的自然对数
	财政自主度	fd	人均预算内财政收入/人均预算内财政总支出
	土地财政	land	各地区本年土地出让金收入增长率
	转移支付水平	tpay	各地区本年一般性转移支付总额的自然对数

二、模型设定

空间效应模型。鉴于地方政府债务与经济双循环耦合协调度可能存在空间相关性,本书拟构建空间效应模型对地方政府债务规模与经济双循环发展的影响关系进行检验,表 12-3 显示以经济双循环耦合协调度为被解释变量的 3 个模型的 Wald 检验和 LR 检验均认为空间杜宾模型(SDM)更有效,Huasman 检验拒绝了随机效应的原解释。综上所述,本书选择具有双向固定效应的 SDM 模型对地方政府债务规模与经济双循环耦合协调度的影响进行实证检验,主检验模型如下

$$CCD_{it} = \alpha + \rho \sum_{j=1}^{30} \omega_{ij} CCD_{ij} + \beta Debt_{it} + \gamma \sum_{j=1}^{30} \omega_{ij} Debt_{ij} + \Theta Contrls_{it} + \mu_i + \lambda_t + \varepsilon_{it}$$

(12-11)

式中,$\rho \sum_{j=1}^{30} \omega_{ij} CCD_{ij}$ 为经济内循环发展质量的空间滞后项;$Debt_{it}$ 为地方政府债务;$\sum_{j=1}^{30} \omega_{ij} Debt_{ij}$ 为地方政府债务的空间滞后项;$Contrls_{it}$ 为控制变量;μ_i 和 λ_t 分别为地区固定效应和时间固定效应;ε_{it} 为误差项;α 为截距项;W 为空间权重矩阵。

本书选择空间相邻矩阵,并运用空间距离矩阵进行稳健性检验。

表 12-3 模型适应性检验(运用空间距离矩阵)

检验	CCD	
	统计量	P-value
LM 检验(SEM)	16.731	0.002
Wald 检验(SEM)	5.100	0.040
LM 检验(SLM)	19.210	0.001
Wald 检验(SLM)	4.850	0.012
Hausman	FE	

中介效应模型。构建具有空间效应的中介效应模型,检验区域性金融风险在地方政府债务与经济双循环耦合协调度之间的中介作用,借鉴温忠麟和叶宝娟的研究成果[353],按照三步法检验区域性金融风险的中介作用,具体如下

$$Risk_{it} = \alpha + \rho \sum_{j=1}^{30} \omega_{ij} Risk_{ij} + \beta Debt_{it} + \gamma \sum_{j=1}^{30} \omega_{ij} Debt_{ij} + \Theta Contrls_{it} + \mu_i + \lambda_t + \varepsilon_{it}$$

(12-12)

$$CCD_{it} = \alpha + \rho \sum_{j=1}^{30} \omega_{ij} CCD_{ij} + \beta Debt_{it} + \gamma \sum_{j=1}^{30} \omega_{ij} Debt_{ij} + \alpha_1 Risk_{it} + \alpha_2 \sum_{j=1}^{30} \omega_{ij} Risk_{ij} + \Theta Contrls_{it} + \mu_i + \lambda_t + \varepsilon_{it}$$

(12-13)

结合模型(12-11)的相关结果,式(12-11)中 β 系数显著,则说明可能存在中介效应,此时,

若式(12-12)中的 β 系数仍然显著,且式(12-13)中 α_1 也显著,证明存在中介效应,在此情况下若式(12-13)中 β 显著,则表明存在部分中介效应,否则存在完全中介效应。另外,若式(12-12)中的 β 系数和式(12-13)中的 α_1 系数有一个不显著,则运用 Bootstrap 法进行进一步检验。

门槛效应模型。为了验证地方政府债务对经济双循环耦合协调度的门槛作用,探究政府债务规模促进经济双循环耦合协调发展的合理区间,构建具有空间效应的门槛效应模型如下

$$CCD_{it} = \alpha_0 + \alpha_1 Debt_{it} \cdot I(Debt_{it} \leqslant q) + \alpha_2 Debt_{it} \cdot I(Debt_{it} > q) + \alpha_3 Contrls_{it} \mu_i + \mu_i + \lambda_t + \varepsilon_{it} \quad (12-14)$$

$$CCD_{it} = \alpha_0 + \alpha_1 Debt_{it} \cdot I(Debt_{it} \leqslant q_1) + \alpha_2 Debt_{it} \cdot I(q_1 < Debt_{it} \leqslant q_2) + \alpha_3 Debt_{it} \cdot I(Debt_{it} > q_2) + \alpha_4 Contrls_{it} + \mu_i + \lambda_t + \varepsilon_{it} \quad (12-15)$$

式(12-14)为单门槛模型,式(12-15)为双门槛模型。

所有变量的测算指标数据均来自 2009—2019 年《中国统计年鉴》、《中国贸易外经统计年鉴》、《中国区域经济统计年鉴》、《中国金融年鉴》、《中国上市公司年鉴》、中国海关数据库与 Wind 数据库。此外,市场化质量的数据来自王小鲁和樊纲《中国分省份市场化指数报告》(2008—2019 年);金融资源配置效率则借鉴 Andersen 和 Petersen 的研究成果[299],运用超效率 DEA 模型(SE-DEA)测算而来,各变量描述性统计表如表 12-4 所示。为了在一定程度上缓解互为因果的内生性影响,所有解释变量与控制变量均采用滞后一期处理。

表 12-4 各变量描述性统计表

变量	均值	标准差	最小值	最大值	样本量
经济双循环耦合协调度	0.340	0.132	0.131	0.863	330
地方政府显性债务	0.583	1.001	0.000	5.117	330
地方政府隐性债务	4.074	4.186	0.191	18.283	330
地方政府综合债务	4.866	4.945	0.191	25.740	330
区域性金融风险	0.091	0.394	−1.442	1.955	330
经济发展水平	10.551	0.562	8.841	11.851	330
城镇化率	54.687	13.372	28.240	89.600	330
市场化水平	6.526	1.928	2.372	11.378	330
金融发展水平	2.953	1.163	1.288	8.297	330
金融资源配置效率	0.627	0.319	0.199	5.560	330
银行不良贷款	2.311	2.937	0.350	24.600	330
财政自主度	0.511	0.195	0.148	0.951	330
土地财政	15.557	1.214	9.705	18.105	330
转移支付水平	0.118	0.087	0.017	0.486	330

第十二章 地方政府债务对经济双循环发展的影响

第三节 实证结果分析

一、空间相关性分析

空间模型的应用基础是变量存在空间关联性,且对于经济双循环耦合协调度空间关联性的挖掘能够让我们把握中国经济双循环发展的空间演进动态以及聚集状况,进而初步确定经济双循环发展的空间影响。表12-5展示了经济双循环耦合协调度(CCD)的Moran's I指数。从表中可以看出,自2007年以来,双循环耦合协调度保持了显著的正相关关系,说明全国各省(自治区、直辖市)双循环耦合协调质量在空间上保持了稳定的高-高、低-低聚集态势,这表明邻近地区内外两个循环相互促进、和谐发展的程度越高,越会促进本地区经济双循环的耦合协调性进步。从Moran's I指数的大小上看,样本期内除2012年以外,双循环耦合协调度Moran's I指数均保持在2.5以上,说明正空间相关性是持续而稳定的。

表12-5 样本期经济双循环耦合协调度 Moran's I 指数

年份	Moran's I	年份	Moran's I
2007	0.356***	2013	0.276***
	(3.200)		(2.568)
2008	0.325***	2014	0.252***
	(2.961)		(2.372)
2009	0.268***	2015	0.347***
	(2.485)		(3.151)
2010	0.288***	2016	0.276***
	(2.651)		(2.547)
2011	0.313***	2017	0.307***
	(2.872)		(2.831)
2012	0.160*	2018	0.309***
	(1.598)		(2.855)

Moran's I指数反映经济双循环耦合协调度的总体空间聚集情况,但不能揭示其空间聚集的局部特征,而莫兰散点图则可以较好地展示不同时期不同地区经济双循环耦合协调度空间聚集的详细变动情况。图12-1为部分年份经济双循环耦合协调度空间莫兰散点图。2010年和2018年经济双循环耦合协调度的空间分布状况主要集中在一三象限;2010年,在高-高聚集板块(一象限)内主要集中了上海、江苏、山东、浙江、福建、北京、天津、安徽、河南和河北10个省(自治区、直辖市)。到2018年,北京、天津和河北退出了高-高聚集板块,而湖南和湖北则新加入了高-高聚集板块。2010年,在低-低聚集板块(三象限)主要集中了广西、湖南、湖北、山西、重庆、云南、内蒙古、陕西、黑龙江、贵州、青海、宁夏、甘肃和新疆14个省(自治区、直

辖市)。到 2018 年,广西、湖南、湖北退出了低-低聚集板块,而吉林则新加入了低-低聚集板块。从以上经济双循环耦合协调质量的空间聚集特征上看,中国经济双循环相互协调、和谐共生关系处理得相对比较好的地区主要集中在东部和中部地区。从省份变动上看,湖南与湖北两省经济双循环耦合协调关系进步显著,从低-低聚集板块进入到高-高聚集板块,而吉林省则退步明显,成为东北老工业基地经济亟待振兴发展的一个缩影。

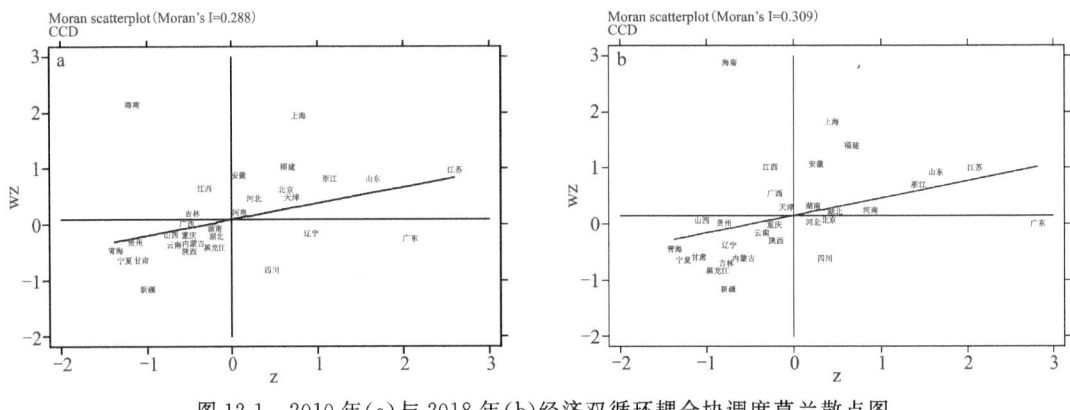

图 12-1　2010 年(a)与 2018 年(b)经济双循环耦合协调度莫兰散点图

二、地方政府债务对经济双循环耦合协调度的整体影响

表 12-6 展示了采用空间杜宾模型(SDM)回归分析地方政府显性债务规模、隐性债务规模与综合债务规模对经济双循环耦合协调质量的影响。从表中可以看出,在依次添加了"宏观经济层面""金融发展层面"和"公共财政层面"3 个维度的控制变量以后,3 类政府债务对经济双循环耦合协调度的回归系数均显著为负,说明 3 类政府债务整体上抑制了经济内循环与外循环之间的耦合协调关系,整体上造成了两个循环的割裂。地方政府债务膨胀后,巨大的还本付息压力以及固有的经济发展压力使地方政府急需进一步扩大财源,然而基础科学研究与战略性新兴产业投资大,布局慢,难以在短期内缓解地方政府的财政压力。相比之下,既有的隐性债务融资、基础设施投入、招商引资和传统低附加值的对外贸易模式便成为缓解地方政府财政压力,完成经济发展绩效考核的"短平快"解决方案。地方政府债务的膨胀固化了中国参与全球价值链的低端地位,扩大了内外两个循环的割裂程度。因而 3 类地方政府债务整体上对经济双循环耦合协调度的提升发挥抑制作用。从空间滞后项上看,双循环耦合协调度的空间滞后项系数 ρ 显著为正,保持了前述的正空间相关性。

表 12-6　地方政府债务规模与经济双循环耦合协调度回归结果

变量	(1)	(2)	(3)	(4)	(5)	(6)	(7)	(8)	(9)
	CCD	CCD	CCD	CCD	CCD	CCD	CCD	CCD	CCD
Do_debt	−0.017*	−0.018**	−0.020**						
	(−1.91)	(−2.03)	(−2.03)						

续表 12-6

变量	(1) CCD	(2) CCD	(3) CCD	(4) CCD	(5) CCD	(6) CCD	(7) CCD	(8) CCD	(9) CCD
Re_debt				−0.004**	−0.004***	−0.004**			
				(−2.52)	(−2.63)	(−2.56)			
Su_debt							−0.004***	−0.004***	0−.005***
							(−2.81)	(−2.96)	(−2.88)
pgdp	−0.023	−0.020	−0.020	−0.017	−0.013	−0.010	−0.019	−0.015	−0.011
	(−0.41)	(−0.36)	(−0.37)	(−0.31)	(−0.24)	(−0.19)	(−0.34)	(−0.27)	(−0.21)
urban	0.003*	0.003	0.003*	0.002	0.002	0.002	0.003*	0.003	0.003*
	(1.65)	(1.62)	(1.73)	(1.52)	(1.49)	(1.61)	(1.65)	(1.64)	(1.72)
mar	0.007	0.007	0.007	0.011*	0.013*	0.012*	0.010	0.011*	0.010*
	(1.07)	(1.04)	(0.98)	(1.72)	(1.85)	(1.79)	(1.63)	(1.72)	(1.65)
fir		0.003	0.003		0.003	0.004**		0.003*	0.004**
		(1.53)	(1.54)		(1.60)	(2.53)		(1.66)	(2.52)
efficiency		0.006	0.005		0.004	0.004		0.005	0.005
		(1.61)	(1.41)		(1.38)	(1.22)		(1.61)	(1.41)
npl		0.002	0.002		0.003*	0.003*		0.003**	0.003*
		(1.22)	(1.19)		(1.90)	(1.75)		(1.96)	(1.83)
fd			−0.003			−0.020			−0.019
			(−0.16)			(−1.17)			(−1.13)
land			0.002			0.002*			0.002*
			(1.25)			(1.81)			(1.78)
tpay			0.053**			0.019			0.025
			(2.37)			(0.68)			(0.91)
_cons	−0.859**	−0.776**	−0.891**	−0.893***	−0.781***	−0.814**	−0.878***	−0.787**	−0.854**
	(−2.47)	(−2.12)	(−2.32)	(−2.85)	(−2.58)	(−2.48)	(−2.72)	(−2.48)	(−2.54)
ω×Do_debt	0.010	0.011	0.002						
	(1.12)	(1.30)	(0.21)						
ω×Re_debt				0.004*	0.004*	0.004*			
				(1.83)	(1.95)	(1.65)			
ω×Su_debt							0.003*	0.003**	0.003
							(1.88)	(2.17)	(1.54)
ω×pgdp	0.099*	0.087	0.096	0.108**	0.090*	0.092*	0.104*	0.089*	0.093*
	(1.69)	(1.46)	(1.62)	(2.11)	(1.82)	(1.72)	(1.94)	(1.74)	(1.73)

续表 12-6

变量	(1) CCD	(2) CCD	(3) CCD	(4) CCD	(5) CCD	(6) CCD	(7) CCD	(8) CCD	(9) CCD
ω×urban	0.001	0.001	0.001	0.001	0.001	−0.001	0.001	0.001	0.001
	(0.26)	(0.31)	(0.35)	(−0.07)	(0.02)	(−0.15)	(0.04)	(0.12)	(−0.02)
ω×mar	0.006	0.007	0.005	0.001	0.001	0.001	0.001	0.001	0.001
	(0.85)	(0.77)	(0.62)	(−0.05)	(−0.01)	(0.03)	(0.20)	(0.17)	(0.16)
ω×fir		0.001	−0.001		0.001	−0.001		0.001	0.001
		(0.24)	(−0.40)		(0.06)	(−0.37)		(0.22)	(−0.15)
ω×efficiency		−0.012	−0.012		−0.012	−0.013		−0.013	−0.013
		(−1.55)	(−1.58)		(−1.44)	(−1.48)		(−1.51)	(−1.57)
ω×npl		−0.004*	−0.002		−0.005**	−0.005*		−0.005**	−0.004*
		(−1.64)	(−0.96)		(−2.21)	(−1.91)		(−2.20)	(−1.77)
ω×fd			0.018			0.030			0.026
			(0.48)			(0.87)			(0.75)
ω×land			−0.001			−0.002			−0.002
			(−0.23)			(−0.66)			(−0.52)
ω×tpay			0.100**			0.002			0.022
			(2.56)			(0.03)			(0.43)
ρ	0.263***	0.264***	0.212**	0.277**	0.282***	0.281**	0.278**	0.283***	0.271***
	(2.64)	(2.75)	(2.19)	(2.43)	(2.66)	(2.56)	(2.51)	(2.70)	(2.57)
R^2	0.455	0.465	0.458	0.52	0.541	0.551	0.509	0.525	0.529

第四节 进一步研究

一、区域性金融风险的中介效应

为了验证区域性金融风险是否在地方政府债务与经济双循环耦合协调度之间发挥了中介作用，按照中介效应检验步骤，在前述已经证实了3类地方政府债务对经济双循环耦合协调度存在显著负向影响的基础上，进一步验证地方政府债务通过区域性金融风险对经济双循环耦合协调度产生的中介效应。表12-7为地方政府债务规模对区域性金融风险的回归结果。结果显示在依次添加了3个维度的控制变量后，地方政府显性债务、隐性债务与综合债务对区域性金融风险产生显著的正向影响，地方政府债务膨胀产生的债务风险会向金融领域进行扩散，增加区域性金融风险。在政绩考核观下，地方政府存在将财政风险向金融领域扩散的动机，而辖区内金融机构又隶属地方政府，容易受到地方政府指示，过分包容和承接财政规模。最后，地方政府控制的地方融资平台又为债务风险向金融风险转移提供了现实的扩散

第十二章 地方政府债务对经济双循环发展的影响

媒介,以此造成了地方政府债务风险向金融风险的扩散,这也为进一步研究区域性金融风险的中介效应提供了前提。

表 12-7 地方政府债务规模与区域性金融风险回归结果

变量	(1) Risk	(2) Risk	(3) Risk	(4) Risk	(5) Risk	(6) Risk	(7) Risk	(8) Risk	(9) Risk
Do_debt	0.079**	0.079*	0.076*						
	(1.96)	(1.82)	(1.64)						
Re_debt				0.005***	0.004***	0.006***			
				(2.67)	(2.59)	(2.88)			
Su_debt							0.007**	0.007**	0.008**
							(1.91)	(1.94)	(1.90)
pgdp	−0.142	−0.153	−0.160	−0.085	−0.082	−0.099	−0.088	−0.089	−0.105
	(−0.94)	(−0.94)	(−0.96)	(−0.56)	(−0.48)	(−0.58)	(−0.58)	(−0.53)	(−0.62)
urban	0.016**	0.016**	0.016**	0.015**	0.015**	0.015*	0.015**	0.015**	0.015**
	(1.99)	(1.97)	(1.99)	(2.07)	(1.98)	(1.93)	(2.00)	(1.93)	(1.90)
mar	0.039	0.044	0.046*	0.025	0.028	0.034	0.027	0.030	0.036
	(1.44)	(1.59)	(1.66)	(1.08)	(1.17)	(1.33)	(1.19)	(1.30)	(1.45)
fir		0.006	−0.002		0.006	−0.005		0.006	−0.005
		(0.34)	(−0.12)		(0.32)	(−0.28)		(0.34)	(−0.26)
efficiency		−0.046	−0.038		−0.035	−0.031		−0.038	−0.034
		(−1.16)	(−0.95)		(−0.88)	(−0.81)		(−0.97)	(−0.89)
npl		0.015	0.017		0.015	0.018		0.014	0.017
		(1.21)	(1.35)		(1.22)	(1.40)		(1.16)	(1.35)
fd			0.197			0.243*			0.245*
			(1.40)			(1.76)			(1.79)
land			−0.010			−0.014			−0.013
			(−0.40)			(−0.56)			(−0.54)
tpay			0.054			0.146			0.142
			(0.18)			(0.51)			(0.49)
_cons	0.994	1.633	1.678	0.665	0.853	1.044	0.752	1.007	1.163
	(0.91)	(1.24)	(1.14)	(0.64)	(0.68)	(0.78)	(0.70)	(0.80)	(0.86)
$\omega \times$ Do_debt	0.081	0.075	0.046						
	(1.38)	(1.35)	(0.65)						

续表 12-7

变量	(1) Risk	(2) Risk	(3) Risk	(4) Risk	(5) Risk	(6) Risk	(7) Risk	(8) Risk	(9) Risk
ω×Re_debt				0.014**	0.014*	0.015*			
				(2.08)	(1.94)	(1.74)			
ω×Su_debt							0.013**	0.013**	0.013**
							(2.16)	(2.21)	(1.97)
ω×pgdp	0−.042	−0.090	−0.088	−0.059	−0.072	−0.073	−0.067	−0.085	−0.083
	(−0.17)	(−0.39)	(−0.36)	(−0.25)	(−0.32)	(−0.32)	(−0.28)	(−0.37)	(−0.35)
ω×urban	0.002	0.003	0.003	0.001	0.002	0.002	0.002	0.003	0.003
	(0.17)	(0.26)	(0.22)	(0.11)	(0.13)	(0.15)	(0.16)	(0.20)	(0.20)
ω×mar	−0.042	−0.047	−0.045	−0.027	−0.036	−0.044	−0.03	−0.038	−0.045
	(−1.53)	(−1.46)	(−1.42)	(−0.95)	(−1.10)	(−1.28)	(−1.04)	(−1.17)	(−1.34)
ω×fir		−0.008	0.004		0.001	0.006		−0.001	0.005
		(−0.21)	(0.10)		(0.02)	(0.16)		(−0.02)	(0.12)
ω×efficiency		−0.067	−0.073		−0.074	−0.077		−0.070	−0.073
		(−0.70)	(−0.80)		(−0.71)	(−0.79)		(−0.68)	(−0.75)
ω×npl		−0.017	−0.025		−0.014	−0.019		−0.014	−0.019
		(−1.26)	(−1.56)		(−1.05)	(−1.29)		(−1.01)	(−1.26)
ω×fd			−0.105			−0.136			−0.133
			(−0.48)			(−0.58)			(−0.57)
ω×land			0.008			0.010			0.010
			(0.25)			(0.29)			(0.30)
ω×tpay			−0.490			−0.116			−0.137
			(−1.21)			(−0.51)			(−0.59)
ρ	0.138***	0.139***	0.134***	0.127**	0.131***	0.137***	0.130***	0.134***	0.139***
	(2.64)	(2.84)	(2.67)	(2.46)	(2.66)	(2.82)	(2.52)	(2.71)	(2.875)
R^2	0.205	0.211	0.215	0.199	0.205	0.207	0.196	0.202	0.205

从表 12-8 的第(1)~(3)列可以看出，3 类政府债务与区域性金融风险对经济双循环耦合协调质量的回归系数均显著为负。按照中介效应的检验规则，结合 3 类地方政府债务均显著负向影响经济双循环耦合协调度的结论。我们可以得出，区域性金融风险在 3 类地方政府债务与经济双循环耦合协调度之间发挥部分中介效应。地方政府显性债务、隐性债务和综合债务的膨胀均会通过区域性金融风险，进一步割裂两个经济循环的耦合协调性，破坏两个循环的和谐共生发展。

第十二章 地方政府债务对经济双循环发展的影响

表 12-8 区域性金融风险中介效应检验结果

变量	(1) CCD	(2) CCD	(3) CCD
Do_debt	−0.019**		
	(−2.07)		
Re_debt		−0.004***	
		(−2.57)	
Su_debt			−0.004***
			(−2.87)
Risk	−0.017**	−0.016*	−0.016*
	(−2.20)	(−1.83)	(−1.84)
pgdp	−0.018	−0.007	−0.008
	(−0.34)	(−0.14)	(−0.16)
urban	0.004**	0.003*	0.003**
	(1.98)	(1.92)	(2.01)
mar	0.007	0.012*	0.011*
	(1.10)	(1.91)	(1.77)
fir	0.003	0.004**	0.004**
	(1.48)	(2.53)	(2.51)
efficiency	0.004	0.003	0.003
	(1.13)	(0.89)	(1.08)
npl	0.002	0.003*	0.003*
	(1.20)	(1.69)	(1.77)
fd	0.002	−0.015	−0.015
	(0.10)	(−0.99)	(−0.94)
land	0.001	0.002	0.002
	(0.97)	(1.52)	(1.47)
tpay	0.052**	0.021	0.026
	(2.21)	(0.70)	(0.90)
_cons	−0.887**	−0.817**	−0.853***
	(−2.37)	(−20.54)	(−20.60)
ω×Do_debt	−0.002**		
	(−2.26)		

续表 12-8

变量	(1) CCD	(2) CCD	(3) CCD
$\omega \times Re\_debt$		−0.003**	
		(1.96)	
$\omega \times Su\_debt$			−0.003**
			(1.98)
$\omega \times Risk$	−0.021**	−0.029**	−0.029**
	(−1.96)	(−2.52)	(−2.46)
$\omega \times pgdp$	0.092	0.085*	0.087*
	(1.63)	(1.67)	(1.68)
$\omega \times urban$	0.002	0.001	0.001
	(0.57)	(0.23)	(0.33)
$\omega \times Mar$	0.003	−0.002	−0.001
	(0.34)	(−0.28)	(−0.15)
$\omega \times fir$	−0.001	−0.002	−0.001
	(−0.57)	(−0.52)	(−0.35)
$\omega \times efficiency$	−0.014*	−0.015*	−0.016*
	(−1.83)	(−1.71)	(−1.80)
$\omega \times npl$	−0.002	−0.004*	−0.004
	(−0.92)	(−1.76)	(−1.63)
$\omega \times fd$	0.024	0.037	0.033
	(0.68)	(1.19)	(1.05)
$\omega \times land$	−0.001	−0.003	−0.002
	(−0.43)	(−0.87)	(−0.74)
$\omega \times tpay$	0.092**	0.005	0.024
	(2.32)	(0.09)	(0.45)
ρ	0.158	0.21*	0.202*
	(1.53)	(1.88)	(1.86)
R^2	0.445	0.525	0.508

二、适度债务规模门槛探究

如果地方政府债务对经济双循环发展质量与耦合协调度只发挥抑制作用，那针对政府债务的治理便可以进行简单粗暴的取缔处理，但这显然不符合现代财政理论与经济发展的客观

第十二章 地方政府债务对经济双循环发展的影响

规律。因此,挖掘3类政府债务对经济双循环耦合协调度发生的非线性作用,以控制政府债务规模,限制地方政府举债行为,最大限度地发挥地方政府债务的积极作用,便显得十分重要。表12-9为3类地方政府债务对经济双循环耦合协调度的门槛存在性检验结果。结果显示,3类地方政府债务规模对经济双循环耦合协调质量存在单门槛效应,因此我们对双循环耦合协调质量为被解释变量的模型进行单门槛效应回归。

表12-9 3类地方政府债务对经济双循环耦合协调度的门槛存在性检验结果

类型	门槛模型	F 值	P 值	临界值			门槛值
				1%显著性水平	5%显著性水平	10%显著性水平	
显性债务与耦合协调质量	单重门槛	50.74**	0.030	27.651	33.423	93.457	0.796
	双重门槛	14.23	0.303	25.027	31.392	50.785	—
	三重门槛	3.73	0.930	23.749	28.734	43.605	—
隐性债务与耦合协调质量	单重门槛	39.38**	0.060	32.485	39.692	62.620	0.521
	双重门槛	15.26	0.340	27.586	32.840	50.344	—
	三重门槛	3.71	0.930	19.941	25.318	36.804	—
综合债务与耦合协调质量	单重门槛	50.74**	0.030	27.651	33.423	93.457	0.699
	双重门槛	14.23	0.303	25.027	31.392	50.785	—
	三重门槛	3.73	0.930	23.749	28.734	43.605	—

表12-10的第(1)~(3)列显示,当显性债务与一般公共预算收入的比值小于0.867时、隐性债务与一般公共预算收入的比值小于0.662时、综合债务与一般公共预算收入的比值小于0.863时,地方政府债务对经济双循环耦合协调质量发挥显著的促进作用,而当3类政府债务超过各自的阈值时,地方政府债务便对经济双循环耦合协调质量发挥显著的破坏力。这表明,地方政府债务并不单纯对经济双循环耦合协调度产生破坏力,适度的债务规模、规范的政府债务融资行为、完善的债务规模预警机制能够使政府债务对经济双循环发挥积极作用。地方政府债务并不是产生消极影响的原罪,而应重点关注地方政府的违规违法举债行为,控制债务合理规模,借助政府债务与积极的财政政策,促进新发展格局的构建。此外,我们亦发现相比于隐性债务,地方政府显性债务对经济双循环的门槛值更大,说明显性债务具有更大的包容性,隐性债务由于自身的违法违规属性,缺乏监管,既有可能率先对经济社会产生破坏。因此将政府融资的方式从隐性转移到显性上,开好地方政府融资的"前门",能够最大限度地提高债务融资政策手段的张力。

表12-10 门槛效应回归结果

变量	(1)	(2)	(3)
	CCD	CCD	CCD
Do_debt_1	0.252		
	(1.495)		

续表 12-10

变量	(1) CCD	(2) CCD	(3) CCD
Do_debt_2	−0.025**		
	(−2.027)		
Re_debt_1		0.005*	
		(1.960)	
Re_debt_2		−0.004***	
		(−3.632)	
Su_debt_1			0.005*
			(1.912)
Su_debt_2			−0.004***
			(−4.231)
pgdp		0.119***	0.120***
		(6.740)	(6.880)
urban	0.011***	0.014***	0.015***
	(14.285)	(17.805)	(18.321)
mar	0.018***	0.016***	0.016***
	(5.429)	(5.179)	(5.236)
fir	0.001	0.001	0.001
	(0.527)	(0.622)	(0.586)
efficiency	−0.01	−0.005	−0.004
	(−1.53)	(−0.794)	(−0.620)
npl	−0.004***	−0.003***	−0.003***
	(−4.233)	(−3.853)	(−3.696)
fd	−0.014	−0.020	−0.016
	(−0.888)	(−1.342)	(−1.088)
land	0.003	0.002	0.002
	(1.358)	(1.036)	(1.084)
tpay	0.053*	0.055*	0.071**
	(1.731)	(1.880)	(2.444)
_cons	−0.400***	−0.568***	−.593***
	(−8.017)	(−10.718)	(−11.177)
R^2	0.782	0.805	0.813

第五节 稳健性检验

一、不同权重的影响

根据世界主要发达经济体外贸依存度确定内外两个经济循环的权重可能不具有足够的说服力。事实上,"内主外次"的权重确定原则仅能说明内循环重要性要大于外循环,而不能准确定位到中国经济双循环权重的准确区间。为了探究不同权重设置对经济双循环耦合协调性的影响,确定两个循环权重的细致区间,也为了检验本书权重设置的科学性,将内0.5-外0.5、内0.6-外0.4、内0.7-外0.3、内0.8-外0.2、内0.9-外0.1 5种权重组合下计算得出的双循环耦合协调度走势在图12-2展示出来。从图12-2中可以看出,大概在2003年之前,不同权重对经济双循环耦合协调性的影响并不明显。在2003年之后,随着内循环权重从0.5逐渐增大,双循环耦合协调水平越高,当内循环权重达到0.7时,双循环耦合协调水平达到最大。当内循环权重为0.8时,双循环耦合性变动曲线与内0.7-外0.3组合曲线相比并无明显变化。当内循环权重达到0.9时,双循环耦合协调性显著下降,一度低于内0.5-外0.5组合。这说明中国经济双循环耦合协调发展历程中,内循环的合理权重在0.7~0.8之间,这也证明本书设置的内0.7-外0.3权重是合理的。

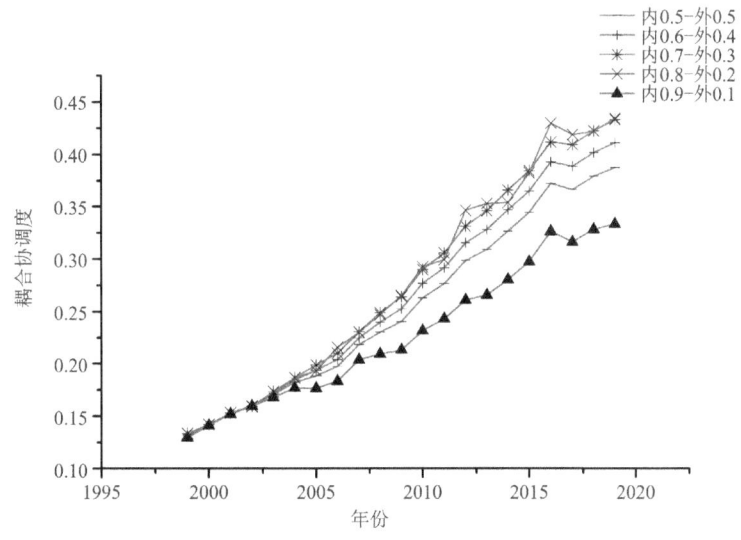

图12-2 不同权重下经济双循环耦合协调度走势图

二、互为因果的内生性问题

借鉴陈志刚和吴国维的研究成果,选择地方政府国有土地"招拍挂"出让收入滞后四期与一般财政预算收入的比值作为地方政府债务的工具变量进行内生性处理。表12-11显示工具变量选取有效。依次加入各层面的控制变量进行回归,结果显示地方政府债务仍然显著负向影响经济双循环质量耦合协调度,这说明在解决了内生性问题之后,本部分的核心结论仍然具有稳健性。

表 12-11 内生性处理(2SLS 工具变量法)

变量	(1) CCD	(2) CCD	(3) CCD
Lag_debt	−0.027***	−0.030***	−0.032***
	(2.98)	(3.21)	(2.68)
Kleibergen-Peer rk LM statistic P-val	0.000	0.000	0.000
Hansen J statistic	0.529	0.783	0.424
宏观经济	Yes	Yes	Yes
金融发展	No	Yes	Yes
公共财政	No	No	Yes
时间	Yes	Yes	Yes
地区	Yes	Yes	Yes
N	330	330	330
R-squared	0.455	0.514	0.437

三、更换空间矩阵

空间回归中,空间权重矩阵的选择对结论的科学性影响较大,因此选择全国 30 个省(自治区、直辖市)的空间距离矩阵进行重新回归,结果如表 12-12 所示。3 类地方政府债务对经济双循环耦合协调度的影响依然显著为负,这说明我们的研究结论具有一定的稳健性。

表 12-12 稳健性检验(更换空间权重矩阵)

变量	(1) CCD	(2) CCD	(3) CCD
Do_debt	−0.023***		
	(−5.575)		
Re_debt		−0.004***	
		(−5.149)	
Su_debt			−0.004***
			(−5.872)
pgdp	0.013	0.034	0.030
	(0.525)	(1.329)	(1.183)
urban	0.003***	0.002**	0.003**
	(2.913)	(2.137)	(2.398)

续表 12-12

变量	(1) CCD	(2) CCD	(3) CCD
mar	0.009**	0.016***	0.014***
	(2.278)	(4.065)	(3.682)
fir	0.003	0.004**	0.004**
	(1.359)	(2.075)	(2.093)
efficiency	0.004	0.001	0.002
	(0.691)	(0.199)	(0.333)
npl	0.002*	0.003**	0.003**
	(1.762)	(2.310)	(2.382)
fd	−0.007	−0.025*	−0.025*
	(−0.494)	(−1.711)	(−1.729)
land	0.002	0.002	0.002
	(0.705)	(0.993)	(1.016)
tpay	0.030	0.012	0.015
	(0.871)	(0.348)	(0.452)
_cons	−0.482	−0.443	−0.478
	(−1.109)	(−1.031)	(−1.114)
$\omega \times$ Do_debt	−0.009		
	(−0.736)		
$\omega \times$ Re_debt		0.001	
		(0.257)	
$\omega \times$ Su_debt			−0.001
			(−0.213)
$\omega \times$ pgdp	−0.026	−0.009	−0.014
	(−0.376)	(−0.134)	(−0.209)
$\omega \times$ urban	0.006	0.002	0.004
	(0.961)	(0.355)	(0.663)
$\omega \times$ mar	0.015	−0.001	0.001
	(1.276)	(−0.065)	(0.057)
$\omega \times$ fir	0.003	0.002	0.002
	(0.543)	(0.312)	(0.372)

续表 12-12

变量	(1) CCD	(2) CCD	(3) CCD
ω×efficiency	0.008	−0.007	−0.004
	(0.422)	(−0.420)	(−0.229)
ω×npl	−0.007	−0.008	−0.007
	(−1.577)	(−1.599)	(−1.440)
ω×fd	−0.030	0.044	0.033
	(−0.578)	(0.875)	(0.675)
ω×land	0.008	−0.002	−0.001
	(1.221)	(−0.268)	(−0.094)
ω×tpay	0.174	−0.013	0.048
	(1.535)	(−0.147)	(0.480)
Spatial:rho	0.398***	0.449***	0.443***
	(3.146)	(3.723)	(3.667)
R-squared	0.547	0.612	0.594

四、考虑政策影响

考虑新《预算法》的影响,选择 2015—2018 年的子样本重新进行回归,表 12-13 显示 3 类政府债务对经济双循环发展与耦合协调性的影响仍然显著为负,这说明本部分的研究结论在考虑了政策影响之后仍然具有一定的稳健性。

表 12-13 稳健性检验(考虑政策影响)

变量	(1) CCD	(2) CCD	(3) CCD
Do_debt	0.009		
	(1.399)		
Re_debt		−0.002	
		(−1.098)	
Su_debt			−0.001
			(−0.615)
pgdp	0.162***	0.144**	0.136**
	(2.579)	(2.361)	(2.222)

续表 12-13

变量	(1) CCD	(2) CCD	(3) CCD
urban	−0.001	0.001	0.001
	(−0.248)	(0.125)	(0.226)
Mar	0.013	0.008	0.008
	(1.585)	(1.083)	(1.097)
fir	0.010**	0.008*	0.009*
	(2.219)	(1.942)	(1.955)
efficiency	0.001	0.003	0.002
	(0.167)	(0.528)	(0.468)
npl	−0.008	−0.005	−0.006
	(−1.423)	(−0.973)	(−1.075)
fd	−0.049**	−0.042*	−0.043*
	(−2.008)	(−1.736)	(−1.759)
land	0.004	0.003	0.003
	(1.385)	(1.009)	(1.080)
tpay	−0.024	−0.016	−0.017
	(−0.630)	(−0.417)	(−0.447)
_cons	0.517	−1.330	−0.695
	(0.163)	(−0.401)	(−0.207)
ω×Do_debt	0.003		
	(0.141)		
ω×Re_debt		−0.004	
		(−0.402)	
ω×Su_debt			−0.001
			(−0.085)
ω×pgdp	−0.253	−0.030	−0.098
	(−0.731)	(−0.081)	(−0.266)
ω×urban	0.004	−0.001	0.002
	(0.282)	(−0.038)	(0.107)
ω×mar	0.044	0.031	0.035
	(1.102)	(0.764)	(0.857)

续表 12-13

变量	(1) CCD	(2) CCD	(3) CCD
ω×fir	0.018	0.018	0.018
	(1.428)	(1.457)	(1.451)
ω×efficiency	−0.015	−0.008	−0.011
	(−0.319)	(−0.158)	(−0.230)
ω×npl	−0.046	−0.017	−0.025
	(−1.430)	(−0.492)	(−0.696)
ω×fd	−0.223	−0.199	−0.205
	(−1.451)	(−1.298)	(−1.335)
ω×land	0.022	0.015	0.016
	(1.175)	(0.812)	(0.879)
ω×tpay	−0.303	−0.223	−0.233
	(−1.086)	(−0.812)	(−0.839)
Spatial:rho	0.198	0.280	0.281
	(0.695)	(1.061)	(1.056)
R-squared	0.500	0.482	0.475

第六节　研究小结

本部分运用空间杜宾模型（SDM）、基于空间效应的中介效应模型和门槛效应模型，实证检验了地方政府显性债务、隐性债务和综合债务规模对双循环耦合协调度的整体影响、中介影响和门槛效应。研究发现以下 4 点。

（1）中国经济双循环耦合协调度具有稳定而显著的正空间相关性，呈显著的高-高、低-低空间分布格局。其中，高耦合协调度的地区主要集中在东中部地区，相比之下，西部和中部部分地区为主要的低质量发展聚集区。

（2）地方政府显性债务、隐性债务与综合债务整体上显著抑制了经济双循环耦合协调质量的发展，3 类地方债务的扩张会造成内外两个循环的割裂，不利于双循环的耦合协调发展。

（3）3 类地方政府债务通过区域性金融风险，对经济双循环耦合协调度发挥部分中介作用。3 类政府债务膨胀产生的债务风险会首先向金融风险扩散，然后借由区域性金融风险对双循环耦合协调度产生破坏。

（4）3 类地方政府债务规模对经济双循环耦合协调度具有单门槛效应。当政府债务规模小于阈值时，政府债务发挥对经济双循环耦合协调质量的积极作用，而超过阈值之后，便会产生显著的破坏力。此外,地方政府显性债务具有相比于隐性债务更高的包容性,其产生积极作用的范围更大。

基于以上结论,提出以下 4 条政策建议。

(1)实施新一轮积极财政政策的同时,必须重点监视地方政府债务的规模膨胀与融资行为规范,严防地方政府债务尤其是隐性债务对经济双循环发展的破坏作用,必须进一步释放地方政府财权,扩大地方政府债务融资的权限,同时应加强债务监管,让债务在阳光下运行。消化地方政府隐性债务存量:一方面要禁止违法违规举债行为,另一方面要加强隐性债务的置换,逐步降低隐性债务风险。建立健全债务风险预警机制,时刻关注债务融资规模边界,使其更好地与国家财政政策相配合。

(2)树立地方政府债务治理与双循环发展的全局观,关注经济双循环的空间影响力,既要防止低发展水平向高发展水平的负影响倾斜,又要严防本地区地方政府债务膨胀后对邻近地区产生的破坏力。同时,关注内外两个循环发展水平空间不匹配的问题,促进两个循环相互融合,和谐共生,重点治理西部地区的低水平发展和北京、天津等地的双循环发展势头下滑问题。

(3)从区域性金融风险入手减小政府债务对双循环发展的消极影响。一是要改变传统的政绩考核观,消除地方政府掩盖不良财况的主观动机;二是降低金融机构对地方政府的软约束,减少对金融发展的行政性干预;三是加快地方融资平台的功能转换,取缔债务风险向金融风险扩散的关联媒介。从以上措施入手防止债务风险向金融领域的扩散,并最终控制政府债务对双循环的中介影响。

(4)坚持政府债务适度原则,既不能一味放任政府债务规模的膨胀,也不能视政府债务为洪水猛兽,否定其对新型经济双循环发展格局构建的积极影响。应严格控制政府债务规模与政府一般财力保持恰当比例,充分发挥显性债务的政策张力,让债务在阳光下运行,最大限度地发挥其对经济社会发展的正向作用。

主要参考文献

[1] BRIXI H P. Contingent government liabilities:a hidden risk for fiscal stabilities[R]. Worold Bank Policy Research Working Paper,1998.

[2] 徐玉德.地方政府隐性债务的内涵辨析与逻辑溯源[J].财政研究,2021(9):30-39.

[3] 刘尚希,赵全厚,孟艳,等."十二五"时期我国地方政府性债务压力测试研究[J].经济研究参考,2012(8):3-58.

[4] 哈维·S·罗森.财政学(第六版)[M].赵志耘,译.北京:中国人民大学出版社,2003.

[5] MERTON R C,BODIE Z. On the management of financial guarantees[J]. Financial Management,1992,21(4):87-109.

[6] BENCZÚR P. Changes in the implicit debt burden of the Hungarian social security system[R]. NBH Working Paper,No. 8,1999.

[7] KOETSIER I. Natural disasters and implicit government debt[J]. The Public Sector,2017,43(2):27-30.

[8] 平新乔.道德风险与政府的或然负债[J].财贸经济,2000(11):5-11.

[9] 安秀梅.地方政府或有负债的形成原因与治理对策[J].当代财经,2002(5):34-39.

[10] 李扬,张晓晶,常欣,等.中国国家资产负债表2015——杠杆调整与风险管理[M].北京:中国社会科学出版社,2015.

[11] 杨志勇,张斌.中国政府资产负债表(2017)[M].北京:社会科学文献出版社,2017.

[12] 张平,周全林."十三五"时期我国地方政府性债务风险的预测与监控[J].当代财经,2017(2):22-30.

[13] 封北麟.地方政府隐性债务问题分析及对策研究[J].财政科学,2018(5):55-62.

[14] REINHART C M,et al. Growth in a time of debt[J]. American Economic Review,2010,100(2):1214-1236.

[15] TIEBOUT C M. A pure theory of local expenditure[J]. Journal of Political Economy,1956,64(5):416-424.

[16] MUSGRAVE R A. The theory of public finance:a study in public economics[M]. New York:McGraw-Hill Book Company,1959.

[17] OATES W E. Fiscal federalism[M]. New York:Harcourt-Brace-Jovanovich,1972.

[18] 杨十二,李尚蒲.地方政府债务的决定:一个制度解释框架[J].经济体制改革,2013(2):15-19.

[19] 雷万鹏,钱佳.财政分权背景下地方政府教育支出行为研究[J].华中师范大学学报(人文社会科学版),2015(3):148-157.

[20] 唐云锋.公共选择理论视角下地方债务的成因分析[J].财经论丛(浙江财经学院学报),2005(1):40-44.

[21] 唐洋军.财政分权与地方政府融资平台的发展:国外模式与中国之道[J].上海金融,2011(3):19-26.

[22] 刘尚希.财政分权改革——"辖区财政"[J].中国改革,2009(6):74-75.

[23] 刘煜辉.高度关注地方投融资平台的"宏观风险"[J].中国金融,2010(5):64.

[24] 孙克竞.地方政府债务成因的长期动态关系及其疏导——基于省际面板数据的VAR/VEC模型分析[J].经济管理,2015,37(5):1-11.

[25] WILDASIN D E. The institutions of federalism: toward an analytical framework[J]. National Tax Journal, 2004, 57(2): 247-272.

[26] BOADWAY R, TREMBLAY J. Modernizing business taxation[M]. Toronto: C. D. Howe Institute Commentary, 2016.

[27] PLEKHANOV M A, SINGH M. How should subnational government borrowing be regulated? Some cross-country empirical evidence[R]. IMF Working Papers, 2005.

[28] 周学东,李文森,刘念,等.地方债务管理与融资规范研究[J].金融研究,2014(10):34-49.

[29] 时红秀.地方政府经济竞争:理论演进和中国的实践[J].国家行政学院学报,2007(5):91-94.

[30] 方红生,张军.中国地方政府竞争、预算软约束与扩张偏向的财政行为[J].经济研究,2009,44(12):4-16.

[31] 马恩涛,于洪良.财政分权、地方债务控制与预算软约束[J].管理评论,2014,26(2):24-35,48.

[32] 王永钦,陈映辉,杜巨澜.软预算约束与中国地方政府债务违约风险:来自金融市场的证据[J].经济研究,2016,51(11):96-109.

[33] 高培勇,于树一.预防腐败的财政措施及国际经验[J].中国社会科学院研究生院学报,2011(1):44-50.

[34] 张曾莲,江帆.财政分权、晋升激励与预算软约束——基于政府过度负债省级政府数据的实证分析[J].山西财经大学学报,2017,39(6):15-25.

[35] 沈雨婷.财政分权与晋升激励对地方政府债务影响研究[J].甘肃社会科学,2019(1):172-178.

[36] 李升,陆琛怡.地方政府债务风险的形成机理研究:基于显性债务和隐性债务的异质性分析[J].中央财经大学学报,2020(7):3-16,47.

[37] 赵文举,张曾莲.预算偏离度推高了地方政府债务规模吗?[J].财经论丛,2020(9):33-43.

[38] 岳红举,陈军.省级政府在地方债管理中的地位:现实困境与治理转型[J].当代财经,2021(1):39-48.

[39] 刁伟涛.债务率、偿债压力与地方债务的经济增长效应[J].数量经济技术经济研究,2017,34(3):59-77.

[40] HACKBART M M,LEIGLAND J. State debt management policy:a national survey[J]. Public Budgeting and Finance,2003,10(1):37-54.

[41] HILDRETH W B,MILLER G J. Contingent government liabilities:a hidden risk for fiscal stability[M]. Washington D C:International Monetary Fund,1998.

[42] 赵全厚.我国地方政府性债务研究[J].经济研究参考,2011(57):2-19.

[43] 莫兰琼,陶凌云.我国地方政府债务问题分析[J].上海经济研究,2012(8):100-116.

[44] 王金龙.或有债务及其造成的财政风险[J].经济研究参考,2005(90):21-26.

[45] 马进,殷强.地方发债与地方政府隐性债务问题研究[J].广西社会科学,2010(5):38-53.

[46] 温来成,李婷.我国地方政府隐性债务边界的厘清及治理问题研究[J].中央财经大学学报,2019(7):18-26,114.

[47] 陈宝东,邓晓兰.财政分权、金融分权与地方政府债务增长[J].财政研究,2017(5):38-53.

[48] 刘尚希.以拆弹的精准和耐心化解地方隐性债务风险[J].地方财政研究,2018(8):4-6.

[49] 刘波.多管齐下,改变地方政府隐性债务的形成机制[N].21世纪经济报道,2018-08-06(003).

[50] 张星海,刘德权.刍议政府或有债务风险的预警管理[J].商业研究,2002(7):26-27.

[51] 马海涛,吕强.我国地方政府债务风险问题研究[J].财贸经济,2004(2):12-17.

[52] 刘少波,黄文青.我国地方政府隐性债务状况研究[J].财政研究,2008(9):64-68.

[53] 马海涛,秦士坤.财政规则与地方政府行为[J].当代经济科学,2023,45(6):44-57.

[54] 封北麟.隐性债务:类型与规模[J].新理财(政府理财),2018(4):26-28.

[55] 马蔡琛.基于地方政府预算视角的地方隐性债务管理[J].财政科学,2018(5):18-23.

[56] 吕健.影子银行推动地方政府债务增长了吗[J].财贸经济,2014(8):38-48.

[57] 郭玉清,孙希芳,何杨.地方财政杠杆的激励机制、增长绩效与调整取向研究[J].经济研究,2017(6):169-182.

[58] 马文涛,马草原.政府担保的介入、稳增长的约束与地方政府债务的膨胀陷阱[J].经济研究,2018(5):72-87.

[59] 姚东旻,朱泳奕,庄颖.PPP是否推高了地方政府债务[J].国际金融研究,2019(6):26-36.

[60] SIDDIQUI R,MALIK A. Debt and economic growth in South Asia[J]. Pakistan Development Review,2001,40(4):677-688.

[61] PANIZZA,PROSBITERO. The relationship between public debt, economic growth,and monetary policy:empirical evidence from tunisia[J]. Journal of the Knowledge Economy,2014(9):5-6.

[62] KUMAR M S,WOO J. Public debt and economic growth:a scissor effect in developing countries? The case of Gabon[J]. Public Debt and Growth,2018,9(10):174-186.

[63] 白重恩,张琼. 中国资本回报率及其影响因素[J]. 世界经济,2014(10):3-33.

[64] 周光亮. 财政分权、地方政府投资和产业结构调整——来自中国的经验[J]. 经济问题,2012(1):24-26.

[65] 于泽、徐沛东. 资本深化与我国产业结构转型——基于中国 1987—2009 年 29 省数据的研究[J]. 经济学家,2014(3):37-45.

[66] 宫汝凯. 分税制改革与中国城镇房价水平——基于省级面板的经验证据[J]. 2012(8):70-83.

[67] 邵朝对,苏丹妮,邓宏图. 房价、土地财政与城市集聚特征:中国式城市发展之路[J]. 管理世界,2016(2):19-31,187.

[68] 陈浩,魏哲海. 地方政府土地经营与产业结构升级——基于中国 281 个地级市数据的实证分析[J]. 产经评论,2016(5):13-22.

[69] ANDO A,MODIGLIANI F. The "life cycle" hypothesis of saving:aggregate implication and tests[J]. American Economic Review,1963,53(1):342-356.

[70] BAILEY M J. National income and price level[M]. New York:McGraw-Hill,1962.

[71] 陆铭,欧海军. 高增长与低就业:政府干预与就业弹性的经验研究[J]. 世界经济,2011(12):3-31.

[72] REINHART C. Growth in a time of debt[J]. American Economic Review,2010,100(2):101-121.

[73] 樊娜娜. 城镇化、公共服务水平与居民幸福感[J]. 经济问题探索,2017(9):86-93.

[74] BARRO R J. On the determinants of public debt[J]. Journal of Political Economy,1979,85(5):256-254.

[75] KIM E. Corruption and financial management:evidence from korean local governments[J]. Korean Journal of Policy Studies,2015,30(2):20-25.

[76] LIU C,MOLDOGAZIEV T T,MIKESELL J L. Corruption and state and local government debt expansion[J]. Public Administration Review,2017,77(5):321-332.

[77] 罗党论,佘国满. 官员变更与地方债发行[J]. 经济研究,2015(6):131-146.

[78] 刘尚希,石英华,武靖州. 制度主义公共债务管理模式的失灵——基于公共风险视角的反思[J]. 管理世界,2017(1):5-16.

[79] 毛捷,刘潘,吕冰洋. 地方公共债务增长的制度基础——兼顾财政和金融的视角[J]. 中国社会科学,2019(9):45-67,205.

[80] 刘金林,王春明,黄刚. 优化我国政府债务管理的政策建议[J]. 管理世界,2014(1):171-172.

[81] 丛树海,郑春荣. 国家资产负债表:衡量财政状况的补充形式[J]. 财政研究,2002(1):39-41.

[82] 杨志勇. 地方政府债务风险研判与化解策略[J]. 改革,2017(12):26-29.

[83] 王婕,孟凡达.我国地方政府债务预算管理展望[J].现代管理科学,2018(4):48-50.

[84] 朱莹,王健.市场约束能够降低地方债风险溢价吗?——来自城投债市场的证据[J].金融研究,2018(6):56-72.

[85] 周世愚.地方政府债务风险:理论分析与经验事实[J].管理世界,2021,37(10):128-138.

[86] 范志忠.流动性视角下地方政府债务风险化解对策[J].宏观经济管理,2021(7):73-78.

[87] 缪小林,伏润民.地方政府债务风险的内涵与生成:一个文献综述及权责时空分离下的思考[J].经济学家,2013(8):90-101.

[88] 张海星.政府或有债务问题研究[M].北京:中国社会科学出版社,2007.

[89] 吉富星.地方政府隐性债务的实质、规模与风险研究[J].财政研究,2018(11):62-70.

[90] 魏加宁,唐滔.国外地方政府债务融资制度综述[J].国家行政学院学报,2010(6):113-117.

[91] ALT J E, LASSEN D D. Fiscal transparency, political parties, and debt in OECD countries[J]. European Economic Review, 2006, 50(6):1403-1439.

[92] GAVAZZA A, LIZZERI A. Transparency and economic policy[J]. Review of Economic Studies, 2008, 76(3):1024-1048.

[93] ARBATLI E, ESCOLANO J. Fiscal transparency, fiscal performance and credit ratings[J]. Fiscal Studies, 2015, 36(2):237-270.

[94] MONTES G C, BASTOS J C A, DE OLIVER A J. Fiscal transparency, government effectiveness and government spending efficiency:some international evidence based on panel data approach[J]. Economic Modelling, 2019(79):211-225.

[95] 肖鹏,刘炳辰,王刚.财政透明度的提升缩小了政府性债务规模吗?——来自中国29个省份的证据[J].中央财经大学学报,2015(8):18-26.

[96] 马文涛,张朋.财政透明度、逆周期调控与政府债务规模[J].世界经济,2020,43(5):23-48.

[97] 马原驰.财政分权视角下地方政府债务规模与风险研究[J].经贸实践,2018(19):24-25.

[98] 邓淑莲,刘潋滟.财政透明度对地方政府债务风险的影响研究——基于政府间博弈视角[J].财经研究,2019,45(12):4-17.

[99] 汪崇金,崔凤.信息公开能抑制地方政府的举债行为吗?——基于中国地市级面板数据的实证分析[J].山东财经大学学报,2020,32(1):97-108.

[100] 肖鹏,樊蓉.债务控制视角下的地方财政透明度研究——基于2009—2015年30个省级政府的实证分析[J].财政研究,2019(7):60-70.

[101] 曾海洲,赵梓彤,林细细.财政透明度、融资成本与地方债务风险异质性效应——国家治理的市场反应[J].中国经济问题,2020(6):31-43.

[102] 张朋,马文涛.财政透明度视角的地方政府债务管理[J].经济学家,2020(8):80-89.

[103] 徐红,汪峰.财政分权背景下的财政透明度建设与城投债扩张[J].经济科学,2019(5):5-17.

[104] 刘昊,陈工.地方政府债务规模的决定因素:探求省际差异的来源[J].财政研究,2019(2):30-43.

[105] BARRO R J. Government spending in a simple endogenous growth model[J]. Journal of Political Economy,1990,98(5):104-126.

[106] 张勇,古明明.政府规模究竟该多大?——中国政府规模与经济增长关系的研究[J].中国人民大学学报,2014,28(6):88-98.

[107] 潘凤.对外开放、政府规模与经济增长——基于1978—2015年我国省域面板数据的实证分析[J].软科学,2018,32(4):31-34.

[108] 臧雷振,熊峰.政府效能和政府规模之间的隐性张力——基于全球面板数据的实证分析[J].中山大学学报(社会科学版),2021,61(4):194-206.

[109] 潘卫杰.对省级地方政府规模影响因素的定量研究[J].公共管理学报,2007(1):33-41,121-122.

[110] 安岗,钱鑫,刘铭.地方政府规模影响因素的经验研究[J].财经问题研究,2015(2):71-77.

[111] BUCHANAN B G. The power to tax:analytical foundations of a fiscal constitution[M]. Cambridge:Cambridge University Press,1980.

[112] 王文剑.中国的财政分权与地方政府规模及其结构——基于经验的假说与解释[J].世界经济文汇,2010(5):105-119.

[113] 张亚斌,阙薇.内生模型下财政分权对政府规模的影响机制——支出端分权与地方政府规模的非线性关系[J].经济学(季刊),2020,20(5):235-256.

[114] 张宽,刘玹泽,石健烽.贸易开放、政府规模与经济增长[J].宏观质量研究,2018,6(1):55-72.

[115] 张绘.公共财政支出结构优化的国际经验与启示——基于经济发展阶段的分析框架[J].财会月刊,2022(1):135-141.

[116] 胡欣然,雷良海.我国地方政府债务的再思考——基于新供给理论与供给侧结构性改革的视角[J].财经科学,2018(8):95-106.

[117] 杨灿明.减税降费:成效、问题与路径选择[J].财贸经济,2017,38(9):5-17.

[118] 王倩倩,李金珊.地方政府债务限额管理与财政资金配置效率——基于2011—2018年地级市数据的实证检验[J].财贸研究,2021,32(10):57-69.

[119] 龚锋,卢洪友.公共支出结构、偏好匹配与财政分权[J].管理世界,2009(1):10-21.

[120] 周黎安.中国地方官员的晋升锦标赛模式研究[J].经济研究,2007(7):36-50.

[121] 闫先东,廖为鼎.基础设施投资、财政支出分权与最优地方政府债务规模[J].财政研究,2019(2):44-58.

[122] 杨得前,汪鼎.财政压力、省以下政府策略选择与财政支出结构[J].财政研究,2021(8):47-62.

[123] 金红昊,马奔.政治激励、主官任期与地方教育财政支出波动——来自地级市面板数据的证据[J].重庆高教研究,2022,10(3):72-87.

[124] 李永友,陈安琪,曹畅.分权时序与地方财政支出结构——基于中国省级权力下放实践的经验分析[J].财政研究,2021(7):53-65.

[125] GOURINCHAS P O,OBSTFELD M. Stories of the twentieth century for the twenty-first[J]. American Economic Journal:Macroeconomics,2012,4(1):226-265.

[126] 梅冬州,韦彩宁.公共债务与政府教育支出的顺周期性[J].财政研究,2019(6):32-45.

[127] 张明源.财政支出政策会改善区域发展不平衡吗?——基于地方竞争框架下的讨论[J].当代经济管理,2021,43(2):81-89.

[128] 史胜安,夏珑,张春明.中国三大经济区域财政支出效率及其影响因素实证研究[J].经济体制改革,2018(1):45-52.

[129] 彭冲,汤二子,黄溶冰.政府审计功能协同与财政支出效率:理论与实证[J].财经论丛,2017(11):63-73.

[130] 邢文妍.财政透明度对地方财政支出效率的影响分析[J].财经问题研究,2020(11):89-99.

[131] 魏福成,任涵琪.直接税对地方政府支出规模的影响研究——基于1999—2019年省级面板的实证分析[J].中央财经大学学报,2021(12):12-24,56.

[132] 聂卓,席天扬,李力行.减税降费能促进地方政府提高财政支出效率吗?——来自"营改增"全面推广的证据[J].世界经济文汇,2021(6):17-35.

[133] 黄捷,王虹.地方政府债务风险与财政支出效率[J].财会月刊,2016(2):66-69.

[134] MA C,WEI S J. International equity and debt flows:composition,crisis,and controls[R]. National Bureau of Economic Research Working Paper,2020,No. w27129.

[135] 孙玉栋,席毓.影响我国地方政府财政支出效率的因素研究——基于财政、晋升和发展压力的视角[J].经济理论与经济管理,2021,41(6):37-49.

[136] 贺佳,孙健夫.减税政策提升了政府支出效率吗[J].财经科学,2021(6):105-117.

[137] MINSKY H. The financial instability hypothesis:a restatement[R]. Thames Papers on Political Economy,1978.

[138] DIAMOND D,DYBRIG P. Bank runs,deposit insurance,and liquidity[J]. Journal of Political Economy,1983(91):401-419.

[139] OET M V,BIANCO T,GRAMLICH D. SAFE:an early warning system for systemic banking risk[J]. Journal of Banking and Finance,2013(11):4510-4533.

[140] HEMPEL G. An evaluation of municipal bankruptcy laws and proceedings[J]. Journal of Finance,1972(27):1012-1029.

[141] 王永钦,张晏,章元,等.中国的大国发展道路——论分权式改革的得失[J].经济研

究,2007(1):4-16.

[142] 谢思全,白艳娟.地方政府融资平台的举债行为及其影响研究——双冲动下的信贷加速器效应分析[J].经济理论与经济管理,2013(1):60-68.

[143] 匡小平,蔡芳宏.论地方债的预算约束机制[J].管理世界,2014(1):173-175.

[144] 王营,曹廷求.中国区域性金融风险的空间关联及其传染效应——基于社会网络分析法[J].金融经济学研究,2017(3):46-55.

[145] 伏润民,缪小林,高跃光.地方政府债务风险对金融系统的空间外溢效应[J].财贸经济,2017(9):31-45.

[146] 毛锐,刘楠楠,刘蓉.地方政府债务扩张与系统性金融风险的触发机制[J].中国工业经济,2018(4):19-38.

[147] 李玉龙.地方政府债券、土地财政与系统性金融风险[J].财经研究,2019(9):100-113.

[148] 李凯风,李星.债务风险水平的识别及对区域金融风险的影响——基于熵权TOPSIS法和综合模糊评价法[J].上海金融,2019(9):74-80.

[149] 王洋,傅娟.从允许地方政府发债看打破金融行业行政垄断[J].财政研究,2015(2):54-58.

[150] 王叙果,张广婷,沈红波.财政分权、晋升激励与预算软约束——地方政府过度负债的一个分析框架[J].财政研究,2012(3):10-15.

[151] 王振山.银行规模与中国银行的运行效率研究[J].财贸经济,2000(5):19-22.

[152] 田艳芬,邵志高.金融资源的内涵与配置效率[J].长春大学学报,2013(7):798-800,804.

[153] 宋保胜.基于农村二元金融结构下金融排斥的测度与影响因素分析[J].金融理论与实践,2014(8):46-51.

[154] ROBINSON R I, WRIGHTSMAN D. Financial markets: the accumulation and allocation of wealth[M]. 2nd edition, New York: McGraw-Hill Companies, 1974.

[155] PARASCHOS A, CALLWOOD D D, WIGHTMAN M B, et al. Out comes following elective percutaneous coronary intervention without on site surgical backupina community hospital[J]. American Journal of Cardiology, 2005, 95(9): 1091-1093.

[156] JACK REVELL. Efficiency financial in the sector[J]. Microeconomic Efficiency and Macroeconomic Performance, 1983(2): 41-87.

[157] 刘博.黑龙江省农村金融资源配置研究[J].经济研究导刊,2015(11):218-219.

[158] 任亚军,施勇.欠发达地区金融资源配置失衡研究——以江苏省为例[J].经济与金融,2008(12):22-26.

[159] 韩韶华,杨海军.欠发达地区农村金融资源配置失衡现象透视[N].金融时报,2009-10-5.

[160] 宾斯维杰.股票市场,投机泡沫与经济增长[M].上海:上海三联书店,2003.

[161] 刘骏民,伍超明.虚拟经济与实体经济关系模型——对我国当前股市与实体经济关

系的一种解释[J].经济研究,2004(4):60-69.

[162] LAPAVITSAS C. Theorizing financialization[J]. Work Employment and Society,2011,25(4):611-626.

[163] BRUNNERMEIER M. The Fundamental principles of financial regulation[J]. Geneva Reports on the World Economy,2009,93(23):153-158.

[164] 李西江.金融发展、金融结构变迁与产业结构升级[J].财经问题研究,2015(6):32-39.

[165] 齐美东,张思佳.中国金融资源空间分布差异的实证研究[J].财政研究,2015(2):5-7.

[166] 严浩坤,侯传.我国城乡金融资源非均衡分布的现状及原因分析[J].时代金融,2016(5):223-224.

[167] 刘煜辉,徐义国.中国宏观经济调控体系的逻辑顺序[J].新金融,2007(5):9-12.

[168] 李延凯,韩廷春.金融生态演进作用于实体经济增长的机制分析——透过资本配置效率的视角[J].中国工业经济,2011(2):26-35.

[169] 王韧,张奇佳.金融资源错配与杠杆响应机制:产能过剩领域的微观实证[J].财经科学,2020(4):1-13.

[170] 司海平,刘小鸽,魏建.地方政府债务融资的顺周期性及其理论解释[J].财贸经济,2018(8):21-34.

[171] 毛捷,徐军伟.中国地方政府债务问题研究的现实基础——基于制度变迁、统计方法与重要事实[J].财政研究,2019(1):3-23.

[172] 史亚荣,赵爱清.地方政府债务对区域金融发展的影响——基于面板分位数的研究[J].中南财经政法大学学报,2020(1):105-126.

[173] 赵华林.高质量发展的关键:创新驱动、绿色发展和民生福祉[J].中国环境管理,2018(4):5-9.

[174] 任保平,李禹墨.新时代我国高质量发展评判体系的构建及其转型路径[J].陕西师范大学学报(哲学社会科学版),2018(3):105-113.

[175] 马茹,罗晖,王宏伟,等.中国区域经济高质量发展评价指标体系及测度研究[J].软科学,2019(7):260-267.

[176] 赵英才,张纯洪,刘海英.转轨以来中国经济高质量发展的综合评价研究[J].吉林大学社会科学学报,2006(3):27-35.

[177] 钞小静,惠康.中国经济高质量发展的测度[J].数量经济技术经济研究,2009(6):75-86.

[178] 徐瑞惠.高质量发展指标及其影响因素[J].金融发展研究,2018(10):36-45.

[179] 谭洪波.中国服务业发展水平及其结构特征分析——基于世界各国和主要经济体的对比研究[J].扬州大学学报(社会科学版),2017(6):11-18.

[180] 唐宝庆,邱斌,孙少勤.中国服务业增行的区域失衡研究——基于知识产权保护强度与最适度偏离度的视角[J].经济研究,2018(8):147-162.

[181] 孟东晖,李显君,齐兴达.核心技术解构与突破:"清华-绿控"AMT 技术 2000—2016 年增项案例研究[J].科研管理,2018(6):75-84.

[182] 申宇,黄昊,赵玲.地方政府"创新崇拜"与企业专利泡沫[J].科研管理,2018(4):84-91.

[183] 周训胜.高校产学研合作的现状及对策[J].中国高校科技,2012(11):42-43.

[184] 何数全.中国服务业在全球价值链中的地位分析[J].国际商务研究,2018(5):29-38.

[185] 张二震.中国外贸转型:加工贸易,"微笑曲线"及产业选择[J].当代经济研究,2014(7):14-18,2,97.

[186] 郑世林,周黎安.政府专项项目体制与中国企业自主创新[J].数量经济技术经济研究,2015(12):74-89.

[187] 白俊红,卞元超.要素市场扭曲与中国创新生产的效率损失[J].中国工业经济,2016(11):39-55.

[188] 魏浩,赵春明,李晓庆.中国进口商品结构变化的估算:2000—2014[J].世界经济,2016(4):70-94.

[189] JORGENSON A K, Alekseyko A, Giedraitis V. Energy consumption, human well-being and economic development in central and eastern european nations: a cautionary tale of sustainability[J]. Energy Policy, 2014, 66(1): 419-427.

[190] BAIOCCHI G. Pathways of human development and carbon emissions embodied in Trade[J]. Nature Climate Change, 2012, 2(2): 81-85.

[191] 周肖艳.中国高质量发展的动因分析——基于经济和社会发展视角[J]软科学,2019(4):1-5.

[192] 王群勇,陆凤芝.环境规制能否助推中国经济高质量发展——基于省级面板数据的实证研究[J].郑州大学学报(哲学社会科学版),2018(6):64-70.

[193] 陈诗一,陈登科.雾霾污染、政府治理与经济高质量发展[J].经济研究,2018(2):20-34.

[194] 华坚,胡金昕.中国区域科技创新与经济高质量发展耦合关系评价[J].科技进步与对策,2019(4):19-27.

[195] 张吉军,金荣学,张冰妍.高质量发展背景下地方政府债务绩效评价体系构建与实践——以湖北省为例[J].宏观质量研究,2018(4):32-44.

[196] 孙英杰,林春.财政分权、地方政府债务和全要素生产率——基于省级面板数据的实证分析[J].经济经纬,2018(6):135-142.

[197] 梁强.土地财政、金融发展与全要素生产率[J].经济经纬,2017(4):147-152.

[198] 邹士年.过高地方债务与我国经济转型的关系[J].宏观经济管理,2011(9):59-60.

[199] 陈诗一,汪莉.中国地方债务与区域经济增长[J].学术月刊,2016(6):37-52.

[200] 刘伟江,王虎帮.地方债务对经济高质量发展的影响分析[J].云南财经大学学报,2018(10):74-85.

[201] 徐奇渊.双循环新发展格局:如何理解和构建[J].金融论坛,2020,25(9):4-9.

[202] 汤铎铎,刘学良,倪红福,等.全球经济大变局、中国潜在增长率与后疫情时期高质量发展[J].经济研究,2020,55(8):4-23.

[203] 郭晴."双循环"新发展格局的现实逻辑与实现路径[J].求索,2020(6):100-107.

[204] 柳思维,陈薇,张俊英.把握机遇 突出重点 努力推动形成双循环新发展格局[J].湖南社会科学,2020(6):26-34.

[205] 江小涓,孟丽君.内循环为主、外循环赋能与更高水平双循环——国际经验与中国实践[J].管理世界,2021,37(1):1-19.

[206] 董志勇,李成明.国内国际双循环新发展格局:历史溯源、逻辑阐释与政策导向[J].中共中央党校(国家行政学院)学报,2020,24(5):47-55.

[207] 彭小兵,韦冬萍.激活民间社会活力:"双循环"新发展格局的缘起、基础和治理[J].重庆大学学报(社会科学版),2020,26(6):35-43.

[208] 刘洋.畅通国内国际双循环 助力经济高质量发展[J].红旗文稿,2020(19):30-32.

[209] 刘勇,李丽珍."双循环"新发展格局下企业转型发展的机理、路径与政策建议[J].河北经贸大学学报,2021,42(1):41-50.

[210] 米晋宏,夏飞.政府基础研发、技术要素市场化与双循环格局[J].上海经济研究,2020(12):75-87.

[211] 李宏,牛志伟,邹昭晞.国内国际双循环发展格局与中国制造业增长效率——基于全球价值链的分析[J/OL].财经问题研究:1-17[2021-04-29].

[212] 颜建军,冯君怡.数字普惠金融对居民消费升级的影响研究[J].消费经济,2021,37(2):79-88.

[213] 杨伟明,粟麟,孙瑞立,等.数字金融是否促进了消费升级?——基于面板数据的证据[J].国际金融研究,2021(4):13-22.

[214] 宋敏,周鹏,司海涛.金融科技与企业全要素生产率——"赋能"和信贷配给的视角[J].中国工业经济,2021(4):138-155.

[215] 叶菁菁,唐荣.房价上涨、地方政府债务与居民消费升级[J].财经科学,2021(3):84-93.

[216] 杨渊帅,陈国梁.民生性财政投入、地方债与城镇居民消费[J].国际商务财会,2021(4):38-45,51.

[217] 徐磊."双循环"新发展格局下专项债券发展路径研究[J].开发性金融研究,2020(6):56-63.

[218] 佘欣艺,许光建,许坤,等.扩大有效需求 推动供给升级 加快构建新发展格局——2020年宏观形势分析与2021年展望[J].宏观经济管理,2021(3):30-40.

[219] 张国建,胡玉梅,艾永芳.地方政府债务扩张会促进产业结构转型升级吗?[J].山西财经大学学报,2020,42(10):69-82.

[220] 司海平,李群.地方发债、债务投向与产业结构升级[J].工业技术经济,2020,39(1):136-143.

[221] 张建顺,匡浩宇.地方债治理促进了企业创新吗?——来自上市公司的经验证据[J].国际金融研究,2021(6):86-96.

[222] 马文涛,张朋.财政透明度、逆周期调控与政府债务规模[J].世界经济,2020,43(5):23-48.

[223] 李丽珍,刘金林.地方政府隐性债务的形成机理及治理机制——基于财政分权与土地财政视角[J].社会科学,2019(5):59-71.

[224] 刘尚希.财政风险:一个分析框架[J].经济研究,2003(5):23-31.

[225] DAGUM C. A new approach to the decomposition of the gini income inequality ratio[J]. Empirical Economics,1997,22(4):515-531.

[226] 沈丽,刘媛,李文君.中国地方金融风险空间关联网络及区域传染效应:2009—2016年[J].管理评论,2019,8:35-48.

[227] KOSE M A,NAGLE P,OHNSORGE F,et al. Global waves of debt:causes and consequences[R]. World Bank Report,2020.

[228] 郭豫媚,周璇.央行沟通、适应性学习和货币政策有效性[J].经济研究,2018,53(4):77-91.

[229] 詹绍菓,李昕.财政分权对地方政府债务规模的非线性影响——基于财政透明度的调节效应[J].东北大学学报(社会科学版),2023,25(3):28-37.

[230] VICENTE C,BENITO B,BASTIDA F. Transparency and political budget cycles at municipal level[J]. Swiss Political Science Review,2013,19(2):139-156.

[231] 孙琳,陈舒敏.债务风险、财政透明度和记账基础选择——基于国际经验的数据分析[J].管理世界,2015(10):132-143.

[232] 杨志安,邱国庆.中国式财政分权、财政透明度与预算软约束[J].当代经济科学,2019,41(1):35-46.

[233] 马海涛,任致伟.预算透明度、竞争冲动与异质地方政府性债务——来自审计结果的证据[J].广东财经大学学报,2016,31(6):27-36.

[234] FARIA-E-CASTRO M,MARTINEZ J,PHILIPPON T. Runs versus lemons:information disclosure and fiscal capacity[J]. Review of Economic Studies,2017,84(4):1683-1707.

[235] 方颖,郭俊杰.中国环境信息披露政策是否有效:基于资本市场反应的研究[J].经济研究,2018,53(10):158-174.

[236] 孙英杰,林春.财政分权、地方政府债务和全要素生产率——基于省际面板数据的实证分析[J].经济经纬,2018,35(6):135-142.

[237] 李丽娜.财政透明度视角下地方政府债务管理[J].今日财富(中国知识产权),2021(5):3-4.

[238] KEMOE L,ZHAN Z. Fiscal transparency,borrowing costs,and foreign holdings of sovereign debt[R]. IMF Working Paper,No.18/189,2018.

[239] GUERRIERI V,SHIMER R. Dynamic adverse selection:a theory of illiquidity,

fire sales, and flight to quality[J]. The American Economic Review,2014,104(7):1875-1908.

[240] VU H,ALSAKKA R,GWILYM O. What drives differences of opinion in sovereign ratings?[J]. International Journal of Finance and Economics,2017,22(3):216-233.

[241] 张金清,聂雨晴.中国地方政府债务违约风险评估——基于债务可持续性分析框架[J].南方经济,2020(11):13-27.

[242] BRANCATI E,MACCHIAVELLI M. The information sensitivity of debt in good and bad times[J]. Journal of Financial Economics,2019,133(1):99-112.

[243] BENMELECH E,BERGMAN N. Debt,information,and illiquidity[R]. NBER Working Paper,No. 25054,2018.

[244] 胡欣然,雷良海.供给侧改革背景下地方政府财力变化及其面临的财政风险分析[J].当代经济管理,2018,40(4):86-90.

[245] 江小涓,樊丽明,吴晓求,等.学习党的十九届五中全会精神笔谈[J].财贸经济,2021,42(1):5-15.

[246] 黄群慧,刘学良.新发展阶段中国经济发展关键节点的判断和认识[J].经济学动态,2021(2):3-15.

[247] 陈思霞,许文立,张领祎.财政压力与地方经济增长——来自中国所得税分享改革的政策实验[J].财贸经济,2017,38(4):37-53.

[248] BUCHANAN J M. An economic theory of clubs[J]. Economica,1965,32(125):1-14.

[249] DAFFLON B. The requirement of local balanced budget:theory and evidence from the swiss experience[M]. Cheltenham:Edward Elgar,1996.

[250] 汪莉,陈诗一.政府隐性担保、债务违约与利率决定[J].金融研究,2015(9):66-81.

[251] BI H,SHEN W,YANG S C S. Fiscal limits,external debt,and fiscal policy in developing countries[R]. IMF Working Papers,2014.

[252] QUE W,ZHANG Y,Schulze G. Is public spending behavior important for chinese official promotion? evidence from city-level[J]. China Economic Review,2019(54):403-417.

[253] 马光荣,张凯强,吕冰洋.分税与地方财政支出结构[J].金融研究,2019(8):20-37.

[254] 毛军.地方政府财政效率促进经济增长实证研究——基于监督力度视角[J].中国软科学,2019(6):99-106.

[255] ANDERSEN F,PETERSEN N C. A procedure for ranking efficient units in data envelopment analysis[J]. Management Science,1993,39(10):1261-1264.

[256] 陈志刚,吴国维.地方政府债务促进了区域经济增长吗?——基于地方政府"招拍挂"工具变量视角[J].现代财经(天津财经大学学报),2018,38(4):48-60.

[257] 缪小林、伏润民.权责分离、政绩利益环境与地方政府债务超常规增长[J].财贸经济,2015(4):17-31.

[258] ALTAVILLA C,PAGANO M,SIMONELLI S,et al. Bank exposures and

sovereign stress transmission[J]. Review of Finance,2017(6):2103-2139.

[259] ACHARYA V V,EISERT T,EUFINGER C,et al. Real effects of the sovereign debt crisis in Europe:evidence from syndicated loans[J]. The Review of Financial Studies,2018(8):2855-2859.

[260] BECKER B,IVASHINA V. Financial repression in the European sovereign debt crisis[J]. Review of Finance,2018(1):84-115.

[261] 王国刚.关于"地方政府融资平台债务"的冷思考[J].财贸经济,2012(9):14-21.

[262] 刘仁伍.区域金融结构和金融发展理论与实证研究[M].北京:经济管理出版社,2003.

[263] 陈守东、李卓、林思涵.地方政府债务风险对区域性金融风险的空间溢出效应[J].西安交通大学学报(社会科学版),2020,40(6):33-44.

[264] 伏润民、缪小林、师玉朋.政府债务可持续性内涵与测度方法的文献综述——兼论我国地方政府债务可持续性[J].经济学动态,2012(11):86-93.

[265] 刘骅、卢亚娟.转型期地方政府投融资平台债务风险分析与评价[J].财贸经济,2016(5):48-59.

[266] 刘畅."后危机"时代我国商业银行地方政府融资平台贷款风险及防空对策[J].中国经济问题,2011(4):60-66.

[267] 汪川,黎新,周镇峰.货币政策的信贷渠道:基于"金融加速器模型"的中国经济周期分析[J].国际金融研究,2011(1):35-43.

[268] 秦海林.财政风险金融化影响经济增长的模型分析与实证检验[J].财贸研究,2011(2):65-72.

[269] 王文甫,艾非.投资冲动、债务扩张与地方政府激励目标[J].财贸研究,2021(1):52-68.

[270] 缪小林,伏润民,王婷.地方财政分权对县域经济增长的影响及其传导机制研究——来自云南106个县域面板数据的证据[J].财经研究,2014,40(9):4-15,37.

[271] 李芳芳.发展地方政府融资平台的对策建议研究[J].时代金融,2017(2):79-80.

[272] 齐永峰.新形势下如何推进地方政府合作类业务转型发展[J].农业发展与金融,2021(2):32-34.

[273] 李淑娟.解析政府竞争视角下的地方政府融资行为——兼论我国地方政府债务形成与膨胀[J].现代经济探讨,2014(1):47-50.

[274] 孙亦豪,罗琼.影子银行对地方政府债务增长传导机制研究[J].合作经济与科技,2022(17):157-159.

[275] STIGLITZ J E. Capital market liberalization,economic growth andinstabilityf[J]. World Development,2000(28):1075-1086.

[276] LÉONCE NDIKUMANA. Financial development, financial structure, and domestic investment:international evidence[J]. Journal of International Money and Finance,2005,24(4):651-673.

[277] 孙洪魁,苏杭,李海燕. 五维联动促进区域金融发展[J]. 中国金融,2023(17):38-39.

[278] 田国强,赵旭霞. 金融体系效率与地方政府债务的联动影响——民企融资难融资贵的一个双重分析视角[J]. 2019(8):4-20.

[279] MCKINNON R. Money and capital in economic development[M]. Washington DC:Brookings Institution Press,1973.

[280] SHAW E. Financial deepening in economic development[M]. New York:Oxford University Press,1973.

[281] SHEN C H,LIN C Y. Why government banks underper form:a political interference view[J]. Journal of Financial Intermediation,2012,21(2):181-202.

[282] 纪志宏,周黎安,王鹏,等. 地方官员晋升激励与银行信贷——来自中国城市商业银行的经验证据[J]. 金融研究,2014(1):1-15.

[283] 张军. 地方政府行为与金融资源配置效率[J]. 经济问题,2016(12):37-41.

[284] GOLDSMITH RAYMOND W. Financial structure and development[M]. New Haven:Yale University Press,1969.

[285] PATRICK H T. Financial development and economic growth in underdeveloped countries[J]. Economic Development and Cultural Change,1966,14(2):174-189.

[286] 林毅夫,孙希芳,姜烨. 经济发展中的最优金融结构理论初探[J]. 经济研究,2009,44(8):4-17.

[287] GREENWOOD R,SCHARFSTEIN D. The growth of fmance[J]. Journal of Economic Perspectives,2013,27(2):3-28.

[288] HOSHI T,KASHYAP A K. Japan's financial crisis and economic stagnation[J]. Journal of Economic Perspectives,2004,18(1):3-26.

[289] AHEARNE A G,SHINADA N. Zombie firms and economic stagnation in Japan[J]. International Economics and Economic Policy,2005,2(4):363-381.

[290] JASKOWSKI M. Should zombie lending always be prevented? [J]. International Review of Economics and Finance,2015,40(11):191-203.

[291] 王昱,王昊,成力为. 中国区域金融发展的动态内生俱乐部收敛分析[J]. 大连理工大学学报(社会科学版),2017,38(1):52-60.

[292] 尹万玲. 地方发改局引导区域金融发展与企业融资的研究[J]. 活力,2024(13):193-195.

[293] MCKINNON R I. Money And capital in economic development[J]. American Political Science Review,1973,68(4):1822-1824.

[294] KING R Q,LEVINE R. Finance and growth:schumpeter might be right[J]. Quarterly Journal of Economics,1993,108(3):717-737.

[295] 钟辉勇,陆铭. 财政与金融分家:中国经济"去杠杆"的关键[J]. 探索与争鸣,2017(9):117-124.

[296] 林晓宁.中国地方政府债务的现状和可持续性研究[J].中国管理信息化,2012,15(1):24-27.

[297] HUANG Y,PAGANO M,PANIZZA U. Local crowding out in China[R]. Working Paper,2017.

[298] WEI X,CHEN Y W,ZHOU M H. Soe preference and credit misallocation:a model and some evidence from China[J]. Econmics Letters,2016,138(1):38-41.

[299] 孙南萌.地方公债与地方政府债务风险[J].理论前沿,2003(24):36-37.

[300] 任保平.新时代中国经济从高速增长转向高质量增长:理论阐释与实践取向[J].学术月刊,2018(3):5-12.

[301] 周振华.经济高质量发展的新型结构[J].上海经济研究,2018(9):31-34.

[302] 刘尚希.地方政府债务风险的本质与防范[J].清华金融评论,2020(8):33-34.

[303] PANIZZA U,PRESBITERO A F. Public debt and economic growth:is there a causal effect? [J]. Journal of Macroeconomics,2014(41):21-41.

[304] OWUSU-NANTWI V,ERICKSON C. Public debt and economic growth in ghana [J]. African Development Review,2016,28(1):116-126.

[305] GREINER A. Debt and growth:is there a non-monotonic relation? [J]. SSRN Electronic Journal,2013(33):340-347.

[306] DIAMOND P A. National debt in a neoclassical growth model[J]. American Economicc Review,1965,55(5):1126-1150.

[307] BLANCHARD O J. Current and anticipated deficits,interest rates and economic activity[J]. European Economic Review,1984,25(1):7-27.

[308] 熊虎,沈坤荣.地方政府债务对创新的基础效应研究[J].经济科学,2019(4):5-17.

[309] WOO J,KUMAR M. Public debt and growth[J]. Economica,2015,82(328):9-13.

[310] SAINT-PAUL G. Technological choice,financial markets and economic development [J]. European Economic Review,1992,36(4):763-781.

[311] 龚强,王俊,贾珅.财政分权视角下的地方政府债务研究:一个综述[J].经济研究,2011(7):144-156.

[312] 刁伟涛.经济增长视角下我国地方政府债务的适度规模研究——基于省际数据的分析[J].经济问题,2016(3):50-54.

[313] 尹恒.政府债务妨碍长期经济增长:国际证据[J].统计研究,2006(1):29-34.

[314] PANIZZA U,PRESBITERO A F. Public debt and economic growth in advanced economies:a survey[J]. Swiss Journal of Economics and Statistics,2013,149(2):175-204.

[315] PERLO-FREEMAN,SAMUEL,WEBBER D J. Basic needs,government debt and economic growth[J]. World Economy,2010,32(6):965-994.

[316] 徐长生,程琳,庄佳强.地方债务对地区经济增长的影响与机制——基于面板分位数模型的分析[J].经济学家,2016(5):77-86.

[317] 陈淑云,曾龙.地方政府土地出让行为对产业结构升级影响分析——基于中国281

个地级及以上城市的空间计量分析[J].产业经济研究,2017(6):89-102.

[318] ELMENDORF D W,MANKIW N G.Chapter 25 government debt[J].Handbook of Macroeconomics,1999,1(4):1615-1669.

[319] 陈菁.我国地方政府性债务对经济增长的门槛效应分析[J].当代财经,2018(10):33-43.

[320] 毛捷,黄春元.地方债务、区域差异与经济增长——基于中国地级市数据的验证[J].金融研究,2018(5):1-18.

[321] 刘伟江,王虎邦.地方债务对经济高质量发展的影响分析[J].宏观经济,2018(10):74-85.

[322] 韩健,程宇丹.地方政府债务规模对经济增长的阈值效应及其区域差异[J].中国软科学,2018(9):104-112.

[323] 郭春丽,易信.推动形成新发展格局的思考及建议[J].中国经贸导刊,2021(7):40-42.

[324] 沈丽,范文晓.地方政府债务扩张对区域金融风险的溢出效应[J].经济与管理评论,2021,37(2):51-63.

[325] 赵文举,张曾莲.地方政府债务风险会加剧区域性金融风险聚集吗?[J].当代财经,2021(6):38-51.

[326] 王周伟,赵启程,李方方.地方政府债务风险价值估算及其空间效应分解应用[J].中国软科学,2019(12):81-95.

[327] 邹菊方.在新发展格局下推动经济高质量发展[J].农业发展与金融,2020(11):53-54.

[328] 曹光远,张曾莲.地方政府债务影响经济增长质量的空间效应与门槛效应研究[J].现代经济探讨,2020(8):57-68.

[329] BAXTER M,KING R G.Fiscal policy in general equilibrium[J].The American Economic Review,1993,83(3):315-334.

[330] 郭长林.积极财政政策、金融市场扭曲与居民消费[J].世界经济,2016,39(10):28-52.

[331] 陈志刚,吴国维,潘博雅.地方政府债务冲动、寻租行为与居民消费——数理分析与实证检验[J].广西社会科学,2017(11):68-74.

[332] THOMAS R MICHL.Public debt, growth, and distribution[J].Review of Keynesian Economics,2013,1(1):120-144.

[333] SALTI N.Income inequality and the composition of public debt[J].Journal of Economic Studies,2015,42(5):821-837.

[334] 刘伦武.地方政府债务的收入增长效应与分配效应研究——来自中国的证据[J].当代财经,2018(6):27-37.

[335] 韩永辉,黄亮雄,王贤彬.产业政策推动地方产业结构升级了吗?——基于发展型地方政府的理论解释与实证检验[J].经济研究,2017,52(8):33-48.

[336] 刘志彪,凌永辉.论新发展格局下重塑新的产业链[J].经济纵横,2021(5):40-47,2.

[337] AFONSO A,JALLES J T. Growth and productivity,the Role of government debt[J]. International Review of Economics and Finance,2013(25):384-407.

[338] 胡奕明,顾雯.地方政府债务与经济增长——基于审计署2010—2013年地方政府性债务审计结果[J].审计研究,2016(5):104-112.

[339] 朱文蔚,陈勇.地方政府性债务与区域经济增长[J].财贸研究.2014(4):114-121.

[340] 刁伟涛.空间关联下中国地方政府债务的经济增长效应研究[J].云南财经大学学报,2016(4):46-53.

[341] KRUGMAN P, FINANCING. Forgiving a debt overhang[J]. Journal of Development Economics,1988,29(3):253-268.

[342] 蔡玉,李东阳."金砖国家"政府债务的经济增长效应研究[J].大连理工大学学报(社会科学版),2017(38):46-54.

[343] 徐文舸.政府债务影响了经济增长吗?——兼论如何削减债务[J].投资研究,2018,37(5):98-115.

[344] 李红权,尹盼盼.我国地方政府债务的收入分配效应研究[J].金融评论,2019,11(6):86-97,123.

[345] 王亚章.政府融资方式对居民消费影响的实证研究——基于面板分位数回归的分析[J].技术经济与管理研究,2016(9):102-106.

[346] 周程.地方政府负债与居民福利的倒"U"形关系[J].审计与经济研究,2019,34(2):91-104.

[347] 詹花秀.论国内经济大循环的动能提升——基于资源配置视角的分析[J].财经理论与实践,2021,42(3):78-84.

[348] 龙少波,张梦雪,田浩.产业与消费"双升级"畅通经济双循环的影响机制研究[J].改革,2021(2):90-105.

[349] 王维平,牛新星.试论"双循环"新发展格局与经济高质量发展的良性互动[J].经济学家,2021(6):5-12.

[350] 魏婕,任保平.新发展阶段国内外双循环互动模式的构建策略[J].改革,2021(6):72-82.

[351] 逯进,周惠民.中国省域人力资本与经济增长耦合关系的实证分析[J].数量经济技术经济研究,2013,30(9):3-19,36.

[352] 葛鹏飞,韩永楠,武宵旭.中国创新与经济发展的耦合协调性测度与评价[J].数量经济技术经济研究,2020,37(10):101-117.

[353] 温忠麟,叶宝娟.中介效应分析:方法和模型发展[J].心理科学进展,2014,22(5):731-745.